Beatrice Meyer / Andreas Bergmann / Marco Passardi / Daniel Zöbeli
Rechnungslegung sozialer Nonprofit-Organisationen

Beatrice Meyer / Andreas Bergmann / Marco Passardi / Daniel Zöbeli

Rechnungslegung sozialer Nonprofit-Organisationen

Grundlagen, Untersuchungsergebnisse, Empfehlungen

Unterstützt durch

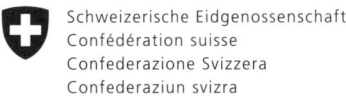

Schulthess § 2011

Managementwissen für die Praxis
Eine Schriftenreihe der School of Management und Law
an der Zürcher Hochschule für Angewandte Wissenschaften

Bibliografische Information der Deutschen Nationalbibliothek
Die Deutsche Nationalbibliothek verzeichnet diese Publikation in der Deutschen Nationalbibliografie; detaillierte bibliografische Daten sind im Internet über http://dnb.d-nb.de abrufbar.

Alle Rechte, auch die des Nachdrucks von Auszügen, vorbehalten. Jede Verwertung ist ohne Zustimmung des Verlages unzulässig. Dies gilt insbesondere für Vervielfältigungen, Übersetzungen, Mikroverfilmungen und die Einspeicherung und Verarbeitung in elektronische Systeme.

© Schulthess Juristische Medien AG, Zürich · Basel · Genf 2011
 ISBN 978-3-7255-6394-4

www.schulthess.com

Geleitwort

Kompetenzen aufzubauen und Grenzen zu überschreiten gehört zu den Leitsätzen der Zürcher Hochschule für Angewandte Wissenschaften (ZHAW). Darauf sind auch das hier vorgestellte Projekt und seine Veröffentlichung ausgerichtet.

Neuland wird in diesem Forschungsprojekt für den deutschsprachigen Raum insofern betreten, als im Rahmen einer breit angelegten empirischen Untersuchung die Rechnungslegung sozialer Nonprofit-Organisationen erhoben wird. Ziel ist es, auf der Basis der gewonnenen Erkenntnisse Instrumente zu entwickeln, die es sozialen Einrichtungen ermöglichen, die eigene Kompetenz bezüglich Aussagekraft der Rechnungslegung verlässlich einzuschätzen und gegebenenfalls bedarfsgerecht erweitern zu können. Unerlässlich sind aufschlussreiche und transparente Geschäftsberichte sowohl nach aussen, um die Informationsbedürfnisse von Geldgebern und Spendern zu befriedigen, als auch nach innen, um den Mitarbeitenden die ökonomische Situation offenzulegen und Mitverantwortung zu fördern.

Die empirisch erhobenen und statistisch ausgewerteten Daten basieren auf einer Geschäfts- und Revisionsberichtsanalyse, die von der ZHAW in Kooperation mit der Fernfachhochschule (FFHS) und der Scuola universitaria professionale della Svizzera italiana (SUPSI) sowie sieben namhaften Praxispartnern durchgeführt wurde. Grundlage der Publikation ist die Zusammenführung interdisziplinärer Kompetenzen: Die School of Management and Law brachte die Expertise für Rechnungslegung ein, die School of Engineering das Knowhow in Statistik und die School of Social Work das Wissen über soziale Institutionen. Die spannenden und für die Praxis relevanten Untersuchungsergebnisse belegen, dass oft nur das Überschreiten von Grenzen im Sinne von interdisziplinärem Handeln einen Projekterfolg zeitigt.

Wir hoffen, den Leserinnen und Lesern wichtige Erkenntnisse zur Verfügung zu stellen, und freuen uns auf Rückmeldungen jener Institutionen, die bei der praktischen Umsetzung Neues entdecken.

Prof. André Haelg
Direktor ZHAW
School of Management and Law

Prof. Dr. Ursula Blosser
Direktorin ZHAW
Departement Soziale Arbeit

Vorwort

In der Schweiz gibt es schätzungsweise 18 000 soziale Nonprofit-Organisationen, die sich weitgehend durch öffentliche Gelder und Spenden finanzieren. Somit haben sowohl der Staat als auch die Allgemeinheit ein hohes Interesse daran, sich ein eigenes Bild über die Organisationsziele, den Ressourceneinsatz sowie die Zielerreichung zu machen. Die dazu notwendigen Informationen sind im Geschäftsbericht zur Verfügung zu stellen.

Die vorliegende Publikation richtet sich an CFO, Mitglieder des Vereinsvorstands bzw. Stiftungsrats, Geschäftsleitungsmitglieder, Wirtschaftsprüfer sowie Berater von sozialen Nonprofit-Organisationen (NPO). Sie beruht auf einer aus Rechnungslegungssicht durchgeführten Analyse von rund 330 Geschäftsberichten karitativer Einrichtungen. Der Untersuchungsaufbau und die Beurteilung der Untersuchungsergebnisse orientieren sich an dem eigens für Nonprofit-Organisationen geschaffenen Rechnungslegungsstandard Swiss GAAP FER 21. Die vorgestellte Geschäftsberichtsanalyse lässt Rückschlüsse bezüglich der Aussagekraft der Rechnungslegung zu und legt bedeutsame Optimierungspotenziale offen, wobei deren Nutzung eine wesentliche Zielsetzung der Untersuchung darstellt. Dazu wird ein Self-Assessment-Tool zur Verfügung gestellt, mit welchem innerhalb einer Stunde die Aussagekraft des Geschäftsberichts der eigenen sozialen Einrichtung erfasst und beurteilt werden kann. Das Handlungsdiagramm zeigt situationsabhängig die richtige Stossrichtung für die Nutzung eines Optimierungspotenzials auf, die Umsetzung ihrerseits wird durch ein entsprechendes Instrumentarium unterstützt.

Die dieser Veröffentlichung zugrunde liegenden Daten wurden im Rahmen des von der Kommission für Technologie und Innovation (KTI) finanzierten Forschungsprojekts «Bedarfsgerechte Rechnungslegung und Berichterstattung von Nonprofit-Organisationen» erhoben, welches von verschiedenen Forschungs- und Praxispartnern (CURAVIVA, DEZA, Eidgenössische Stiftungsaufsicht, PwC Schweiz, REGA, Schweizer Paraplegiker-Stiftung, Swissfoundations) getragen wird. Ein besonderer Dank geht an die Zürcher Hochschule für angewandte Wissenschaften (ZHAW) und die Fernfachhochschule Schweiz (FFHS), die diese Veröffentlichung durch Sponsoringbeiträge ermöglicht haben und weitere Gefässe zur Diskussion zwischen Wissenschaft und Praxis fördern.

Im 1. Kapitel werden der Dritte Sektor und Nonprofit-Organisationen und deren volkswirtschaftliche Bedeutung sowie Rechtsformen beleuchtet. In Bezug auf die Informationsbedürfnisse der Anspruchsgruppen werden auch die mit der Gemeinnützigkeit eng verknüpften Begriffe des Vertrauens und der Transparenz in die Betrachtungen mit einbezogen. Basierend darauf wird dann in Kapitel 2 aus Sicht der Stakeholder auf die relevanten gesetzlichen Vorschriften (ZGB/OR) sowie auf Swiss GAAP FER 21 eingegangen, wobei die Aussagekraft der Rechnungslegung im Vordergrund steht. Die Tatsache, dass es in der Literatur bis dato im deutschsprachigen Raum keine empirische Geschäftsberichtsanalyse gibt, bildet die Ausgangsbasis für die im 3. Kapitel dargelegte Untersuchung, wobei Ziele und Vorgehen sowie die Auswahl der Untersuchungsobjekte und die erfassten Daten beschrieben werden. In Kapitel 4 werden die Untersuchungsergebnisse zur Aussagekraft der Rechnungslegung differenziert diskutiert. Die Diskussion einzelner Themengebiete wird durch Empfehlungen für die Umsetzung in der Praxis ergänzt. Nicht bereits bei der Aussagekraft der Rechnungslegung erörterte Themen werden dann im 5. Kapitel aufgegriffen. Kapitel 6 enthält eine zusammenfassende Beschreibung der Untersuchung mit einem Ausblick und den zu erwartenden Entwicklungen. Im Anhang finden sich unter anderem Unterlagen, die als Instrumentarium zur Erhöhung der Aussagekraft der Rechnungslegung der eigenen Nonprofit-Organisation verwendet werden können. Es handelt sich dabei um ein Self-Assessment-Tool sowie Handlungs- und Optimierungsmatrizen.

Um die Lesbarkeit zu gewährleisten, werden nur ausgewählte Darstellungen im Textteil abgebildet. Somit kann es vorkommen, dass ein im Text aufgeführter Wert nicht direkt aus der dazugehörigen Abbildung ersichtlich ist. In diesem Fall sind die im Anhang dargestellten weiteren Tabellen zu konsultieren. Falls der fragliche Wert dort nicht verfügbar ist, kann auf die elektronische Zusatzdokumentation zurückgegriffen werden, die bei den Autoren angefragt werden kann.

Die Autoren danken insbesondere Josef Gohl (Dozent ZHAW) für die Beratung in statistischen Fragen und die Erstellung der statistischen Tabellen und Abbildungen. Ein weiterer Dank geht an die in das Gesamtprojekt involvierten wissenschaftlichen Mitarbeiter Domenico Ferrari (SUPSI), Sandro Fuchs (ZHAW) sowie Josa Keller (FFHS) für ihre Tätigkeiten bei der Beschaffung sowie bei der Auswertung der Geschäftsberichte.

Winterthur, im Oktober 2011

Beatrice Meyer, lic. oec., dipl. WP　　　　　　　　*Prof. Dr. Daniel Zöbeli*
ZHAW　　　　　　　　　　　　　　　　　　　　　FFHS

Inhaltsverzeichnis

1.	**Nonprofit-Organisationen**	1
	1.1. Sektor	1
	1.2. Organisationen	2
	1.3. Klassifizierung	3
	1.4. Wirtschaftliche Bedeutung	7
	1.5. Rechtsformen	13
	1.6. Transparenz	15
	1.7. Stakeholder-Konzept	19
2.	**Rechnungslegungs- und Revisionsvorschriften**	24
	2.1. Rechnungslegung und Transparenz	24
	2.2. Gesetzliche Rechnungslegungsvorschriften	26
	2.3. Swiss GAAP FER	29
	2.4. Weitere Rechnungslegungsvorschriften	31
	2.5. Rechnungslegung Sicht Stakeholder-Analyse	31
	2.6. Bewertung Rechnungslegungsvorschriften	33
	2.7. Revisionsvorschriften	36
3.	**Untersuchung**	38
	3.1. Problemstellung	38
	3.2. Methode	38
	3.3. Erhebungsbogen	40
	3.4. Auswertungen	44
	3.5. Auswahl Untersuchungsobjekte	47
	3.6. Beschreibung Untersuchungsobjekte	48
	3.6.1. Rechtsformen	48
	3.6.2. Rechnungslegungsnormen	49
	3.6.3. Organisationsgrösse	51
	3.6.4. Finanzierung durch Spendenerträge	54
4.	**Untersuchungsergebnisse Aussagekraft Rechnungslegung**	58
	4.1. Überblick	58
	4.2. Aussagekraft Rechnungslegung Rechnungslegungsnorm	60
	4.2.1. Gesamtsicht	60
	4.2.2. Themengebiete	62
	4.3. Aussagekraft Rechnungslegung Themengebiet	68
	4.3.1. Finanzbericht	70

		4.3.2. Leistungsbericht	71
		4.3.3. Bilanzierungs- und Bewertungsgrundsätze	73
		4.3.4. Offenlegung Verwaltungsaufwand	75
		4.3.5. Weitere Offenlegung Anhang	76
		4.3.6. Übersichtlichkeit Erfolgsrechnung	79
		4.3.7. Vergleichsmöglichkeiten Erfolgsrechnung	80
		4.3.8. Offenlegung Jahresrechnung Webseite	80
		4.3.9. Zeitlicher Aspekt Berichterstattung	81
	4.4.	Aussagekraft Rechnungslegung Branche	82
	4.5.	Aussagekraft Rechnungslegung Rechtsform	85
	4.6.	Aussagekraft Rechnungslegung Organisationsgrösse	86
	4.7.	Aussagekraft Rechnungslegung Bedeutung Spendenertrag	87
	4.8.	Verbesserung Aussagekraft Rechnungslegung	88
		4.8.1. Handlungsmatrizen Anwender Gesetz	90
		4.8.2. Handlungsmatrizen Anwender FER	91
5.	**Untersuchungsergebnisse Einzelthemen**		94
	5.1.	Aktivseite	94
	5.2.	Passivseite	99
	5.3.	Erfolgsrechnung	107
	5.4.	Geldflussrechnung	109
	5.5.	Konzernrechnung	110
	5.6.	Segmentberichterstattung	111
	5.7.	Revision	112
6.	**Zusammenfassung und Ausblick**		117
7.	**Literaturverzeichnis**		123
	7.1.	Internet	123
	7.2.	Printmedien	124
8.	**Anhang**		131
	8.1.	Instrumentarium Erhöhung Aussagekraft Rechnungslegung eigene NPO	131
		8.1.1. Self-Assessment-Tool	131
		8.1.2. Handlungsmatrizen	135
		8.1.3. Optimierungsmatrix	137
	8.2.	Kennzahlen Beschreibung Untersuchungsobjekte	139
		8.2.1. Branche	139
		8.2.2. Rechnungslegungsnorm	140
		8.2.3. Rechtsform	140

	8.3. Messung Aussagekraft Rechnungslegung	141
	8.3.1. Branche	141
	8.3.2. Zusammenfassung	145
	8.4. Statistische Erläuterungen	148
	8.5. Checkliste Anwendung FER 21	150
	8.5.1. Bilanz	152
	8.5.2. Betriebsrechnung	152
	8.5.3. Geldflussrechnung	153
	8.5.4. Rechnung über die Veränderung des Kapitals	153
	8.5.5. Anhang	154
	8.5.6. Leistungsbericht	156
	8.6. Impressum	157
9.	**Stichwortverzeichnis**	158

Abbildungsverzeichnis

Abbildung 1:	Begriffe und Perspektiven NPO-Forschung	2
Abbildung 2:	Merkmalskatalog NPO	3
Abbildung 3:	Klassifikation sozialer NPO gemäss ICNPO	4
Abbildung 4:	Klassifikation NPO Schweiz	5
Abbildung 5:	Steuerbefreiungskriterien	6
Abbildung 6:	Relevante Merkmale Verein und Stiftung	14
Abbildung 7:	Bestimmungsgrössen Transparenz	16
Abbildung 8:	Beispiele Verbesserung Transparenz NPO	17
Abbildung 9:	Beispiele vertrauensbildende Massnahmen NPO	18
Abbildung 10:	Beispiel Stakeholder Behindertenheim	20
Abbildung 11:	Bedeutung Geschäftsbericht ausgewählte Stakeholder	22
Abbildung 12:	Informationsbedürfnisse ausgewählter Stakeholder	23
Abbildung 13:	Einordnung Vorschriften Bestimmungsgrössen Transparenz	25
Abbildung 14:	Gesetzliche Buchführungsvorschriften – Verein	26
Abbildung 15:	Gesetzliche Buchführungsvorschriften – Stiftung	27
Abbildung 16:	Gesetzliche Buchführungsvorschriften – Verantwortlichkeit und Offenlegung	27
Abbildung 17:	Gesetzliche Buchführungsvorschriften – Indizien stille Willkürreserven	28
Abbildung 18:	Bestandteile Geschäftsbericht	30
Abbildung 19:	Zusätzliche Rechnungslegungsvorschriften	31
Abbildung 20:	Stakeholder-Analyse – Übersicht Teilnehmer	32
Abbildung 21:	Stakeholder-Analyse – Resultate	32
Abbildung 22:	Erfüllung Informationsbedürfnisse Rechnungslegungsnorm	33
Abbildung 23:	Rechnungslegungskosten – Organisationsgrösse	35
Abbildung 24:	Relativer Kostenvergleich – Rechnungslegungsnorm	35
Abbildung 25:	Revisionspflicht Verein und Stiftung	36
Abbildung 26:	Erhebung – Überblick	39
Abbildung 27:	Erhebung – Nicht berücksichtigte Kriterien Jahresbericht	40
Abbildung 28:	Erhebung – Nicht berücksichtigte Kriterien Leistungsbericht	41
Abbildung 29:	Erhebung – Zusätzlich berücksichtigte Kriterien FER 21	41

Abbildung 30:	Erhebung – Alle Kriterien	43
Abbildung 31:	Vorgehensweise Auswertungen	44
Abbildung 32:	Messinstrument Aussagekraft – Kriterien Gesamtsicht I	45
Abbildung 33:	Messinstrument Aussagekraft – Kriterien Gesamtsicht II	45
Abbildung 34:	Messinstrument Aussagekraft – Nicht berücksichtigte Kriterien	46
Abbildung 35:	Untersuchungsobjekte – Auswahlverfahren	47
Abbildung 36:	Bilanzsumme – Branche	52
Abbildung 37:	Personalaufwand – Branche	53
Abbildung 38:	Massgebender Ertrag – Branche	54
Abbildung 39:	Spendenertrag – Branche	55
Abbildung 40:	Spendenertrag/Massgebender Ertrag – Branche	56
Abbildung 41:	Spendenertrag/Massgebender Ertrag – Rechnungslegungsnorm	57
Abbildung 42:	Gesamtsicht I und II – Rechnungslegungsnorm	60
Abbildung 43:	Gesamtsicht I – Rechnungslegungsnorm	61
Abbildung 44:	Gesamtsicht II – Rechnungslegungsnorm	62
Abbildung 45:	Messinstrument Aussagekraft – Kriterien FER	63
Abbildung 46:	Perspektiven Nutzenerwartung	72
Abbildung 47:	Aspekte Modellierung Klientenprozess	72
Abbildung 48:	Bilanzierungs- und Bewertungsgrundsätze	74
Abbildung 49:	Abgrenzungskriterien Aufwandsarten	75
Abbildung 50:	Alternative Offenlegung administrativer und produktiver Aufwand	76
Abbildung 51:	Untersuchungsergebnisse Übersichtlichkeit Erfolgsrechnung	79
Abbildung 52:	Untersuchungsergebnisse zeitliche Aspekte Berichterstattung	82
Abbildung 53:	Gesamtsicht I und II – Branche	83
Abbildung 54:	Gesamtsicht I und II – Branche 1 versus 2, 3, 4	84
Abbildung 55:	Gesamtsicht I und II – Rechtsform	85
Abbildung 56:	Gesamtsicht I und II – Personalaufwand	86
Abbildung 57:	Gesamtsicht I und II – Spendenertrag/Massgebender Ertrag	87
Abbildung 58:	Ablaufschema Instrumentarium Erhöhung Aussagekraft Rechnungslegung eigene NPO	89

Abbildung 59:	Aussagekraft Self-Assessment-Tool – Handlungsempfehlungen Gesetzesanwender	90
Abbildung 60:	Aussagekraft Self-Assessment-Tool – Handlungsempfehlungen FER-Anwender	92
Abbildung 61:	Untersuchungsergebnisse Vermögensstruktur – Umlauf- und Anlagevermögen	95
Abbildung 62:	Untersuchungsergebnisse Vermögensstruktur – Wichtige Positionen	96
Abbildung 63:	Untersuchungsergebnisse Kapitalstruktur	100
Abbildung 64:	Untersuchungsergebnisse Fondskapital	102
Abbildung 65:	Buchungsprozess zweckgebundene Spenden	103
Abbildung 66:	Ausweis zweckgebundene Spenden im Anhang	104
Abbildung 67:	Untersuchungsergebnisse Jahresergebnis – Rückstellungsbetrag	106
Abbildung 68:	Untersuchungsergebnisse Jahresergebnis – Fondskapital	107
Abbildung 69:	Untersuchungsergebnisse Geldflussrechnung – Bilanzsumme	109
Abbildung 70:	Untersuchungsergebnisse Geldflussrechnung – Massgebender Ertrag	110
Abbildung 71:	Untersuchungsergebnisse Revisionstestat – Bilanzsumme	114

Tabellenverzeichnis

Tabelle 1:	Anzahl dem Nonprofit-Sektor zurechenbarer juristischer Personen	10
Tabelle 2:	Beschäftigte Dritter Sektor Schweiz	11
Tabelle 3:	Ausgaben Dritter Sektor Schweiz	12
Tabelle 4:	Finanzierungsquellen Dritter Sektor Schweiz nach Art	12
Tabelle 5:	Finanzierungsquellen Dritter Sektor Schweiz nach Branchen	13
Tabelle 6:	Untersuchungsobjekte – Branche/Rechtsform	48
Tabelle 7:	Untersuchungsobjekte – Rechnungslegungsnorm	49
Tabelle 8:	Untersuchungsobjekte – Gesetzliche Buchführungsvorschriften nach Rechtsform	50
Tabelle 9:	Untersuchungsobjekte – Anwender Gesetz nach Vorschriften	51
Tabelle 10:	Messinstrument Aussagekraft – Alle Untersuchungsobjekte	59
Tabelle 11:	Untersuchungsergebnisse Aussagekraft – Rechnungslegungsnorm (I)	64
Tabelle 12:	Untersuchungsergebnisse Aussagekraft – Rechnungslegungsnorm (II)	64
Tabelle 13:	Untersuchungsergebnisse Aussagekraft – Rechnungslegungsnorm (III)	66
Tabelle 14:	Untersuchungsergebnisse Aussagekraft – Rechnungslegungsnorm (IV)	67
Tabelle 15:	Untersuchungsergebnisse Aussagekraft – Optimierungsmatrix	69
Tabelle 16:	Untersuchungsergebnisse Revisionsart – Rechtsform	115

Textboxverzeichnis

Textbox 1:	Nonprofit-Sektor	1
Textbox 2:	International Classification of Nonprofit Organizations	4
Textbox 3:	Steuerbefreiung juristischer Personen mit gemeinnütziger Zweckbestimmung	6
Textbox 4:	Definition soziale Nonprofit-Organisation	7
Textbox 5:	NPO-Forschung	8
Textbox 6:	Johns Hopkins Comparative Nonprofit Sector Project	9
Textbox 7:	Nationale Regelung Rechnungslegung Dritter Sektor	25
Textbox 8:	Begriff kaufmännisches Gewerbe	27
Textbox 9:	Revision kaufmännische Buchführungsvorschriften	29
Textbox 10:	Erfolgsmessung soziale NPO	34
Textbox 11:	Finanzbericht – Grundlagen und Umsetzungsempfehlungen	70
Textbox 12:	Leistungsbericht – Grundlagen und Umsetzungsempfehlungen	71
Textbox 13:	Bilanzierungs- und Bewertungsgrundsätze – Grundlagen und Umsetzungsempfehlungen	74
Textbox 14:	Offenlegung administrativer Aufwand – Grundlagen und Umsetzungsempfehlungen	75
Textbox 15:	Offenlegung im Anhang – Grundlagen und Umsetzungsempfehlungen	77
Textbox 16:	Negativbestätigungen im Anhang – Grundlagen und Umsetzungsempfehlungen	78
Textbox 17:	Anlagereglement – Grundlagen und Umsetzungsempfehlungen	97
Textbox 18:	Wertschwankungsreserven – Grundlagen und Umsetzungsempfehlungen	98
Textbox 19:	Fondsaccounting – Grundlagen und Umsetzungsempfehlungen	103
Textbox 20:	Fondsreglement – Grundlagen und Umsetzungsempfehlungen	104
Textbox 21:	Rückstellungen – Grundlagen und Umsetzungsempfehlungen	105
Textbox 22:	Segmentberichterstattung – Grundlagen und Umsetzungsempfehlungen	112

Abkürzungsverzeichnis

axx	Allgemeine Kriterien mit fortlaufender Nummerierung im Erhebungsbogen
BIP	Bruttoinlandsprodukt
CNP	Johns Hopkins Comparative Nonprofit Sector Project
CURAVIVA	Verband Heime und Institutionen Schweiz
DEZA	Direktion für Entwicklung und Zusammenarbeit
DZI	Deutsches Zentralinstitut für soziale Fragen
EDI	Eidgenössisches Departement des Innern
EFQM	European Foundation for Quality Management
ER	Erfolgsrechnung
ESTV	Eidgenössische Steuerverwaltung
ESVG95	Europäisches System Volkswirtschaftliche Gesamtrechnung 1995
FER	Fachempfehlung zur Rechnungslegung
FTE	Full Time Equivalent
GAAP	Generally Accepted Accounting Principles
HWP	Handbuch der Wirtschaftsprüfung
KTI	Kommission für Technologie und Innovation
KPGH	Konferenz der Präsidentinnen und Präsidenten grosser Hilfswerke
ICNPO	International Classification of Nonprofit Organizations
IAS	International Accounting System
IDW	Institut der deutschen Wirtschaftsprüfer
IFRS	International Financial Reporting Standards
IPSAS	International Public Sector Accounting Standards
ISO	International Organization for Standardization
IVSE	Interkantonale Vereinbarung für soziale Einrichtungen
NGO	Nongovernmental-Organisationen
NPO	Nonprofit-Organisationen
ÖSGS	Österreichisches Spendengütesiegel
OR	Obligationenrecht
SEA	Schweizerische Evangelische Allianz
SECO	Staatssekretariat für Wirtschaft
SPSS	Statistical Package for the Social Sciences
SQS	Schweizerische Vereinigung für Qualitäts- und Management-Systeme
sxx	Spezielle Kriterien mit fortlaufender Nummerierung im Erhebungsbogen
VMI	Institut für Verbands-, Stiftungs- und Genossenschaftsmanagement
ZEWO	Schweizerische Zertifizierungsstelle für gemeinnützige, Spenden sammelnde Organisationen
ZGB	Zivilgesetzbuch

1. Nonprofit-Organisationen

1.1. Sektor

Die hier im Fokus stehenden sozialen Nonprofit-Organisationen (NPO) werden in Literatur und Praxis dem Dritten Sektor zugeordnet. Damit soll gemäss Badelt (1999:13) zum Ausdruck gebracht werden, dass NPO im Umkreis kommerzieller, gewinnorientierter Unternehmen (Marktsektor) einerseits und dem Staat andererseits agieren. Für diesen auch als zivilgesellschaftlich bezeichneten Nonprofit-Sektor existieren nach Salamon/Anheier (1997:12f.) international verschiedenste Bezeichnungen, wie «charitable sector», «independent sector», «voluntary sector», «tax-exempt sector», «nongovernmental organizations» (NGO), «associational sector» oder «économie sociale», die letztendlich allerdings nur Teilbereiche der zugrunde liegenden Charakteristika abdecken und damit keine aussagekräftige Bezeichnung darstellen. In der volkswirtschaftlichen Gesamtrechnung bilden die NPO, hier Non-profit institutions serving households (NPISH) genannt («Private Organisationen ohne Erwerbszweck»), ebenfalls einen eigenen Sektor (S15), neben dem Sektor Staat (S13), den (profitorientierten) Unternehmen (S11 und S12) und den privaten Haushalten (S14) (ESVG 95).

In der Tat findet sich für diesen Sektor mit seinem breiten Spektrum an NPO auch keine einheitliche und gleichzeitig allumfassende Definition (Salamon/Anheier, 1997:12). In Übereinstimmung mit der Literatur wird in der vorliegenden Studie davon ausgegangen, dass die angelsächsischen Begriffe «nonprofit sector» und «nonprofit organisation» den Gegenstand des Interesses wohl am zutreffendsten beschreiben.

Textbox 1: Nonprofit-Sektor

Der Nonprofit-Sektor, der zwischen den Polen «Markt» und «Staat» angesiedelt ist, wird im deutschen Sprachgebrauch auch als Dritter Sektor bezeichnet. In vielen Ländern hat dieser Sektor eine hohe wirtschaftliche Bedeutung. Nahezu in allen Mitgliedsländern der Europäischen Union (EU) und auch in den anderen westlichen Industrienationen spielen NPO eine immer wichtigere Rolle. Neben der wachsenden ökonomischen Bedeutung kommt dem Nonprofit-Sektor auch eine gesellschaftliche Verantwortung zu.

Siehe http://www.wirtschaftslexikon.gabler.de/Archiv/2041/non-profit-sektor-v8.html.

Begriff	Perspektive
Dritter Sektor	Makroperspektive, gesellschaftliche Betrachtung aller Nonprofit-Organisationen, meist im nationalen Kontext
Nonprofit-Organisationen (i.w.S.)	Abgrenzung von erwerbswirtschaftlichen Unternehmen
NGO	Abgrenzung von staatlichen Strukturen
Not-for-profit-Organisationen	Fehlende Ausschüttung von Gewinnen
Freiwilligenorganisationen	Unentgeltliches Engagement
Gemeinnützige Organisationen	Steuerliche Begünstigung
Bedarfswirtschaftliche Organisationen	Sachzielorientierung, Abgrenzung von Gewinnzielen
Nonprofit-Organisationen (i.e.S.)	Mikroperspektive der Organisationen des Dritten Sektors, Betrachtung einzelner Organisationen

Abbildung 1: Begriffe und Perspektiven NPO-Forschung, leicht modifiziert entnommen aus Siebart (2006:44).

1.2. Organisationen

In der Schweiz werden die im Dritten Sektor tätigen Nonprofit-Organisationen häufig auch als «Organisationen ohne Erwerbscharakter», «gemeinwirtschaftliche Träger» oder «gemeinnützige Organisationen» bezeichnet (Badelt, 1999:43). Somit wird im Schweizer Sprachgebrauch auf das uneigennützige, freiwillige und gemeinwirtschaftliche Engagement als wichtige Motivation abgestellt, das in der Schweizerischen Eidgenossenschaft eine lange Tradition hat (Badelt, 1999:40).

Tatsache ist, dass eine einzige, allgemeingültige Definition weder für die Makroebene des Nonprofit-Sektors selbst noch für die auf der Mikroebene agierenden Institutionen existiert (Badelt, 1999:12f.). Im Sinne der englischen Bezeichnung «Nonprofit» steht nicht der Gewinn, sondern das gemeinnützige Handeln im Vordergrund. Insofern kann in diesem Zusammenhang auch von einer Dominanz der als leistungsorientierten Sachziele (z.B. Output und dessen Wirkung) im Gegensatz zu den ökonomisch ausgerichteten Formalzielen (z.B. Umsatz und Gewinn) gesprochen werden.

Die Bezeichnung «Nonprofit-Organisation» stellt zwar eine Gewinnerzielungsabsicht in Abrede, dennoch werden in der Realität oftmals Gewinne erzielt (Salamon/Anheier, 1997:12f.). Diese werden allerdings nicht an Anteilseigner ausgeschüttet, sondern in der Regel für die Realisierung des Organisationszwecks verwendet bzw. thesauriert. Badelt (1999:18,43) geht davon aus, dass es bei der Vielzahl unterschiedlicher Sichtweisen nur einen gemeinsamen Nenner gibt, nämlich sich gegenüber der Forprofit-Welt der Privatwirtschaft bewusst abgrenzen zu wollen. Andere mögliche Definitionsmerkmale für Nonprofit-Organisationen sind unter anderem deren Zielsetzungen, Steuerstatus und Einkommensquelle (Badelt, 1999:8f.).

In der Literatur hingegen wird häufig eine von Salomon/Anheier (1997) geprägte Definition verwendet, die juristische, ökonomische, finanzielle und funktionale Faktoren umfasst. Nachfolgend wird der Merkmalskatalog der fünf länderübergreifenden Kriterien beschrieben und der Bezug zur eigenen empirischen Untersuchung hergestellt:

Merkmal	Beschreibung	Eigene empirische Untersuchung
Organisationsgrad	Minimale formale Struktur, nicht zwingend in Form einer juristischen Person, Rechtsform dennoch häufig einzige Abgrenzung zu informellen Gruppen (z.B. Familie)	Untersuchung der Rechnungslegung von Vereinen und Stiftungen
Private Trägerschaft	Institutionelle Trennung vom Staat	Kein Bezug
Selbstverwaltung	Juristisch und organisatorisch autonome Verwaltung	Vorhandenes Leitungsorgan trägt Verantwortung für die Rechnungslegung
Freiwilligkeit	Gewisser Grad an ehrenamtlichem bzw. freiwilligem Engagement (z.B. in Form von Geld-, Natural- oder Zeitspenden)	Untersuchung der Offenlegung der Entschädigung an leitende Organe und nahestehende Personen sowie der unentgeltlichen Arbeit
Gewinnausschüttungsverbot	Abgrenzung zu erwerbswirtschaftlichen, gewinnorientierten Unternehmungen, Verbleib etwaiger Überschüsse in der Organisation zur Reinvestition für gemeinnützige Zwecke	Kein Bezug

Abbildung 2: Merkmalskatalog NPO, anlehnend an Helmig/Lichtsteiner/Gmür (2010:20ff.).

1.3. Klassifizierung

Für die empirische Betrachtung sozialer Einrichtungen bedarf es zuerst einer ausreichenden Kategorisierung und Typisierung des Dritten Sektors. Salamon/Anheier sind die Begründer der heute gebräuchlichen internationalen Standardklassifikation von Nonprofit-Organisationen. Nachfolgende Ausführungen basieren in wesentlichen Teilen auf Badelt (1999) und Salamon/Anheier (1999).

In der als ICNPO-Klassifikation bezeichneten Struktur werden NPO nach funktionalen Aspekten in zwölf Gruppen aufgeteilt, die wiederum in insgesamt 24 Untergruppen (mit jeweils verschiedenen Aktivitäten) unterteilt sind (Salamon/Anheier, 1997:69):

Textbox 2: International Classification of Nonprofit Organizations (ICNPO)

ICNPO ist eine internationale Klassifikation von NPO, die 1992 von Lester M. Salamon und Helmut K. Anheier entworfen wurde. Nonprofit-Organisationen werden in Abhängigkeit der Funktion in 12 Klassen eingeteilt:

(1) Culture and Recreation
(2) Education and Research Promotion
(3) Health
(4) Social Services
(5) Environment
(6) Development and Housing
(7) Law, Advocacy and Politics
(8) Philanthropic Intermediaries and Voluntarism
(9) International
(10) Religion
(11) Business and Professional Associations, Unions,
(12) Not elsewhere classified

Trotz einer Vielzahl konkurrierender Klassifikationssysteme hat sich die ICNPO im NPO-Bereich zwischenzeitlich durchgesetzt.

Siehe http://www.wirtschaftslexikon.gabler.de/Archiv/7447/international-classification-of-nonprofit-organizations-icnpo-v7.html.

Gemäss Badelt (1999:47) sind für die Schweiz insbesondere die Gruppen 2 (Erwachsenenbildung, Institutionen des ausseruniversitären Tertiärbereichs), 3 (private Spitäler, Heime, stationäre Einrichtungen des Gesundheitswesens) und 4 (private Sozialwerke, Einrichtungen der ambulanten und stationären Versorgung mit sozialen Dienstleistungen) von besonderer Bedeutung. Im Rahmen der vorliegenden Studie ist vor allem die Gruppe 4 relevant. Nachfolgende Abbildung gibt einen detaillierten Überblick:

ICNPO Group	Nonprofit organizations in Switzerland	Organizations not likely to be part of the nonprofit sector in Switzerland
(4) Social services	• Children's services, child care and protection, in correspondence with government and private firms • Organizations in disability support • Organizations for the elderly (homes) • Partially: employment services • Youth work (e.g. boyscouts) • Partially family support organizations • Specialized nonprofits provide transportation services to elderly and those who lack access to public transit	• Government and commercial providers of social services (e.g. Government employment services)

Abbildung 3: Klassifikation sozialer NPO gemäss ICNPO, entnommen aus Helmig/Lichtsteiner/Gmür (2010:12).

Obschon die Klassifikation nach ICNPO differenziert und international anerkannt ist, fehlt die für die vorliegende Untersuchung wichtige Klassifikation nach der karitativen Tätigkeit. Alternativ dazu können die unterschiedliche Trägerschaft privater Nonprofit-Organisationen, deren vielfältige Aufgaben innerhalb der Gesellschaft sowie die daraus resultierende Differenzierung nach NPO-Typen unterschieden werden, die in nachfolgender Abbildung dargestellt sind.

	Trägerschaft	Zweck/Aufgabe	Arten/Typen
Staatliche NPO	Gemeinwirtschaftliche NPO	Erfüllung demokratisch festgelegter öffentlicher Aufgaben (auf Bundes-, Kantons-, Gemeindeebene), Erbringen konkreter Leistungen für die Bürger (Mitglieder)	• Öffentliche Verwaltungen • Öffentliche Betriebe • Beispiele: Verkehr, Energie, Spitäler, Heime, Anstalten, Schulen, Museen
Halbstaatliche NPO	Öffentlich-rechtliche Selbstverwaltungskörperschaften	Erfüllung übertragener Aufgaben auf gesetzlicher Grundlage, Pflichtmitgliedschaft, teils freiwillige Aufgaben	• Kammern • Sozialversicherungen
Private NPO	Wirtschaftliche NPO	Förderung und Vertretung der wirtschaftlichen Interessen der Mitglieder	• Wirtschaftsverbände • Arbeitnehmerorganisationen • Berufsverbände • Konsumentenorganisationen • Genossenschaften
	Soziokulturelle NPO	Gemeinsame Aktivitäten im Rahmen kultureller gesellschaftlicher Interessen, Bedürfnisse der Mitglieder	• Sportvereine • Freizeitvereine • Kirche, Sekten • Privatclubs/Serviceclubs
	Politische NPO	Gemeinsame Aktivitäten zur Bearbeitung und Durchsetzung politischer (ideeller) Interessen und Wertvorstellungen	• Politische Parteien • Natur-, Heimat-, Umweltschutzorganisationen • Politisch orientierte Vereine • Organisierte Bürgerinitiativen
	Soziale NPO = Forschungsobjekt Studie	Erbringung karitativer Unterstützungsleistungen an bedürftige Bevölkerungskreise (Wohltätigkeit, Gemeinnützigkeit) im Sozial- und Gesundheitsbereich sowie in der Bildung und Forschung	• Hilfsorganisationen und Betriebe für Betagte, Behinderte, Geschädigte, Süchtige, Arme, Benachteiligte • Wohlfahrtsinstitutionen • Entwicklungshilfeorganisationen • Selbsthilfegruppen mit sozialen Zwecken

Abbildung 4: Klassifikation NPO Schweiz, entnommen aus Schwarz/Bumbacher (2009:21).

In der vorliegenden Arbeit stehen ausschliesslich die als sozial oder gemeinnützig, manchmal auch als karitativ bezeichneten privaten und teilweise auch die gemeinwirtschaftlichen staatlichen Institutionen im Fokus des Interesses, und zwar einschliesslich solcher privater Organisationen, die im Leistungsauftrag des Gemeinwesens parastaatliche Aufgaben wahrnehmen[1].

---

1 Beispielsweise Heime, Werkstätten oder Sonderschulen.

Textbox 3: Steuerbefreiung juristischer Personen mit gemeinnütziger Zweckbestimmung

Das Kreisschreiben Nr. 12 vom Juli 1994 der Eidgenössischen Steuerverwaltung regelt u.a. die Voraussetzungen für eine Steuerbefreiung juristischer Personen, die gemeinnützige Zwecke verfolgen.

Voraussetzung	Konkretisierung	Handhabung in der Praxis (Bsp.)
Juristische Person	Verein, Stiftung oder AG mit statutarischem Ausschüttungsverbot	Tätigkeitsausübung durch eine juristische Person
Ausschliesslichkeit Mittelverwendung	Ausrichtung der steuerbefreiten Tätigkeit auf das Wohl Dritter	Statutarische Verankerung
Unwiderruflichkeit Zweckbindung	Mittel müssen unwiderruflich mit dem steuerbefreiten Zweck behaftet sein	Im Fall einer Liquidation Überschreibung der Mittel an Organisation(en) mit ähnlicher Zielsetzung
Gemeinnützigkeit	Verfolgung des Allgemeininteresses und Uneigennützigkeit	Tätigkeitsbeschreibung zugunsten eines breit gehaltenen Empfängerkreises sowie Erbringung unentgeltlicher, freiwilliger Arbeit

Abbildung 5: Steuerbefreiungskriterien, anlehnend an ESTV (2011).

Gemäss der behördlichen Beschreibung sind insbesondere karitative, humanitäre, gesundheitsfördernde, ökologische, erzieherische, wissenschaftliche und kulturelle Tätigkeiten dem Gemeinwohl förderlich. Im konkreten Einzelfall ist jedoch die Volksauffassung massgebend, wobei rechtsethische Prinzipien (z.B. aus der Bundesverfassung oder schweizerischen Gesetzen und Präjudizien) wichtige Erkenntnisquellen sind. Für eine steuerrechtlich anerkannte Gemeinnützigkeit wird neben einer Interessensförderung der Allgemeinheit zusätzlich auf den Gemeinsinn abgestellt.

Es ist anzunehmen, dass der Grossteil der sozialen NPO in der Schweiz steuerbefreit ist. In der Konsequenz müssen keine Ertrags- und Kapitalsteuern entrichtet werden, ebenso sind Zuwendungen beim Spender abzugsfähig – obschon in allen Kantonen betragsmässig limitiert. Wie bei der Steuererhebung dient die Mittelverwendung von Spenden letztendlich der Allgemeinheit, wobei bei Zuwendungen aufgrund des Grenzsteuersatzes von deutlich kleiner als 100% immer mehr Mittel als bei einer Besteuerung zufliessen. Zudem entlastet die in NPO unentgeltlich geleistete Arbeit Freiwilliger teilweise auch die öffentliche Hand. In der Regel erzielen Nonprofit-Organisationen nachhaltig keine grösseren Gewinne. Hingegen könnte eingewendet werden, dass aufgrund der steuerrechtlich teilweise zulässigen Bildung stiller Willkürreserven ein ansonsten steuerbarer Gewinn quasi legal der Besteuerung entzogen wird. Im Ergebnis ist allerdings davon auszugehen, dass der für das Gemeinwohl vom NPO-Sektor erbrachte Nutzen und die seitens des Staates dadurch eingesparten Steuermittel das durch die Steuerbefreiung sozialer NPO entgangene Steuersubstrat deutlich übersteigt. Insofern hat der Staat ein Interesse daran, Anreize für gemeinnützige Tätigkeiten zu schaffen. Nicht zuletzt sollte im Rahmen einer liberalen Gesellschaftsordnung ein möglichst grosser Gestaltungsfreiraum gewahrt sein.

Die Autoren der vorliegenden Studie sind der Meinung, dass eine Offenlegung des Geschäftsberichts von NPO durchaus wünschenswert ist. In der Tat kann in der empirischen Untersuchung festgestellt werden (siehe Kapitel 4.3.8), dass rund zwei Drittel der untersuchten Nonprofit-Organisationen die Jahresrechnung tatsächlich offenlegen. Mit Recht überlässt der Gesetzgeber die Entscheidung darüber jedoch den Organisationen selbst.

Gemäss den Fachempfehlungen für die Rechnungslegung (2010/11:117) gelten Nonprofit-Organisationen unabhängig von deren Rechtsform dann als gemeinnützig respektive sozial im Sinne von Swiss GAAP FER 21, wenn sie

- «gemeinnützige, insbesondere soziale Leistungen unabhängig von einem Anspruch für Aussenstehende und/oder einer Mitgliedschaft im Interesse der Allgemeinheit erbringen und
- sich öffentlich an eine unbestimmte Zahl von Spendern wenden oder unentgeltliche Zuwendungen erhalten und/oder mit zweckbestimmten Geldern der öffentlichen Hand finanziert werden».

Dabei gilt die Differenzierung zwischen Leistungsempfänger und Leistungserbringer als wesentliches Merkmal. In Bezug auf die Leistungsempfänger von Nonprofit-Organisationen wird zwischen den beiden klassischen Erscheinungsformen der Eigen- und Fremdleistungs-NPO unterschieden[2]. Nach Helmig/Lichtsteiner/Gmür (2010:176) werden bei Eigenleistungs-NPO entweder Sach- und Dienstleistungen für die in einer Institution zusammengeschlossenen Mitglieder zur Deckung des Eigenbedarfs erbracht, oder aber die Institution fungiert als Interessenvertretung der Mitglieder. Im Gegensatz dazu können die hier betrachteten sozialen NPO in der Regel den als Fremdleistungs-NPO bezeichneten Institutionen zugeordnet werden, in denen vorwiegend eine Dienstleistungsfunktion zugunsten Dritter ausgeübt wird (Badelt, 1999:44ff.).

Textbox 4: Definition soziale Nonprofit-Organisation

Als soziale Nonprofit-Organisation (NPO) bzw. gemeinnützige Organisation bezeichnet man jene Organisationen, die ergänzend zu Staat und Markt bestimmte Zwecke der Bedarfsdeckung (Sachzieldominanz) für Dritte wahrnehmen. Sie verfolgen keine wirtschaftlichen Gewinnziele, sondern dienen gemeinnützigen Zielen.

Siehe auch http://de.wikipedia.org/wiki/Non-Profit-Organisation.

1.4. Wirtschaftliche Bedeutung

Beschäftigungsstruktur und Aktivitäten des Dritten Sektors in der Schweiz entsprechen gemäss Helmig/Lichtsteiner/Gmür (2010:175ff.) den in internationalen Vergleichsstudien beobachteten Ergebnissen. Dementsprechend werden mehr als vier Fünftel (82%) der Leistungen von Fremdleistungs-NPO erbracht, und zwar hauptsächlich in den drei Bereichen Soziale Dienste (35.4%), Gesundheitswesen (32.5%) sowie Forschung und Bildung (10.4%). Die Annahme, dass sich soziale NPO (Hilfsorganisationen, Wohlfahrtsinstitutionen, Entwicklungshilfeorganisa-

---

2 Schwarz/Bumbacher (2005:25) bezeichnen diese Strukturtypen privater NPO auch als Selbsthilfe- respektive Drittleistungs-NPO.

tionen und Selbsthilfegruppen mit sozialen Zwecken) als Fremdleistungs-NPO nahezu ausschliesslich in den vorgenannten drei Bereichen engagieren, lässt rein rechnerisch auf einen durchschnittlichen Anteil von insgesamt 78.3% (35.4 + 32.5 + 10.4) gemeinnütziger, in der Schweiz tätiger Nonprofit-Organisationen[3] schliessen. Auf dieser Berechnungsgrundlage lassen sich nachfolgend einige interessante Betrachtungen anstellen.

Als entscheidende Faktoren zur Berechnung der volkswirtschaftlichen Bedeutung von NPO gelten gemäss Helmig/Lichtsteiner/Gmür (2010:149) die Beschäftigtenzahl in Vollzeitstellen (FTE)[4], der wertmässig korrekte Einbezug ehrenamtlicher und freiwilliger Arbeitsleistungen sowie Ausgaben und Einnahmen.

Zur Erfassung und Quantifizierung der wirtschaftlichen Bedeutung von Nonprofit-Organisationen ist es sinnvoll, sich zunächst einen Überblick über die Anzahl der im Dritten Sektor vorhandenen Institutionen und der beschäftigten Arbeitskräfte zu verschaffen. In einem nächsten Schritt kann dann, basierend auf Ausgaben und Einnahmen[5], die volkswirtschaftliche Bedeutung von NPO anhand des Beitrags zum BIP beziffert und die gesamtwirtschaftliche Wertschöpfung geschätzt werden (Badelt, 1999:49). Unbestritten scheint, dass Nonprofit-Organisationen nicht nur sozial und gesellschaftlich, sondern auch in wirtschaftlicher Hinsicht eine hohe Bedeutung haben. Die allerdings auch heute noch tendenziell unbefriedigende Datenlage und vergleichsweise wenig erforschte ökonomische Relevanz des Dritten Sektors in der Schweiz führt Badelt (1999:49) nicht zuletzt auf die verschiedenartigen Aufgabenbereiche von Nonprofit-Organisationen sowie die zahlreichen unterschiedlichen Behörden und Aufsichtsorgane zurück.

Textbox 5: NPO-Forschung

Die internationale NPO-Forschung (Forschung mit Bezug zu Nonprofit-Organisationen) wird überwiegend von den Disziplinen der Sozial-, Politik- und Wirtschaftswissenschaften bestimmt und ist stark interdisziplinär ausgerichtet. Während sich die soziologisch ausgerichtete NPO-Forschung vorwiegend mit Freiwilligenarbeit bzw. ehrenamtlichen Mitarbeitern und deren Engagement sowie mit bürgerschaftlich-zivilgesellschaftlichen Aspekten befasst («voluntary action»), ist die politikwissenschaftliche Forschungsrichtung im Wesentlichen einer verwaltungswissenschaftlichen Policy-Forschung zuzuordnen.

Innerhalb der wirtschaftswissenschaftlich orientierten NPO-Forschung hat insbesondere der betriebswirtschaftliche Zweig in den 1990er-Jahren stark an Bedeutung zugenommen und wird als eigentliche Wachstumsdisziplin bezeichnet. Hier stehen vorrangig die gemeinnützigen Organisationen mit Themenstellungen zu Geschäftsmodell, Marketing, Fundraising, Personalmanagement, Controlling sowie Rechnungslegung im Fokus des Interesses.

Siehe http://www.wirtschaftslexikon.gabler.de/Archiv/11075/npo-forschung-v11.html.

---

3   Im Vergleich dazu schätzt Badelt (1999:53) die von Freiwilligen erbrachten Arbeitsleistungen im Bereich sozialer Dienste in der Schweiz auf etwa zwei Drittel.
4   Full Time Equivalent.
5   Laut Helmig/Lichtsteiner/Gmür (2010:149) ist es sinnvoll, «den Sektor primär über die Ausgaben und erst nachrangig über die Einnahmen zahlenmässig zu erfassen», ansonsten würde der Nonprofit-Sektor systematisch unterschätzt.

Die wissenschaftliche Erforschung der Rechnungslegung sozialer NPO scheint in den letzten Jahren zugenommen zu haben. Einige Dissertationen seien im Folgenden exemplarisch erwähnt: Reding (2010, Universität St. Gallen) befasst sich mit der Beurteilung von Swiss GAAP FER 21 im Licht der Foundation Governance von schweizerischen Förderstiftungen. Busse (2010, Universität Mannheim) hingegen untersucht die Rechnungslegung Spenden sammelnder Organisationen in Deutschland. Beide Arbeiten beinhalten eine Befragung auf Stufe der anwendenden Organisation. Stötzer (2009, Universität Linz) setzt sich mit der Leistungsberichterstattung aus Stakeholdersicht auseinander. Augenfällig ist, dass keine dieser Arbeiten die Qualität der Rechnungslegung empirisch untersucht. Diese offensichtliche Forschungslücke wird durch die vorliegende Studie für die Schweiz geschlossen.

Im Rahmen des Johns Hopkins Comparative Nonprofit Sector Project (CNP) haben Helmig/Lichtsteiner/Gmür (2010) hinsichtlich der wirtschaftlichen und gesellschaftlichen Bedeutung des Nonprofit-Sektors eine Länderstudie für die Schweiz erstellt. Die Autoren schliessen nach eigenen Angaben eine Wissenslücke über die Bedeutung des schweizerischen NPO-Sektors und erheben erstmals statistische Daten hinsichtlich der Grösse und Struktur von Schweizer Nonprofit-Organisationen nach einem weltweit einheitlichen System.[6] Nachfolgende Ausführungen einschliesslich der Zahlen beruhen auf der Studie von Helmig/Lichtsteiner/Gmür (2010:145ff.) sowie eigenen Schätzungen und Berechnungen.

Textbox 6: Johns Hopkins Comparative Nonprofit Sector Project (CNP)

In der Schweiz liegen nur wenig offizielle und öffentlich zugängliche Daten (z.B. Somed für Behindertenheime, Stiftungsregister) zu NPO und dem Dritten Sektor vor. Durch das nachfolgend beschriebene Johns Hopkins Comparative Nonprofit Sector Project (CNP) wird dieses Defizit zumindest teilweise beseitigt. Das 1990 von der amerikanischen John Hopkins Universität lancierte Projekt analysiert Umfang, Struktur, Finanzierung und Rolle des privaten, gemeinnützigen Sektors u.a. für die Schweiz, vergleichbare Daten für rund fünfzig weitere Länder liegen ebenfalls vor. Im Einzelnen zielt das CNP auf folgende Punkte ab:

- Empirische Erhebung einer signifikanten Anzahl von Ländern weltweit
- Erklärungsansätze für die unterschiedliche Grösse und Struktur dieses Sektors und die zugrunde liegenden Einflussfaktoren
- Bewertung von Auswirkungen und Beitrag der Nonprofit-Organisationen
- Verbreitung von Informationen über den Nonprofit-Sektor für eine stärkere öffentliche Wahrnehmung
- Aufbau lokaler Kapazitäten für die künftige Arbeit vor Ort

Um diese Ziele zu erreichen, nutzt das CNP einen vergleichenden empirischen Ansatz, der (i) mit lokalen Partnern in den Zielländern stark verankert ist, der (ii) gemeinsame Rahmenbedingungen, Definitionen und Strategien zur Informationsgewinnung festgelegt und der (iii) Fortschritte durch ein Netzwerk von nationalen und internationalen Ausschüssen überwacht und die Ergebnisse verbreitet.

---

[6] Basierend auf den zentralen Kennzahlen CNP und volkswirtschaftlichen Daten des Bundesamts für Statistik aus Helmig/Lichtsteiner/Gmür (2010:174ff.).

Nachfolgende Länder wurden bisher untersucht: Argentina | Australia | Austria | Belgium | Brazil | Canada | Chile | Colombia | Czech Republic | Denmark | Egypt | Finland | France | Germany | Ghana | Hungary | India | Ireland | Israel | Italy | Japan | Kenya | Korea, Rep. of | Lebanon | Mexico | Morocco | The Netherlands | New Zealand | Norway | Pakistan | Peru | The Philippines | Poland | Portugal | Romania | Russia | Slovakia | South Africa | Spain | Sweden | Switzerland | Tanzania | Thailand | Uganda | United Kingdom | United States | Venezuela

Siehe http://www.ccss.jhu.edu/index.php?section=content&view=9&sub=3&tri=7.

Nach eigenen Angaben von Helmig/Lichtsteiner/Gmür (2010) wurden im Buch «Der Dritte Sektor der Schweiz, eine Länderstudie des CNP», zum ersten Mal statistische Daten hinsichtlich Umfang und Struktur des schweizerischen Nonprofit-Sektors umfassend und nach einem einheitlichen System erhoben.

Die beiden nachfolgenden Tabellen zeigen die verfügbaren Zahlen hinsichtlich der im Dritten Sektor tätigen, nach Rechtsformen unterteilten juristischen Personen sowie die Anzahl der bei Nonprofit-Organisationen beschäftigten natürlichen Personen (Badelt, 1999:49). Die Rechtsformen werden im Einzelnen im Kapitel 1.5 besprochen.

Rechtsform	Anzahl NPO	Berechnung	Anzahl soziale NPO
Vereine – nicht eingetragen	75 000[1]	3.0%[2]	2 250
Vereine – eingetragen	6 113[1]	95.0%[1]	5 807
Genossenschaften – eingetragen	11 306[1]	5.1%[1]	580
Stiftungen – eingetragen (ohne PK und KK)	12 521[1]	78.3%[2]	9 804
Total	104 940[1]	17.6%[2]	18 441

Tabelle 1: Anzahl dem Nonprofit-Sektor zurechenbarer juristischer Personen (2007), anlehnend an Badelt (1999:51), Helmig/Lichtsteiner/Gmür (2010:154,157,161,176)[1], eigene Schätzungen/Berechnungen[2].

Insgesamt wird in der CNP-Studie für das Jahr 2007 von rund 100 000 in der Schweiz ansässigen Nonprofit-Organisationen ausgegangen. Darin enthalten sind 6113 eingetragene Vereine, davon sind schätzungsweise 5807 (Annahme: 95% Gemeinnützigkeit) karitativ tätig. Von den 12 521 eingetragenen Stiftungen (ohne Personalvorsorge und Krankenkassen) kann auf Grundlage des weiter oben errechneten Faktors von 78.3% für 2007 die Existenz von 9804 (12 521 × 0.783) gemeinnützigen Stiftungen unterstellt werden. Der Anteil nicht im Handelsregister eingetragener gemeinnütziger Vereine lässt sich nur schätzen und dürfte sich innerhalb einer Bandbreite von 1 bis 5% (entspricht 750 bis 3750 von 75 000) bewegen. Für die Berechnung werden 3% (Mittelwert) verwendet. Unter dem Strich kommt man so auf insgesamt 18 441 soziale Nonprofit-Organisationen in der Schweiz.[7]

---

[7] Schnurbein/Studer (2011) schätzen die Anzahl gemeinnütziger Organisationen in der Schweiz auf 12 000.

Basierend auf der im Rahmen des CNP erstellten Schweizer Länderstudie sind NPO mit in Vollzeitstellen umgerechneten 180 500 Beschäftigten ein bedeutender Arbeitgeber. Ohne Berücksichtigung der auf freiwilliger Basis, also nicht erwerbswirtschaftlich erbrachten Arbeitsleistungen wird nicht nur die volkswirtschaftliche, sondern auch die gesellschaftliche Bedeutung des Nonprofit-Sektors häufig unterschätzt[8]. Allerdings ist dieser Beitrag zur nationalen Wertschöpfung in keiner offiziellen Statistik explizit ausgewiesen, weshalb hier auf die wenigen Angaben in der einschlägigen Literatur, beispielsweise diejenigen von Badelt (1999) und Helmig/Lichtsteiner/Gmür (2010), zurückgegriffen wird. Werden die freiwilligen Arbeitsleistungen mit insgesamt 79 800 rechnerischen Vollzeitstellen[9] mitberücksichtigt, dann beschäftigt der Dritte Sektor hierzulande 260 300 Mitarbeiter, was einem Anteil von 6.4% der erwerbstätigen Bevölkerung entspricht. Nachfolgende Tabelle soll dies verdeutlichen:

	in Vollzeitstellen	(%)	in % der Erwerbstätigen
Berufstätige	180 500	69.3%	4.5%
Freiwillige	79 800	30.7%	1.9%
Total	260 300	100.0%	6.4%

Tabelle 2: Beschäftigte Dritter Sektor Schweiz, anlehnend an Helmig/Lichtsteiner/Gmür (2010:174).

Wie viele Vollzeitstellen davon den sozialen Einrichtungen zuzurechnen sind, lässt sich wiederum auf Basis des weiter oben hergeleiteten Berechnungsfaktors (78.3%) für das Jahr 2007 auf rund 203 815 schätzen[10].

Der im Jahr 2005 mit 4.7% zum Schweizer Bruttoinlandsprodukt (BIP) beitragende Nonprofit-Sektor muss als substanzieller Bestandteil der Schweizer Wirtschaft betrachtet werden, was nachfolgende Zahlen belegen (Helmig/Lichtsteiner/Gmür, 2010:174): Basierend auf den Daten des CNP berechnen die Autoren, dass sämtliche NPO 2005 rund CHF 21.6 Mrd. als Ausgaben[11] umgesetzt haben. Zudem wird der Wert freiwilliger Arbeitsleistungen unter Zuzug von vergleichbaren Löhnen auf weitere CHF 6 Mrd. veranschlagt, sodass die gesamtwirtschaftliche Wertschöpfung des schweizerischen Nonprofit-Sektors mit 6% des BIP zu beziffern ist. In nachfolgender Tabelle werden diese Zahlen für den schweizerischen

---

8   Helmig/Lichtsteiner/Gmür (2010:162): «Die Grösse wie die Leistungen des Dritten Sektors werden dadurch systematisch unterschätzt, werden doch gerade im Dritten Sektor viele Tätigkeiten vollständig oder in erheblichem Masse unentgeltlich und damit freiwillig erbracht».
9   In Badelt (1999:53) ist in diesem Kontext von 84 900 Vollzeitstellen in 1995 die Rede.
10 Entspricht dem FTE (Full Time Equivalent); im Vergleich dazu beziffern Helmig/Lichtsteiner/Gmür (2010:176) den Anteil der Erwerbstätigen in den Sektoren «Soziale Dienste», «Gesundheitswesen» und «Bildung und Forschung» auf 142 400 FTE.
11 Helmig/Lichtsteiner/Gmür (2010:149): Löhne, Gehälter, Lohnnebenkosten, andere Personalausgaben, Sachmittel, Dienstleistungen, Gebühren, Abgaben. Nicht enthalten sind Vermögenswerte, Grundbesitz, Bauinvestitionen, sonstige abschreibungspflichtige Anschaffungen.

NPO-Sektor[12] zusammengefasst dargestellt, die sich notabene auf den gesamten Sektor beziehen und nicht etwa nur auf die gemeinnützigen NPO:

	in CHF Mrd.		in % des BIP
Gehälter und Sachleistungen	21.6	(78.3%)	4.7%
Gegenwert der Freiwilligenarbeit	6.0	(21.7%)	1.3%
Total	27.6	(100.0%)	6.0%

Tabelle 3: Ausgaben Dritter Sektor Schweiz, anlehnend an Helmig/Lichtsteiner/Gmür (2010:174).

Wenn man bedenkt, dass der Bankensektor als eine für die Schweizer Wirtschaft zentrale Branche 2005 einen Anteil von rund 10% am BIP hatte (Die Volkswirtschaft, 2011), dann ist der errechnete Beitrag der Nonprofit-Organisationen von 6% zur Wertschöpfung in der Tat substanziell. Die basierend auf dem Faktor 78.3% geschätzte Ausgabenseite sozialer NPO beträgt demnach CHF 21.6 Mrd. (27.6 × 0.783), was für 2005 einem Anteil von 3.9% am BIP entspricht.

Die Finanzierungsquellen auf der Einnahmenseite lassen sich in drei Kategorien unterteilen (Helmig/Lichtsteiner/Gmür, 2010:184):

- Leistungsentgelte beinhalten selbst erwirtschaftete Mittel in Form von Mitgliederbeiträgen, Verkaufserlösen aus Leistungen, Sponsorengeldern und Anlageerträgen.
- Spenden umfassen Zuwendungen von privaten Haushalten, Stiftungen und Unternehmen.
- Staatliche Beiträge beinhalten Finanzmittel von öffentlichen Körperschaften, z.B. Gelder aus Leistungsverträgen oder Defizitdeckungsgarantien.

Die absolute und prozentuale Aufteilung der Einnahmequellen des gesamten Nonprofit-Sektors sowie eine Schätzung für das Teilsegment sozialer NPO finden sich in nachfolgender Tabelle:

	NPO-Sektor[1]		Soziale NPO[2]	
	in %	in CHF Mio.	Faktor	in CHF Mio.
Leistungsentgelte	57%	14 571	78.3%	11 409
Spendeneinnahmen	8%	2 012	78.3%	1 575
Staatliche Beiträge	35%	8 739	78.3%	6 843
Total	100%	25 322	78.3%	19 827

Tabelle 4: Finanzierungsquellen Dritter Sektor Schweiz nach Art, anlehnend an Helmig/Lichtsteiner/Gmür (2010:184, 186)[1], eigene Schätzungen/Berechnungen[2].

---

12 Obschon Personalvorsorgestiftungen und Krankenkassen nicht explizit ausgeschlossen wurden, ist anzunehmen, dass solche Institutionen nicht in den Berechnungen enthalten sind.

Betrachtet man nun die absolute, mit dem Faktor von 78.3% berechnete Mittelallokation für die drei Bereiche, in denen soziale Nonprofit-Organisationen vornehmlich tätig sind, dann ergibt sich folgendes Bild:

in CHF Mio.	Leistungsentgelte	Staatliche Finanzierungsbeiträge	Spendeneinnahmen	Total
Gesundheitswesen	2 958	2 516	161	5 635
Soziales	2 809	2 766	520	6 094
Bildung und Forschung	1 500	612	29	2 142
Total	7 267	5 894	710	13 871

Tabelle 5: Finanzierungsquellen Dritter Sektor Schweiz nach Branchen, anlehnend an Helmig/Lichtsteiner/Gmür (2010:186), eigene Schätzungen/Berechnungen.

Die den gemeinnützigen Nonprofit-Organisationen zur Verfügung gestellten Mittel entsprechen demnach 54.8% (13 871/25 322) des gesamten Finanzierungsaufkommens für den Schweizer Nonprofit-Sektor. Ein Quervergleich der hauptsächlichen Finanzierungsquellen untereinander zeigt, dass die Spendenbeiträge mit 5.1% (710/13 871) bei sozialen NPO lediglich eine untergeordnete Rolle spielen, hingegen staatliche Subventionen (42.5% [5894/13 871]) und insbesondere selbst erwirtschaftete Mittel (52.4% [7267/13 871]) den Löwenanteil ausmachen. Mit anderen Worten: Ohne die zuschussbezogene Finanzierung durch staatliche Quellen mit rund CHF 6 Mrd. wäre basierend auf dem leistungsbezogenen Einkommen gemeinnütziges Wirken im heutigen Umfang nicht möglich.

1.5. Rechtsformen

Die Rechtsform ist häufig das einzige Kriterium, um Nonprofit-Organisationen gegenüber informellen, im sozialen Umfeld agierenden Gruppen natürlicher Personen abzugrenzen. In der Regel sind NPO als Vereine oder Stiftungen konstituiert, seltener auch als Genossenschaften, wobei bei Letzteren der Selbsthilfe- und nicht der karitative Charakter dominiert. In den vergangenen Jahren finden bei sozialen Organisationen vereinzelt auch die Rechtsformen der Aktiengesellschaft und der Gesellschaft mit beschränkter Haftung Verwendung.

Das Personenrecht des Schweizerischen Zivilgesetzbuchs (ZGB) regelt unter anderem die Rechte und Pflichten gegenüber juristischen Personen, so auch für Vereine und Stiftungen. Allerdings wird der Steuerstatus von den zivilrechtlichen Vorschriften strikt getrennt. Insofern kommen der steuerliche Status einer Nonprofit-Organisation und die damit verbundenen Steuerprivilegien erst dann zum Tragen, wenn die gewählte zivilrechtliche Form entsprechend ausgestaltet und als gemeinnützig anerkannt wird (Helmig/Lichtsteiner/Gmür, 2010:103).

Nachfolgend werden die für diese Studie relevanten zivilrechtlichen Vorschriften für Vereine und Stiftungen kurz dargestellt. Auf die rechnungslegungs- und revisionsspezifischen Normen wird in Kapitel 2 eingegangen. Hingegen werden hier Sonderformen von Stiftungen wie Familien- und Personalfürsorgestiftung sowie die kirchliche Stiftung nicht thematisiert.

Merkmal	Quelle	Verein	Stiftung
Definition	Hausheer/ Aebi-Müller, (2005:295,312)	Personenverbindung, körperschaftlich organisiert mit grundsätzlich ideellem (nichtwirtschaftlichem) Zweck, eigene Rechtspersönlichkeit	Als Zweckvermögen einem besonderen Zweck gewidmetes Vermögen, eigene Rechtspersönlichkeit
Regelung	Zivilgesetzbuch	Etwa 20 Artikel	Etwa 20 Artikel
Gründung	Hausheer/ Aebi-Müller, (2005:299,312)	Mindestens drei juristische oder natürliche Personen, Einigung auf schriftliche Statuten, aus denen wenigstens Zweck, Mittel und Organisation hervorgehen	Widmung eines Vermögens zu Lebzeiten/letztwillige Verfügung mit Zweckbestimmung, notariell beglaubigte Stiftungsurkunde
Handelsregistereintrag	Art. 61/52 ZGB	Nur zwingend bei Führung eines kaufmännischen Gewerbes oder Revisionspflicht	Zwingend
Mindestkapital	EDI (2011)	Keine Vorschriften	Zweckerfüllung als Mindestvoraussetzung, mindestens CHF 50 000
Organe	Art. 64 f. ZGB Hausheer/ Aebi-Müller (2005:302)	Gemäss Statuten zwei Organe, Vereinsvorstand • Geschäftsleitung • Vorbereitung, Einberufung Leitung Vereinsversammlung • Ausführung der Vereinsbeschlüsse • Vertretung nach aussen Vereinsversammlung • Wahl des Vereinsvorstandes • Entscheid über alle nicht delegierten Geschäfte • Aufnahme/Ausschluss Mitglieder	Gemäss Stiftungsurkunde, i.d.R. Stiftungsrat • Geschäftsleitung • Verwendung, i.d.R. auch Erhalt Stiftungsvermögen • Vertretung nach aussen • Revisionsstelle
Aufsicht	Art. 84 ZGB Hausheer/ Aebi-Müller (2005:320)	Keine	Durch schweizerische, kantonale oder lokale Aufsichtsbehörden, Eingreifen z.B. bei Zweckgefährdung oder -entfremdung des Stiftungsvermögens, Überschuldung respektive Zahlungsunfähigkeit

Abbildung 6: Relevante Merkmale Verein und Stiftung.

Auf die Bedeutung der Rechtsform im Zusammenhang mit der Forderung nach Transparenz wird in Kapitel 2.1 näher eingegangen.

1.6. Transparenz

Für nahezu alle Lebens- und Gesellschaftsbereiche wird heutzutage seitens der jeweiligen Anspruchsgruppen mehr Transparenz gefordert[13], das gilt ganz besonders auch für den Nonprofit-Sektor (Stötzer, 2009:227). Der Begriff «Transparenz» kann ganz allgemein als «Möglichkeit des Zugangs zu Informationen und – darauf aufbauend – die Chance auf Teilhabe an Entscheidungsprozessen» beschrieben werden (Theuvsen, 2009:25). Basierend auf einer Stakeholderanalyse[14] differenziert Theuvsen (2009:22) nach interner und externer Transparenz, die sich adressatenspezifisch auf interne (z.B. Mitarbeiter, Leitungsorgane) und externe Anspruchsgruppen (z.B. Behörden, Wettbewerber, Kunden, Lieferanten) einer Organisation bezieht.

In Bezug auf Nonprofit-Organisationen können gemäss Theuvsen (2009:25f.) drei unterschiedliche Arten von Transparenz differenziert werden, die nachfolgend kurz beschrieben werden: Die historische Transparenz ermöglicht es den Anspruchsgruppen einer NPO, getroffene Entscheidungen und ergriffene Massnahmen ex post nachvollziehen und damit besser verstehen zu können. Die bei operativen Entscheidungen dargelegten Informationen, einschliesslich der damit verbundenen Partizipationsmöglichkeiten der Stakeholder an solchen Entscheidungen, werden als operative Transparenz bezeichnet. Geht es hingegen um strategische Ziele und damit einhergehende langfristige Entwicklungsszenarien einer Nonprofit-Organisation, dann spricht der Autor in diesem Kontext von strategischer Transparenz.

Im Hinblick auf eine Transparenzanalyse unterscheidet Theuvsen (2009:26) zudem nach organisatorisch-strukturellen, sozial-relationalen und prozeduralen Bestimmungsgrössen der Transparenz von NPO, die in nachfolgender Abbildung dargestellt sind:

---

13 Theuvsen (2009:22): z.B. Wertschöpfungsketten, Organisationen, Rechnungslegung, Managervergütung, Nahrungsmittelproduktion, Europäische Union.
14 Stakeholder-Analyse: «Die Stakeholder-Analyse ist ein Ansatz, der häufig verwendet wird, um das Kraftfeld zu identifizieren und zu untersuchen, welches von einer Gruppe oder Person erzeugt wird, die das Erreichen der Ziele einer Organisation beeinflussen kann oder dadurch betroffen ist. Eine Stakeholder-Analyse identifiziert die Wege, in denen Stakeholder die Organisation beeinflussen können oder inwiefern sie durch die Aktivitäten der Organisation beeinflusst werden, sowie ihre Einstellung gegenüber der Organisation und ihren Zielen», 12MANAGE (2011).

Dimension	Determinanten	Einflussfaktoren
Organisatorisch-strukturelle Transparenz	Vertikale Arbeitsteilung	Grösse, Heterogenität, Aufbauorganisation, Ausgestaltung der Rechte, Umfang personeller Verflechtungen
	Informationspflichten für die Organisation	
	Informations- und Partizipationsrechte der Stakeholder	Weitere Erkenntnisse aus vorliegender Studie
	Durchsetzbarkeit der Informations- und Partizipationsrechte	Branche, Rechtsform, Finanzierungsquellen
	Personelle Verflechtungen	
Sozial-relationale Transparenz	Opportunismusneigung	Informationsverhalten der Stakeholder, Güte der Interaktionsbeziehungen
Prozedurale Transparenz	Regeln zur Informationsoffenlegung	Vorgegebene Regeln
	Formalisierung von Prozessen	

Abbildung 7: Bestimmungsgrössen Transparenz, anlehnend an Theuvsen (2009:30).

In Bezug auf private Spender und staatliche Leistungsfinanzierer sowie die interessierte Öffentlichkeit ist Transparenz bei NPO nicht zuletzt deshalb von hoher Bedeutung, weil nur durch eine diesem Kriterium entsprechende externe Rechenschaftsablage von aussen beurteilt werden kann, wie eine Organisation die ihr übertragenen Aufgaben erfüllt und ob damit den an sie gerichteten Erwartungen entsprochen wird.

In diesem Zusammenhang spricht Theuvsen (2009:24ff.) auch von der «Sicherung der Legitimität von Nonprofit-Organisationen», die als angemessen geltende und allgemein als sozial akzeptierte Handlungen voraussetzt. Aufgrund der häufig intrinsisch motivierten und durch prosoziales Verhalten geprägten Spender und Ehrenamtlichen trägt Transparenz zudem in einem bedeutenden Ausmass zur Glaubwürdigkeit einer Nonprofit-Organisation bei, um eine nachhaltige Unterstützung durch Ressourcengeber sicherzustellen (Theuvsen, 2009:24ff.).

Neben den Spendern ist insbesondere der Staat ein bedeutender Geldgeber. Nicht zuletzt deshalb bedeutet Transparenz in diesem Kontext gemäss Theuvsen (2009:25) die Erbringung des Nachweises, dass öffentliche Mittel zweckentsprechend eingesetzt werden. Dieser Aspekt kann durchaus als Bedingung zur gesellschaftlichen Akzeptanz von öffentlichen Leistungsaufträgen an rechtlich selbständige Institutionen verstanden werden. Einige Beispiele von entsprechenden Bestrebungen, die Transparenz von Nonprofit-Organisationen nachhaltig zu verbessern, finden sich in nachfolgender Abbildung:

Instanz	Bezeichnung	Massnahme/Ziel
US-Kongress	Panel on the Nonprofit Sector (2005)	Bericht zu Stärkung und Verbesserung der Transparenz, Governance und Verantwortung gemeinnütziger Einrichtungen
Swiss NPO-Code initiiert von 20 grossen Hilfswerken	KPGH (2006)	Transparenz stellt gemäss Paragraf 4 einen der zentralen Grundsätze der Governance von Nonprofit-Organisationen dar
PwC	Transparenzpreis (2005)	Auszeichnung von NPO für vorbildliche Berichterstattung (vor allem Einwerbung und Verwendung von Spendengeldern)
Bertelsmann	Symposium (2007)	Internationales Symposium zur Unterstützung von Bemühungen im Bereich Transparenz im gemeinnützigen Sektor
Ashoka Deutschland	Social Reporting Standard (2010)	Berichtsstandard, der sozialen Organisationen ermöglicht, ihre Wirkung zu belegen und den Anspruchsgruppen Fortschritte zu vermitteln

Abbildung 8: Beispiele Verbesserung Transparenz NPO, teilweise anlehnend an Theuvsen (2009:22f.).

Die vor allem im Dritten Sektor beobachtbaren Anstrengungen, die Transparenz nachhaltig zu verbessern, ist gemäss Theuvsen (2009:22f.) eng mit dem Begriff «Vertrauen» verknüpft. Da Vertrauen für Nonprofit-Organisationen aufgrund deren Abhängigkeit von grösstenteils freiwilligen Finanzierungsquellen einen hohen Stellenwert besitzt, wird durch vertrauensbildende, transparenzfördernde Massnahmen versucht, sich die Unterstützung von Leistungsfinanzierern zu sichern (Stötzer, 2009:227). Vor diesem Hintergrund ist Vertrauen sowohl für den nachhaltigen Erfolg als auch für die langfristige Existenzsicherung von NPO von grosser Bedeutung. Nachfolgende Abbildung gibt einen Überblick freiwilliger und teilweise vom Gesetzgeber geforderter, vertrauensbildender Massnahmen, deren Wissen und Einsatz für das Management wichtig sind:

Vertrauensbildende Massnahmen	Realisierung
Transparenz und Vertrauen (Accountability) durch	
Spendengütesiegel	ZEWO[15] (CH), DZI[16] (D), ÖSGS[17] (Ö)
Qualitätszertifikate	ISO-Normen, EFQM[18]
Labels	NPO-Label für Management Excellence[19] (CH)
Rechnungslegung und Berichterstattung	Swiss GAAP FER 21[20] (CH), IDW-Verlautbarungen[21] (D)

---

15 Schweizerische Zertifizierungsstelle für gemeinnützige, Spenden sammelnde Organisationen.
16 Deutsches Zentralinstitut für soziale Fragen.
17 Österreichisches Spendengütesiegel.
18 Zertifizierungen nach ISO-Normen (ISO 9001) oder EFQM (European Foundation for Quality Management).
19 Vom Institut des Verbands- und Genossenschafts-Management (VMI) der Universität Freiburg zusammen mit der Schweizerischen Vereinigung für Qualitäts- und Management-Systeme (SQS).
20 General Accepted Accounting Principals/Fachempfehlungen zur Rechnungslegung.
21 Institut der Wirtschaftsprüfer in Deutschland.

Vertrauensbildende Massnahmen	Realisierung
Sicherheit und Vertrauen durch	
Good Governance	Verwirklichung einer adäquaten Nonprofit Governance
	Freiwillige Unterwerfung unter einen Code of Conduct (z.B. Swiss NPO-Code)

Abbildung 9: Beispiele vertrauensbildende Massnahmen NPO, anlehnend an Stötzer (2009:228f.).

Gütesiegel, Zertifikate und Labels haben sich in den vergangenen Jahren auch im Nonprofit-Sektor zu einem ernstzunehmenden Qualitätsmerkmal entwickelt. Einerseits soll damit effizientes und effektives Handeln von Nonprofit-Organisationen bei gleichzeitiger Erbringung qualitativ hochwertiger Leistungen sichergestellt werden, andererseits soll mit der Bewertung die Aussenwirkung einer NPO in positivem Sinne gefördert werden (Stötzer, 2009:229).

Ziel der Governance-Kodizes wiederum ist es gemäss Theuvsen (2009:35), Best Practices zu identifizieren und zur Sicherung der Transparenz zu kodifizieren. Allerdings hält der Autor dem entgegen, dass bei unterschiedlichen Voraussetzungen verschiedene Wege zum gleichen Ziel führen können. Gemäss seiner Auffassung gilt es als eher unwahrscheinlich, dass nur ein einziges Konzept für die Transparenzsicherung existiert.

Im Zusammenhang mit vertrauensbildenden Massnahmen ist unbestritten, dass neben transparenten Führungs- und Kontrollstrukturen (Governance) die Transparenz der Berichterstattung und Rechnungslegung an vorderster Stelle steht (Stötzer, 2009:227). Das gilt nicht zuletzt auch für den Fall, falls von der NPO ein anerkannter Governance-Kodex angewendet oder ihr ein entsprechendes Spendensiegel zuerkannt wird (Theuvsen, 2009:35).

Im Licht der vorangegangen Ausführungen muss Transparenz als ein Gütekriterium betrachtet werden, das nur schwer quantifiziert bzw. gemessen werden kann (Stötzer, 2009:227). Daher konzentriert sich die hier vorliegende Studie auf den für Transparenz zentralen Aspekt der Offenlegung von allen relevanten Informationen im Geschäftsbericht. Dieser stellt für die Stakeholder jenes Informationsinstrument dar, das Spendern und öffentlichen Leistungsfinanzierern als wichtigste Entscheidungsgrundlage dient. Die Finanzierer sollen die mit den Zuschüssen verbundenen Erwartungen überprüfen können, sodass der Rechnungslegung neben dem reinen Informationszweck auch eine Art Rechenschaftsablage zuerkannt werden kann. Die entscheidungsrelevanten Informationen werden im Geschäftsbericht zur Verfügung gestellt, der neben der Jahresrechnung in der Regel auch einen Jahresbericht umfasst.

1.7. Stakeholder-Konzept

NPO im weitesten Sinne zielen nicht auf Gewinnmaximierung und Verteilung von Überschüssen an die Eigentümer ab, sondern erbringen in der Regel bestimmte Leistungen für ihre Mitglieder oder bedürftige Dritte (Theuvsen, 2001:2). Vor diesem Hintergrund sind NPO und deren Management unterschiedlichen Anspruchsgruppen verpflichtet, welche wiederum in verschiedener Hinsicht die Organisation beeinflussen können (Siebart, 2006:82).

Die auch als Stakeholder bezeichneten Interessengruppen sind sowohl in der Organisation selbst als auch in deren Umfeld angesiedelt (Theuvsen, 2002:2). In der Literatur wird häufig die allgemein gehaltene Definition von Freeman (1984:46) zitiert: «A stakeholder in an organization is (by definition) any group or individual who can be or is affected by the achievement of the organization's objectives». Insofern zählen zu den Stakeholdern sowohl Individuen und Gruppen, welche die Ziele der Organisation beeinflussen können, als auch diejenigen Personen, die durch die Organisationsziele betroffen sind (Theuvsen, 2002:2). Anders ausgedrückt, kann jeder innerhalb oder ausserhalb einer NPO zu deren Anspruchsgruppe gehören (Theuvsen, 2002:2). Eine etwas engere Begriffsauslegung rechnet all jene Individuen und Gruppen zu den Stakeholdern, die langfristig für die Existenz einer NPO unabdingbar sind (Theuvsen, 2002:2).

Durch den Stakeholder-Ansatz sollen die Interessen der Anspruchsgruppen bei der Führung der Organisation mitberücksichtigt werden (Siebart, 2006:122). Aufgrund der oftmals unterschiedlichen und sich im Zeitablauf ändernden Interessen der Stakeholder müssen die Leitungsorgane einer NPO die Interessen ständig in einer Form ausgleichen, dass die Bedürfnisse der heterogenen Anspruchsgruppen möglichst adäquat erfüllt werden (Siebart, 2006:82). In der Literatur wird diese bei NPO einen hohen Stellenwert einnehmende Besonderheit auch unter dem Begriff des sogenannten «Stakeholder-Management» subsumiert (Theuvsen, 2002:2).

Es stellt sich die Frage, wer überhaupt zu den relevanten Anspruchsgruppen einer NPO gehört. Aufgrund der Diversität von Nonprofit-Organisationen können potenzielle Anspruchsgruppen hier nur exemplarisch aufgeführt werden. Nachfolgende Abbildung soll hierzu am Beispiel eines Behindertenheims mit rund 20 Stakeholdern einen Überblick geben:

Interne Stakeholder	Externe Stakeholder	
Mitarbeiter Hauptamtliche Ehrenamtliche	**Leistungsfinanzierer** Öffentliche Hand Leistungsempfänger Spender Sponsoren	**Aufsicht/Kontrolle** Mitglieder Staatliche Behörden Revision
	Heim/Werkstatt	**Öffentlichkeit**
Leitung Organ Management	**Leistungsempfänger** Klienten Umfeld Zuweisende Stellen	**Weitere** Kreditgeber Branchenverbände Sachverständige Andere NPO

Abbildung 10: Beispiel Stakeholder Behindertenheim.

Nachfolgend werden jeweils nur die Leistungsfinanzierer und -empfänger dargestellt, da insbesondere diesen beiden Kategorien eine tragende Rolle zukommt. Innerhalb der ersten Gruppe muss aufgrund der zu erwartenden unterschiedlichen Informationsbedürfnisse eine Differenzierung bei den Spendern und bei der öffentlichen Hand vorgenommen werden. Spender im Sinne von Förderorganisationen werden in der Regel nicht von sich aus aktiv, sondern es muss ein Antrag bezüglich Unterstützung eingereicht werden. Die Organisation hat somit die Möglichkeit, die ihrer Ansicht nach notwendigen relevanten Daten einzufordern. Private Spender verfügen im Allgemeinen nicht über diese Möglichkeit der Einsichtnahme, sodass der Geschäftsbericht hier die wichtigste Informationsquelle darstellt. Hingegen hängt die Bedeutung des Geschäftsberichts für die öffentliche Hand eher davon ab, inwieweit darüber hinaus zusätzliche Informationen eingefordert werden können. In regulierten Branchen ist davon auszugehen, dass die öffentliche Hand von dieser Möglichkeit Gebrauch macht, sodass der Geschäftsbericht eine eher untergeordnete Bedeutung einnimmt. Um die Regulierungsdichte zu bestimmen, werden im Rahmen dieser Studie die folgenden Faktoren berücksichtigt: Vorliegen von Leistungsvereinbarungen, Weisungen zur Rechnungslegung und Kostenrechnung sowie Einforderung zusätzlicher Informationen durch Reporting.

Die Frage der Bedeutung der Stakeholder stellt sich in Bezug auf deren Management. In der Literatur zur Stakeholder-Theorie werden häufig drei Kriterien zur Bewertung von Anspruchsgruppen genannt, nämlich Macht, Legitimität und Dringlichkeit (Theuvsen, 2002:7). Nach diesem Konzept verfügen Stakeholder in einem solchen Umfang über Macht, in dem sie sich bei Interessenkonflikten gegenüber konkurrierenden Anspruchsgruppen behaupten können.

Die Macht von Stakeholdern lässt sich durch Beantwortung folgender Fragen bestimmen (Theuvsen, 2002:7f.):

- Über welche Machtbasen verfügen die Stakeholder?
- Auf welche Machtbereiche erstreckt sich der Einfluss der Stakeholder?
- Wie gross ist die Stärke der Macht, über die die Stakeholder verfügen?
- Wie gross ist die Ausdehnung der Macht eines Stakeholders, d.h. auf wie viele Personen hat ein Stakeholder Einfluss und wie bedeutsam sind diese Personen im betrachteten Machtbereich?

Nachfolgende Ausführungen beziehen sich auf Theuvsen (2002:8f.). Legitimität wird mit Handlungen assoziiert, die innerhalb eines sozialen Systems als angemessen und richtig gelten. Allerdings sind die Kriterien, mit denen sich die Legitimität der Machtausübung beurteilen lässt, wiederum eine Frage von Macht, weil die Legitimationsbasis einer Anspruchsgruppe zu jedem Zeitpunkt durch andere Stakeholder infrage gestellt werden kann. Die Legitimationsbasis kann sich auf regulative (z.B. gesetzliche Bestimmungen), normative (z.B. Werte, Normen) und kognitive (Orientierung an zugewiesener Rollenverteilung) Grundlagen abstützen. Die Stärke der Legitimation steht in positiver Korrelation mit der Anzahl unumstrittener Legitimitätsbasen.

Im Zusammenhang mit den beiden vorgenannten Bewertungskriterien beschreibt die Dringlichkeit als drittes Kriterium, wie zeitnah sich das NPO-Leitungsorgan mit den Forderungen von Anspruchsgruppen auseinanderzusetzen hat (Theuvsen, 2002:9). Aus der Perspektive der Stakeholder bedürfen zeitkritische und gleichzeitig wichtige Anliegen einer besonders hohen Dringlichkeit.

Im Kontext dieser Studie interessiert die Frage, welche Bedeutung der Geschäftsbericht bzw. die Rechnungslegung für eine Gruppe hat und welche Informationsbedürfnisse durch die darin enthaltenen Informationen abzudecken sind. Die Bedeutung des Geschäftsberichts für die verschiedenen Anspruchsgruppen dürfte eine Funktion der Kriterien Macht, Legitimität und Dringlichkeit sein.

	Macht-basis	Legiti-mität	Dringlich-keit	Möglich-keit Informations-einforderung	Bedeutung Geschäftsbericht
Leistungsfinanzierer					
Spender (Privat)	tief	hoch	tief	tief	hoch
Spender (Professional)	hoch	hoch	mittel	mittel	mittel
Öffentliche Hand (nicht reguliert)	tief	tief	tief	tief	hoch
Öffentliche Hand (reguliert)	hoch	hoch	hoch	hoch	tief
Sponsoren	hoch	mittel	hoch	mittel	mittel
Leistungsempfänger					
Klienten bzw. deren Umfeld	mittel	mittel	hoch	mittel	mittel
Zuweisende Stellen	mittel	hoch	hoch	mittel	mittel

Abbildung 11: Bedeutung Geschäftsbericht ausgewählte Stakeholder.

Aus der oben dargestellten Abbildung geht hervor, dass der Geschäftsbericht vor allem für den gewöhnlichen privaten Spender sowie für die nicht regulierte öffentliche Hand eine hohe Bedeutung hat. Beide sind denn auch die Hauptadressaten der Berichterstattung. Der Geschäftsbericht hat somit die möglichen Informationsbedürfnisse von Spendern und der Allgemeinheit zu berücksichtigen, d.h. also von Anspruchsgruppen, die nicht in der Lage sind, die auf ihre Informationsbedürfnisse zugeschnittenen Informationen einzufordern.

Unbestritten dürfte sein, dass die Bedeutung einer aussagekräftigen Rechnungslegung für Führungszwecke wichtig ist. Allerdings bleibt dieser Umstand hier unberücksichtigt, da der Untersuchungsgegenstand «Rechnungslegung» nur einen von mehreren Faktoren darstellt.

Aktuelle quantitative Forschung über die Informationsbedürfnisse der Stakeholder im deutschsprachigen Raum gibt es nicht, qualitative Überlegungen hingegen schon. Die möglichen Informationsbedürfnisse sowie deren Priorisierung in nachfolgender Abbildung sind an Stötzer (2009:189ff.) angelehnt. Der Fokus liegt dort ebenfalls auf der Berichterstattung im Sinne eines Geschäftsberichts. Grundsätzlich dürften alle Gruppen ein Interesse an sämtlichen nachfolgend abgebildeten Informationen haben. Differenziert wird nach verschiedenen Prioritäten. Deshalb erfolgt eine gruppenspezifische Priorisierung, wobei auf die wichtigsten zwei bis drei Informationsbedürfnisse fokussiert wird.

	Wertekonformität	Angebot/Ziele	Zielerreichung	Mittelverwendung	Finanzielle Lage/Fortbestand	Vergleichbarkeit	Andere Stakeholder	Zu finanzierende Projekte/Bereiche	Vorgabeneinhaltung
Leistungsfinanzierer									
Spender (Privat)	x		x	x					
Spender (Professional)			x	x				x	x
Öffentliche Hand (nicht reguliert)				x		x		x	
Öffentliche Hand (reguliert)								x	x
Sponsoren	x	x					x		
Leistungsempfänger									
Klienten bzw. deren Umfeld	x	x	x						
Zuweisende Stellen		x	x						x

Abbildung 12: Informationsbedürfnisse ausgewählter Stakeholder.

Die Frage, inwiefern die entsprechenden Rechnungslegungsnormen die an sie gestellten Anforderungen erfüllen, wird im nachfolgenden Kapitel vertieft.

2. Rechnungslegungs- und Revisionsvorschriften

2.1. Rechnungslegung und Transparenz

Für nahezu alle Lebens- und Gesellschaftsbereiche wird gegenwärtig seitens der jeweiligen Anspruchsgruppen mehr Transparenz eingefordert, das gilt ganz besonders auch für den Nonprofit-Sektor. Unbestritten ist, dass die finanzielle Berichterstattung von NPO parallel mit transparenten Führungs- und Kontrollstrukturen (Governance) einhergeht. Die Qualität des Geschäftsberichts wird dabei massgeblich durch die angewendeten Rechnungslegungsnormen beeinflusst. Nachfolgend werden deshalb die gesetzlichen Vorschriften (ZGB/OR) sowie die Fachempfehlung Swiss GAAP FER kurz erläutert.

Gemäss Swiss GAAP FER besteht die Zielsetzung der Jahresrechnung im Allgemeinen darin, Rechenschaft über das wirtschaftliche Handeln in der unmittelbar zurückliegenden Vergangenheit abzulegen und Informationen bereitzustellen, mittels derer die künftige wirtschaftliche Entwicklung des Unternehmens abgeschätzt werden kann.

Die Befragung der Stakeholder zielt grundsätzlich darauf ab, herauszufinden, ob dieses Ziel mit der heutzutage angewandten Rechnungslegung und Berichterstattung bei NPO erreicht wird.

Mit Swiss GAAP FER 21 ist ein Standard geschaffen worden, der die speziellen Bedürfnisse und Eigenschaften von NPO angemessen berücksichtigen soll. Sowohl das fehlende Gewinnstreben als auch die Besonderheiten in der Mittelbeschaffung von NPO führen dazu, dass die für gewinnorientierte Unternehmen konzipierten Standards nicht auf NPO übertragen werden können. Nicht zuletzt aus diesem Grund wird Swiss GAAP FER 21 deshalb unter anderem um die «Rechnung über die Veränderung des Kapitals» und den «Leistungsbericht» ergänzt.

Rechnungslegung setzt eine ordnungsmässige Buchführung voraus. Darunter wird die systematische und richtige Erfassung und Dokumentation der Geschäftsvorfälle verstanden; eng damit verknüpft sind die Rechnungslegungsvorschriften. Vogt (2011) spricht von Rechnungslegungsrecht und versteht darunter alle Vorschriften zur (externen) finanziellen Berichterstattung und Offenlegung der aus der Buchführung entstandenen Ergebnisse.

In der öffentlichen Debatte über Nonprofit-Organisationen nimmt die in Kapitel 1.6 erörterte Transparenz einen hohen Stellenwert ein. Unbestritten ist zudem, dass in diesem Kontext die Regelungen bezüglich Rechtsform und Rechnungslegung eine wichtige Rolle spielen. Welche Aspekte der Transparenz durch diese Normen geregelt werden, wird nachfolgend dargestellt:

Dimension	Determinante	Regelung
Organisatorisch-strukturelle Transparenz	Vertikale Arbeitsteilung	ZGB
	Informationspflichten für die Organisation	ZGB
	Informations- und Partizipationsrechte der Stakeholder	ZGB
Prozedurale Transparenz	Regeln zur Informationsoffenlegung	ZGB/Swiss GAAP FER
	Formalisierung von Prozessen	Internes Kontrollsystem

Abbildung 13: Einordnung Vorschriften Bestimmungsgrössen Transparenz.

Die beiden Normen zur Offenlegung von Informationen unterscheiden sich vor allem in Bezug auf die Anforderungen an eine aussagekräftige Darstellung der Rechnungslegung. Im Gegensatz zu den gesetzlichen Vorschriften fordert das Rahmenkonzept von Swiss GAAP FER (2010/11:15) eine den tatsächlichen Verhältnissen entsprechende Darstellung der Vermögens-, Finanz- und Ertragslage (True and Fair View). Aus der obigen Abbildung wird allerdings auch ersichtlich, dass neben adäquaten Rechnungslegungsnormen vor allem sachgerechte Regelungen hinsichtlich der Veröffentlichung der Jahresrechnung vonnöten sind.

> **Textbox 7: Nationale Regelung Rechnungslegung Dritter Sektor**
>
> Die Rechnungslegungsvorschriften lassen sich grundsätzlich in gesetzliche Normen und freiwillige Standards unterteilen. Normen werden in der Regel vom Gesetzgeber in Abhängigkeit der Rechtsform gestaltet. Hingegen werden Standards von einem Expertengremium erstellt. Standards sind allerdings nicht unmittelbar geltendes Recht, sondern werden entweder von den Wirtschaftsprüfern akzeptiert und bei der Prüfung umgesetzt oder aber erst durch den Gesetzgeber in geltendes Recht umgewandelt.
>
> Im Gegensatz zur Forprofit-Welt befassen sich international nur vergleichsweise wenige Expertenforen mit der Ausbildung von Rechnungslegungsnormen für den privatrechtlichen Nonprofit-Bereich. Im deutschsprachigen Raum sind dies zurzeit die in Zürich domizilierte Stiftung für Fachempfehlungen zur Rechnungslegung (FER) und das Institut der Wirtschaftsprüfer (IDW) mit Sitz in Düsseldorf. Weiter sind keine Anzeichen feststellbar, dass sich wie im Forprofit-Bereich (z.B. IFRS, US-GAAP) auch bei NPO international anerkannte Normen herausbilden. Dies dürfte darauf zurückzuführen sein, dass der Spendenmarkt im Gegensatz zum Kapitalmarkt nicht international organisiert ist, und dass die Finanzierung durch den jeweiligen Nationalstaat Priorität hat.

Die Rechnungslegung richtet sich an interne und externe Anspruchsgruppen. Der Begriff «Stakeholder» wird in dieser Studie im Sinne externer Anspruchsgruppen sehr allgemein gefasst, da die Anforderungen der unterschiedlichen Gruppen sehr heterogen sind (siehe Abbildung 12).

Zugrunde gelegt wird die von FER 21 in der Definition des Begriffs «soziale Nonprofit-Organisation» vorhandene Nennung möglicher Stakeholder: (Leistungserbringung im Sinne der) Allgemeinheit, (Leistungsfinanzierung durch) Spender und öffentliche Hand. Die durchgeführte Erhebung adressiert nur die möglichen Informationsbedürfnisse von Spendern und der Allgemeinheit, d.h. von Anspruchsgruppen, die nicht eigenständig in der Lage sind, die auf ihre Informationsbedürfnisse zugeschnittenen Informationen einzufordern. Diese Sichtweise ist in Übereinstimmung mit IAS1/3 (Wiley, 2011:4).

Im Gegensatz dazu fordern professionelle Spender, Sponsoren und die öffentliche Hand erfahrungsgemäss die zur Beurteilung des interessierenden Sachverhalts notwendigen Informationen ein. In dem teilweise durch die öffentliche Hand finanzierten Heimbereich kann die zuständige Behörde beispielsweise auf einem nach Funktionen gruppierten Stellenplan inklusive Mitarbeiternamen, Lohnkategorien, Lohnkosten und Ausbildungsstand bestehen. In der Regel werden solche Informationen allerdings nicht im Geschäfts- oder Revisionsbericht offengelegt, weshalb sie im Rahmen dieser Erhebung auch nicht untersucht werden.

2.2. Gesetzliche Rechnungslegungsvorschriften

Seit 1.1.2008 gelten geänderte privatrechtliche Vorschriften für Vereine und Stiftungen. Ein Verein stellt eine Personenvereinigung zur Verfolgung von gemeinsamen Zwecken dar, wobei der Gesetzgeber aus nachvollziehbaren Gründen nur allgemeine Regeln formuliert hat. So hat der Vorstand gemäss Art. 69a ZGB über die Einnahmen und Ausgaben sowie das Vermögen Buch zu führen. Aufgrund der Aufsichtspflicht der Mitgliederversammlung über den Vorstand gemäss Art. 65 ZGB könnte seitens der Mitglieder theoretisch jederzeit die Vorlage der notwendigen Zahlen verlangt werden. In der Regel geschieht dies aber unaufgefordert einmal im Jahr, indem im Rahmen der Vereinsversammlung über die Annahme der Rechnung abgestimmt und dem Vorstand Entlastung (Decharge) erteilt wird. Eine weitere Publizitätspflicht ist vom Gesetz her nicht vorgesehen.

Die Führung eines kaufmännischen Gewerbes bedeutet faktisch die Teilnahme am wirtschaftlichen Geschehen. Durch den dafür erforderlichen Handelsregistereintrag wird die Publizität einer solchen Unternehmung sichergestellt, welche die Erfüllung der kaufmännischen Buchführungsvorschriften gemäss Art. 957 ff. OR nach sich zieht.

	Einnahmen/Ausgaben Vermögenslage (Art. 69a ZGB)	Kaufmännische Buchführung (Art. 957 ff. OR)
Kein HR-Eintrag	x	
HR-Eintrag freiwillig		x
HR-Eintrag zwingend für • kaufmännisches Gewerbe • Revisionspflicht grosse Vereine		x
Bestandteile Jahresrechnung	Vermögen/Cashflow (mind.) Bilanz/Erfolgsrechnung (i.d.R.)	Bilanz/Erfolgsrechnung

Abbildung 14: Gesetzliche Buchführungsvorschriften – Verein.

Im Gegensatz zum Verein benötigt die Stiftung ein für einen bestimmten Zweck gewidmetes Vermögen, das als schützenswert gilt. Deshalb ist ein Eintrag in das

Handelsregister zwingend und die Buchführungsvorschriften sind konsequenterweise strenger: Nach Art. 83a ZGB sind Stiftungen grundsätzlich verpflichtet, Geschäftsbücher nach den allgemeinen Vorschriften des Obligationenrechts über die kaufmännische Buchführung zu führen. Betreibt hingegen eine Stiftung für die Zweckerfüllung ein nach kaufmännischer Art geführtes Gewerbe, so finden die Vorschriften des Obligationenrechts über die Rechnungslegung und die Offenlegung der Jahresrechnungen für Aktiengesellschaften Anwendung.

	Kaufmännische Buchführung (Art. 957 ff. OR)	Aktienrechtliche Buchführung (Art. 662 ff. OR)
HR-Eintrag zwingend	x	
Kaufmännisches Gewerbe		x
Bestandteile Jahresrechnung	Bilanz/Erfolgsrechnung	Bilanz/Erfolgsrechnung/Anhang

Abbildung 15: Gesetzliche Buchführungsvorschriften – Stiftung.

Mit den Buchführungsvorschriften eng verknüpft ist auch die Frage, gegenüber welchen Anspruchsgruppen zudem eine gesetzliche Offenlegungspflicht besteht. In der Schweiz wird eine generelle Offenlegungspflicht bei allen Rechtsformen hinweg traditionellerweise liberal gehandhabt, weshalb der Gesetzgeber die Einsichtnahme in die Buchführung respektive Jahresrechnung mit grosser Zurückhaltung regelt.

	Verein	Stiftung	Aktiengesellschaft
Verantwortlichkeit	Vorstand	Stiftungsrat	Verwaltungsrat
Einsichtnahme in die Buchführung	Vereinsversammlung	Revisionsstelle	Revisionsstelle
	Steuer- und Sozialversicherungsbehörden	Steuer- und Sozialversicherungsbehörden	Steuer- und Sozialversicherungsbehörden
Vorlage des Jahresabschluss	–	Stiftungsaufsicht	Generalversammlung

Abbildung 16: Gesetzliche Buchführungsvorschriften – Verantwortlichkeit und Offenlegung.

Anzumerken bleibt, dass die Vereinsversammlung in der Regel keine Einsicht in die Buchführung nimmt, sondern sich den Jahresabschluss vorlegen lässt.

Gesetzlich bestehen in der Schweiz keine Bestimmungen bezüglich Offenlegung der Jahresrechnung.

> **Textbox 8: Begriff kaufmännisches Gewerbe**
>
> Art. 934 Abs. 1 OR verwendet anstelle des Begriffs des kaufmännischen Gewerbes den sonst üblichen Begriff des kaufmännisch geführten Unternehmens, wobei die Definitionen allerdings deckungsgleich sind. Aus Sicht der Steuerbefreiung muss das kaufmännisch geführte Unternehmen einer NPO dem nicht wirtschaftlichen Zweck dienen (z.B. eine gemeinnützige Organisation führt ein Restaurant).
>
> Kriterien zur Feststellung, ob ein kaufmännisches Unternehmen besteht, sind gemäss Vogt (2011) unter anderem: Grad der Arbeitsteilung, Zahl der Angestellten und Kunden, Umsatz oder Kapitalintensität.
>
> Die Abgrenzung stellt sich in der Praxis allerdings häufig als schwierig dar. Da die Führung eines kaufmännischen Gewerbes somit eine Teilnahme am wirtschaftlichen Geschehen mit mehreren Partnern bedeutet, knüpft der Gesetzgeber daran eine gewisse Publikations- und erhöhte Buchführungspflicht.

Aufgrund der Zweckbestimmung sollten karitativ tätige Nonprofit-Organisationen eine freiwillige Veröffentlichung in Form eines Geschäftsberichts vornehmen. Diese Studie belegt, dass rund zwei Drittel der untersuchten sozialen Institutionen dem nachkommen.

Der schweizerische Gesetzgeber lässt die Bildung und Auflösung von stillen Willkürreserven zu, ohne dass dafür eine Erklärung abgegeben werden muss. Dadurch zeigen gewisse Positionen vom Jahresabschluss möglicherweise kein den tatsächlichen Verhältnissen entsprechendes Bild. Zudem kann der Ausweis des Reinerfolgs beeinflusst werden. In der Praxis bleibt dieser Umstand oftmals nicht verborgen, weil stille Willkürreserven in der Regel durch Indikatoren (z.B. tiefer Wert des Anlagevermögens, hohe Rückstellungen ohne griffige Bezeichnung) angezeigt werden. Das bedeutet, dass eine Politik der stillen Reserven in der Regel nicht unbemerkt abläuft und meist bereits im Ansatz von aussen erkannt werden kann. Weiter gilt es zu berücksichtigen, dass im Fall der Anwendung aktienrechtlicher Buchführungsvorschriften eine wesentliche Nettoauflösung von stillen Reserven als Gesamtbetrag im Anhang offenzulegen ist (Art. 663b Ziff. 8 OR).

Bilanzposition mit gelegentlicher Verfälschung durch Willkürreserven	Indizien durch Missverhältnis	Indizien in der Bezeichnung
Wertschwankungsreserven	Wertschriften	–
Wertberichtigungen Forderungen	Forderungen	–
Wertberichtigungen Anlagevermögen	Anlagevermögen	–
Rückstellungen/Fondskapital/Reserven	Fallspezifisch	Keine oder ungenaue Ursachenangabe, Angaben wie IT, Jubiläum, Projekte

Abbildung 17: Gesetzliche Buchführungsvorschriften – Indizien stille Willkürreserven.

In der Konsequenz kann der Einsatz stiller Willkürreserven dazu führen, dass die den Stakeholdern zur Verfügung gestellten Informationen anders dargestellt werden, als es den realen Tatsachen entspricht. In der empirischen Untersuchung werden anhand der Bilanzposition Rückstellungen daraufhin analysiert, ob dort die Bildung stiller Willkürreserven verbreitet sein könnte. Die Ergebnisse lassen den Schluss zu, dass von einer umfassenden Ergebnissteuerung im NPO-Bereich kaum die Rede sein kann. Die Bilanzierung dieser Bilanzposition scheint in der Regel einer True and Fair View zu folgen. Einschlägige Vorschriften der öffentlichen Hand (z.B. Rückstellungsverbot gemäss kantonaler Finanzierungsrichtlinie) dürften in gewissen Branchen zu dieser positiven Entwicklung massgeblich beigetragen haben. Trotzdem kann nicht von einer generellen Transparenz über alle Positionen hinweg ausgegangen werden.

Textbox 9: Revision kaufmännische Buchführungsvorschriften

Eine Neuregelung der Rechnungslegungsvorschriften ist seit Längerem vorgesehen. Mit der Botschaft vom 21. Dezember 2007 leitete der Bundesrat den Entwurf zur Revision des Aktien- und Rechnungslegungsrechts an das Parlament weiter.

Die Neuregelung der Rechnungslegungsnormen (Art. OR 957 ff. E-OR) strebt eine einheitliche Ordnung für alle privatrechtlichen Organisationen an, massgebend für die Anwendungspflicht bleibt hingegen weiterhin der Handelsregistereintrag. Alle Stiftungen werden somit den neuen Regelungen aufgrund des konstitutiven Charakters des Registereintrags unterstellt, Vereine allerdings nur in Ausnahmefällen (Pflicht aufgrund Führung eines kaufmännischen Gewerbes oder Beschluss durch ein leitendes Organ).

Siehe Meyer (2008:167ff.); siehe Zihler (2011:40ff.).

Zur Zeit der Drucklegung (Herbst 2011) befindet sich die geplante Neuregelung im Differenzbereinigungsverfahren. Obschon keine grösseren Anpassungen zu erwarten sind, ist der Zeitpunkt der Einführung weiterhin offen.

Die geplanten Neuerungen zu den kaufmännischen Buchführungsvorschriften orientieren sich nur beschränkt an den bestehenden Rechnungslegungsnormen gemäss Art. 957 OR. Denn sie basieren weitgehend auf dem bestehenden Aktienrecht, wobei der Normenumfang deutlich ausgedehnt wird. Aus Sicht der Autoren ist vor allem die Tatsache wichtig, dass stille Willkürreserven weiterhin zulässig sind. Somit bleibt FER 21 die einzige NPO-Rechnungslegungsnorm, die eine True and Fair View verlangt, wobei die Besonderheiten gemeinnütziger Institutionen Berücksichtigung finden.

Die im Rahmen der vorliegenden Studie entwickelten Instrumente (Self-Assessment-Tool) und Empfehlungen zur Verbesserung der Aussagekraft der Rechnungslegung auf Stufe Nonprofit-Organisation können somit ohne Weiteres auch nach Einführung des neuen Rechnungslegungsrechts angewendet werden.

Es ist zu erwarten, dass die zunehmende Komplexität der neuen gesetzlichen Vorschriften für die Buchführung grundsätzlich einen Mehraufwand bedeutet. Das hat in der Regel einen höheren Ressourceneinsatz zur Folge. Allerdings dürfte die blosse Einhaltung der Gesetzesnormen nur zu einer geringfügigen Erhöhung der Transparenz führen. Insofern könnte aus Sicht der Autoren dieses Buches die freiwillige, dem NPO selbst überlassene Anwendung von Swiss GAAP FER 21 eine valable Alternative darstellen.

2.3. Swiss GAAP FER

Die Fachkommission Swiss GAAP FER hat bezüglich Transparenz und Aussagekraft der jährlichen Berichterstattung bei sozialen Nonprofit-Organisationen mit dem in 2003 in Kraft getretenen FER 21 einen Rechnungslegungsstandard formuliert, der dem Ziel der True and Fair View zu genügen hat. FER 21 ist in das Rahmenkonzept der Fachempfehlungen eingebettet und weicht nur dann von den übrigen FER ab, wenn es NPO-spezifische Umstände erforderlich machen. Für Sachverhalte, die nicht explizit in FER 21 geregelt sind, gilt für alle Organisationen weiterhin die Kern-FER (Rahmenkonzept sowie FER 1 bis 6). Zudem haben Institutionen[22] mitt-

---

22 Überschreitung von zwei der nachfolgenden Kriterien in zwei aufeinanderfolgenden Geschäftsjahren (FER 2010/11:26): Bilanzsumme CHF 10 Mio., Jahresumsatz CHF 20 Mio., 50 Vollzeitstellen im Jahresdurchschnitt. Per 1.1.2012 gelten folgende Werte: 20-40-250.

lerer Grösse 13 weitere FER-Normen einzuhalten. Darüber hinaus gilt für kleine und mittelgrosse Konzerne zusätzlich FER 30.

Der Geschäftsbericht beinhaltet mindestens die nachfolgend dargestellten Bestandteile (FER 2010/11:16):

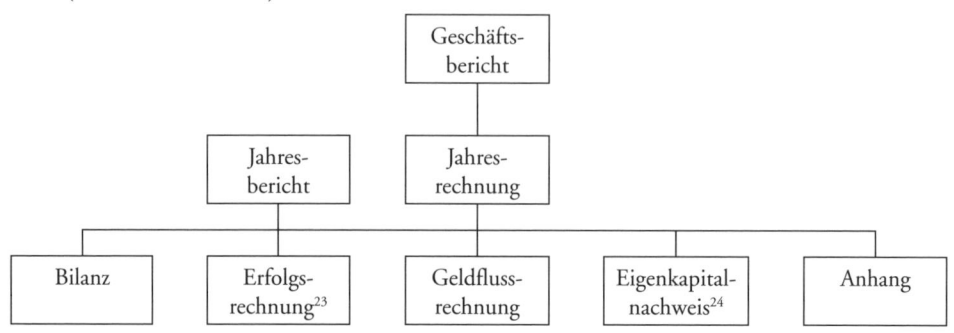

```
                    Geschäfts-
                     bericht
                        |
           ┌────────────┴────────────┐
        Jahres-                   Jahres-
        bericht                  rechnung
                                    |
       ┌────────┬───────────┬───────────────┬──────────┐
     Bilanz  Erfolgs-    Geldfluss-    Eigenkapital-  Anhang
            rechnung²³    rechnung      nachweis²⁴
```

Abbildung 18: Bestandteile Geschäftsbericht.

Eine Beurteilung der Untersuchungsergebnisse setzt Wissen um die relevanten Gesetzesvorschriften voraus, die deshalb in den Kapiteln 2.2 und 2.3 kurz erläutert werden.

FER 21 regelt die Rechnungslegung rechtsformunabhängig und ergänzend die Besonderheiten von sozialen Einrichtungen. Nicht zuletzt der im internationalen Vergleich (IPSAS, IFRS, US GAAP) geringe Umfang der Fachempfehlungen mit rund 200 Seiten (FER 21 ca. 20) soll dazu beitragen, deren Implementierung einfach, schnell und kostengünstig vornehmen zu können. Das entsprechende Ziel der Optimierung von Kosten und Nutzen findet sich explizit in FER 1. Allerdings führen die relativ knapp gehaltenen Ausführungen von FER dazu, dass in der Praxis vermehrt Interpretationen und Mustervorlagen nachgefragt werden.

Das Spendengütesiegel ZEWO, der Ehrenkodex der Schweizerischen Evangelischen Allianz (SEA) und schweizerische Governance-Richtlinien (Swiss NPO-Code, Swiss Foundation Code) fordern, FER 21 als Rechnungslegungsstandard anzuwenden, um die den Anspruchsgruppen in Form des Geschäftsberichts zur Verfügung gestellten Informationen aussagekräftig und vergleichbar zu machen.

In der hier vorgestellten empirischen Studie wird Swiss GAAP FER 21 als eine Art Benchmark eingesetzt, um die Untersuchungsergebnisse zu ermitteln und beurteilen zu können. Die Gründe hierfür sind:

---

23 Gemäss FER 21 in Übereinstimmung mit Art. 957 OR als Betriebsrechnung bezeichnet.
24 Gemäss FER 21 entspricht dies der Kapitalveränderungsrechnung.

- Ausrichtung auf die Rechnungslegung sozialer NPO
- Anwendung unabhängig von Rechtsform und Geschäftsmodell
- Einmaligkeit im deutschsprachigen Raum

2.4. Weitere Rechnungslegungsvorschriften

Neben den Gesetzesvorschriften und den Empfehlungen zur Rechnungslegung der Fachkommission FER existieren auch andere Rechnungslegungsnormen, die gegebenenfalls eingehalten werden müssen. In der nachfolgenden Abbildung werden beispielhaft solche für Nonprofit-Organisationen relevante Normen dargestellt.

Verfasser	Inhalt	Allgemein	Anwender
Curaviva	Kontenrahmen Kostenrechnung	IVSE-Einrichtungen	Jugend- und Behindertenheime
Kantone	Rechnungslegungs-/Kostenermittlungs-Revisionsvorschriften	IVSE-Einrichtungen	Jugend- und Behindertenheime
ZEWO	FER 21-Anwendung Revisionsvorschriften Erläuterung zur Konsolidierung/ Kostenstruktur	Gütesiegelträger	Alle Branchen der untersuchten NPO

Abbildung 19: Zusätzliche Rechnungslegungsvorschriften, anlehnend an Zöbeli (2007:19ff.).

Die öffentliche Hand verfügt zudem häufig, dass sich die Rechnungslegung von mit öffentlichen Geldern finanzierten Institutionen an FER 21 zu orientieren hat.[25] In bestimmten Fällen (z.B. NGO, die vom DEZA Programmbeiträge bekommen, oder grosse Behindertenheime des Kantons Zürich) wird deren Anwendung sogar explizit vorgeschrieben.

2.5. Rechnungslegung Sicht Stakeholder-Analyse

FER als Benchmark wird im Rahmen des zugrunde liegenden KTI-Projekts durch eine empirische Stakeholder-Analyse einer kritischen Würdigung unterzogen. Zu diesem Zweck werden die wichtigsten Anspruchsgruppen zum Thema befragt. Dabei ist es ein wichtiges Ziel, die in Abbildung 12 dargestellte und aufgrund theoretischer Überlegungen hergeleitete Bedeutung des Geschäftsberichts für die verschiedenen Stakeholder-Gruppen empirisch zu untersuchen. Beim dort erläuterten Konzept werden folgende Anpassungen vorgenommen: Einschränkung der Leistungsfinanzierer auf die öffentliche Hand (reguliert) und professionelle Spender so-

---

[25] Organisationen, die Teil der öffentlichen Verwaltung sind oder die Rechtsform der Anstalt aufweisen, haben hingegen das Harmonisierte Rechnungsmodell (HRM) anzuwenden. Die Kantone stellen derzeit sukzessive auf HRM2 bzw. teilweise auf IPSAS um. Beispiele solcher Einheiten, die unter HRM, HRM2 bzw. IPSAS fallen, sind Kantonsspitäler, kommunale Spitäler und Heime, Zweckverbände, Hochschulen.

wie Einbeziehung der Sicht von Anwendern und Kontrollinstanzen. Nachfolgende Tabelle gibt die wichtigsten Eckdaten der empirischen Stakeholder-Analyse wieder.

Merkmal	Vertreter	Anzahl	Anteil
Anwender	Leitende Organe, Organisationsleitung, Mitarbeiter, Rechnungswesen	20	36%
Finanzierer	Förderorganisationen, öffentliche Hand (z.B. kantonale Sozialbehörden, DEZA)	17	30%
Kontrollinstanzen	Revisionsgesellschaften, Stiftungsaufsicht, private Zertifizierungsstellen	19	34%

Abbildung 20: Stakeholder-Analyse – Übersicht Teilnehmer.

Die befragten Personen zeichnen sich nach eigener Einschätzung durch einen hohen Professionalisierungsgrad aus. Dementsprechend haben 73% aller Befragten angegeben, über vertiefte Kenntnisse im Bereich Rechnungswesen oder Controlling zu verfügen. Deshalb kann durchaus davon ausgegangen werden, dass die Mehrheit der interviewten Stakeholder über das für eine objektive Beurteilung der NPO-Rechnungslegung notwendige Fachwissen verfügt.

Die Rücklaufquote beträgt vergleichsweise hohe 83%. Die rege Teilnahme dürfte zumindest teilweise auf die vorgängige Abklärung der Bereitschaft zur Mitwirkung zurückzuführen sein. Die Online-Befragung wird mittels strukturierter Interviews durchgeführt. Nachfolgende Tabelle gibt basierend auf der empirischen Auswertung der Stakeholder-Analyse Aufschluss über die Bedeutung von Rechnungslegung und FER aus Sicht verschiedener Stakeholder-Gruppen:

Merkmal	Bedeutung Rechnungslegung	Bedeutung FER
Anwender	Hoch	Mittel
Finanzierer	Tief	Tief
Kontrollinstanzen	Mittel	Hoch

Abbildung 21: Stakeholder-Analyse – Resultate.

Die aufgrund theoriegeleiteter Überlegungen aufgestellte Vermutung (siehe Kapitel 2.1) scheint sich indessen zu bestätigen, nämlich dass die Rechnungslegung für die öffentliche Hand (reguliert) sowie den professionellen Spender eher von geringer Bedeutung ist. Diese Feststellung wird in den Empfehlungen zur Verbesserung der Aussagekraft der Rechnungslegung (siehe Kapitel 4.8) berücksichtigt.

Den in der Stakeholder-Analyse vorgestellten Ergebnissen kann weiter entnommen werden, dass die Anspruchsgruppen eine freiwillige Publizität (siehe Textbox 3) befürworten, hingegen einer gesetzlichen FER 21-Pflicht eher ablehnend gegenüberstehen.

2.6. Bewertung Rechnungslegungsvorschriften

In Kapitel 2.1 werden die Informationsbedürfnisse verschiedener Anspruchsgruppen ermittelt. Die beiden im Rahmen dieser Studie untersuchten Rechnungslegungsnormen, nämlich die gesetzlichen Vorschriften und Swiss GAAP FER, werden in den Kapiteln 2.2 und 2.3 beschrieben. Enthalten sind dort auch die von den Vorschriften für die Jahresrechnung respektive für den Geschäftsbericht geforderten Bestandteile.

Nachfolgend werden die Rechnungslegungsnormen dahingehend untersucht, welche Stakeholderbedürfnisse damit abgedeckt werden. Demgegenüber scheinen zivilrechtliche und kaufmännische Vorschriften zu rudimentär zu sein, um den Informationserwartungen der Anspruchsgruppen gerecht zu werden. Aus diesem Grund wird hier nicht weiter darauf eingegangen.

	Wertekonformität	Angebot/Ziele	Zielerreichung	Mittelverwendung	Finanzielle Lage/ Fortbestand	Vergleichbarkeit	Andere Stakeholder	Zu finanzierende Projekte/ Bereiche	Vorgabeneinhaltung
Aktienrecht									
Jahresrechnung				(x)	(x)	(x)			
Swiss GAAP FER 21									
Jahresrechnung					x	x	x		
Leistungsbericht	x	x	(x)						
Finanzbericht					x	x			

Abbildung 22: Erfüllung Informationsbedürfnisse Rechnungslegungsnorm.

Die in den letzten drei Spalten aufgeführten Informationsbedürfnisse sind insbesondere aus Sicht von Sponsoren, professionellen Spendern und der öffentlichen Hand (reguliert) wichtig. Denn diese Stakeholder verfügen in der Regel über die entsprechende Macht und den nötigen Einfluss, solche Informationen bei Bedarf einfordern zu können. In diesen Fällen scheinen also gewünschte Informationen nicht unbedingt durch einschlägige Rechnungslegungsnormen verfügbar sein zu müssen. Deshalb wird im Folgenden nur auf die verbleibenden sechs Informationsbedürfnisse näher eingegangen.

Die Aussagekraft der Rechnungslegung nach Aktienrecht ist – wie bereits mehrfach erwähnt – eingeschränkt, unter anderem durch die Zulässigkeit stiller Willkürreserven, den rudimentären Anhang sowie die knappen Mindestgliederungsvorschriften. Diese Tatsache wird in Abbildung 22 mit einem (x) markiert. Hingegen fordert FER 21 als Rechnungslegungsnorm nach dem True and Fair View-Prinzip, dass der Jahresabschluss ein den tatsächlichen Verhältnissen entsprechendes Bild vermittelt.

Des Weiteren ist festzustellen, dass der Leistungsbericht bei sozialen NPO ein zentrales Informationsinstrument darstellt, welches von FER 21 ebenfalls verlangt wird. Allerdings wird den NPO bei der Umsetzung ein gewisser Ermessensspielraum zugestanden, sodass in der Praxis eine unterschiedliche Handhabung beobachtet werden kann (siehe Kapitel 4.3.2). Mit anderen Worten: Die sachgerechte Information bei der verbalen bzw. ergänzenden Berichterstattung (z.B. Zielbeschreibung und Wirkungszielerreichung) liegt somit im mehr oder weniger subjektiven Ermessen des Anwenders der Rechnungslegungsnorm.

> **Textbox 10: Erfolgsmessung soziale NPO**
>
> Während im Forprofit-Bereich der ausgewiesene Gewinn eine zentrale Beurteilungsgrösse des Unternehmenserfolgs darstellt, kann die Performance von NPO mangels wirtschaftlicher Gewinnziele grundsätzlich nicht am monetären Erfolg gemessen werden. Nonprofit-Organisationen sind nach herrschender Lehre nur dann erfolgreich, wenn die vorher zu definierende Wirkung (Outcome) tatsächlich erreicht worden ist, und zwar mit einem möglichst effizienten Ressourceneinsatz. Aufgrund der mit gemeinnützigen Zielen in der Regel verbundenen Sachzieldominanz stellt der Leistungsbericht als die den Jahresabschluss ergänzende quantitative Berichterstattung deshalb das zentrale Informationsinstrument des Performance Measurement dar.
>
> Insofern zeigt die Erfolgsrechnung nicht den tatsächlichen Erfolg einer NPO, sondern den Ertrags- bzw. Aufwandsüberschuss. Diese Sichtweise hat schliesslich dazu geführt, dass in FER 21 die Erfolgsrechnung in Übereinstimmung mit Art. 957 OR als sogenannte «Betriebsrechnung» bezeichnet wird. Allerdings können durch den häufigen Einsatz von Kostenrechnungssystemen in sozialen NPO auch Konfusionen im Sinne von Abgrenzungsschwierigkeiten (betrieblich versus nicht betrieblich) entstehen. Deshalb wird in der vorliegenden Publikation in Übereinstimmung mit dem Schweizer Handbuch der Wirtschaftsprüfung der Begriff «Erfolgsrechnung» verwendet.

In diesem Zusammenhang ist ebenfalls der dabei entstehende Kostenfaktor zu berücksichtigen. Denn es dürfte unbestritten sein, dass der erstmalige Einsatz einer neuen Rechnungslegungsnorm und deren laufende Anwendung zusätzliche Buchführungs- und Revisionskosten verursachen. Das gilt sicherlich auch für FER. Allerdings hängt die Höhe des entsprechenden Ressourceneinsatzes im Einzelfall von sehr unterschiedlichen Einflussfaktoren ab. Dazu zählen beispielsweise die Qualität der zur Verfügung stehenden Daten, bereits vorhandene Systeme und Knowhow, das zugrunde liegende Geschäftsmodell, aber auch Organisationsgrösse und -kultur. Unter dem Strich dürften die Grösse einer Organisation (klein, mittel, gross) und die Komplexität des Geschäftsmodells (z.B. Dienstleistungserbringung oder Vergabetätigkeit) die laufenden Kosten einer FER-Anwendung am meisten beeinflussen. So ist zu vermuten, dass nachfolgender Zusammenhang besteht:

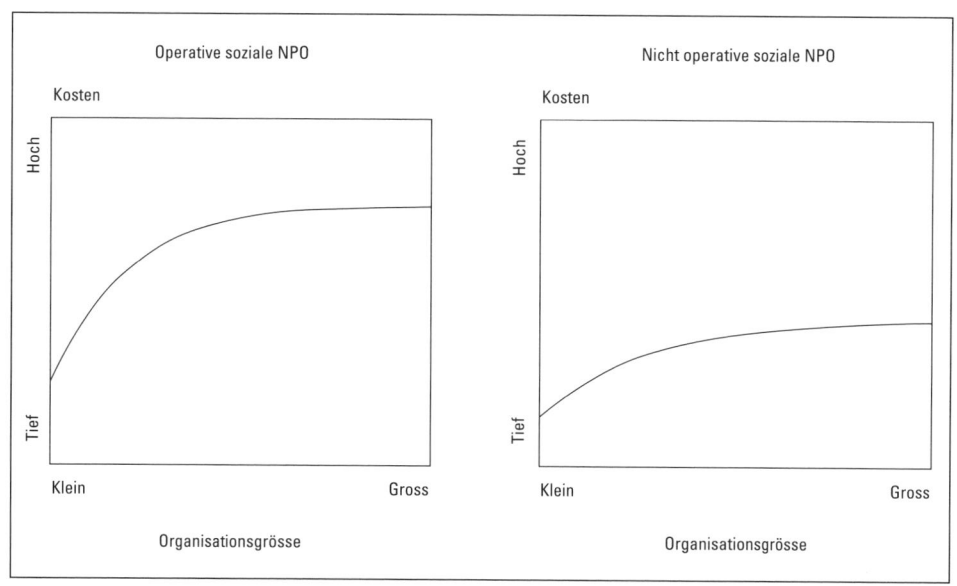

Abbildung 23: Rechnungslegungskosten – Organisationsgrösse.

Nachfolgende Abbildung beruht auf einem durch Plausibilitätsüberlegungen gestützten, relativen Vergleich verschiedener Normen, wobei von einer operativen, mittelgrossen Institution ausgegangen wird.

	Implementierung	Erstellung Abschluss	Systeme Abschluss	Abschlussprüfung
Zivilrechtliche Vorschriften, kaufmännische Buchführung	0	x	x	x
Aktienrecht	x	xx	x	x
Swiss GAAP FER 21	xx	xxx	xx	xx
Swiss GAAP FER	xxx	xxx	xx	xxx

Abbildung 24: Relativer Kostenvergleich – Rechnungslegungsnorm.

Abgesehen von den vorhandenen Systemen ist der Ressourceneinsatz von Umfang und Inhalt der angewendeten Abschlussnormen abhängig. Dabei dienen die zivilrechtlichen und kaufmännischen Mindestvorschriften der Buchführung als Basis, um die Kosten für die Anwendung weiterentwickelter Normen abschätzen zu können. Die Erstellung des Jahresabschlusses bedingt unabhängig von der anzuwendenden Norm in der Regel den Einsatz einer Finanzbuchhaltungssoftware. Die Umsetzung gewisser von FER geforderter Bestimmungen (z.B. Ausweis administrativer Aufwand und Fundraisingaufwand, Erstellung konsolidierte Rechnung) erfordert meistens zusätzliche IT-Ressourcen (z.B. Betriebsbuchhaltungssysteme respektive Konsolidierungslösungen).

Zusammenfassend kann festgestellt werden, dass FER 21 den gesetzlichen Normen konzeptionell klar überlegen ist. Allerdings wird die Güte der Aussagekraft der Rechnungslegung in der Realität stark von der Umsetzungsqualität der Vorschriften beeinflusst.

2.7. Revisionsvorschriften

In der Tat beeinflussen Rechnungslegungsnormen die Aussagekraft der Rechnungslegung ganz wesentlich. Insofern ist sicherzustellen, dass solche Normen auch korrekt angewendet werden. Deshalb muss die Anwendung einer Rechnungslegungsnorm grundsätzlich durch eine unabhängige Instanz geprüft werden. Dies geschieht durch den (obligatorischen) Beizug eines Abschlussprüfers, der dem Auftraggeber das Prüfungsurteil in standardisierter Form mitteilt. Im Ergebnis stellt die Abschlussprüfung im Kontext der Aussagekraft der Rechnungslegung ein wichtiges Qualitätssicherungsinstrument dar und darf nicht nur als (zusätzliche) Kostenkomponente betrachtet werden. Die gesetzlichen Vorschriften zur Revision werden nachfolgend kurz thematisiert.

Die Revisionspflicht gestaltet sich bei juristischen Personen weitgehend unabhängig von der Rechtsform. Das bedeutet, dass sowohl Unternehmen als auch Non-profit-Organisationen ab einer bestimmten Grösse ordentlich revidiert werden müssen. Ansonsten unterliegen lediglich Stiftungen der Pflicht zur Revision, hingegen sind Vereine aufgrund ihrer unterschiedlichen Charakteristik davon ausgenommen. Die per 1.1.2008 in Kraft getretenen Änderungen bezüglich Revisionspflicht und -arten waren erstmalig im Geschäftsjahr 2008 umzusetzen. Genau diese Zeitperiode wird in vorliegender Studie untersucht[26]. Dabei fokussieren sich die Autoren auf den «Standardfall», weshalb auf gesetzlich vorgesehene und geregelte Sonderfälle (z.B. Befreiung einer Stiftung von der Revisionspflicht durch die Stiftungsaufsicht) hier nicht weiter eingegangen wird.

	Keine Revisionspflicht	Eingeschränkte Revision	Ordentliche Revision
Kleine Vereine	x		
Kleine Stiftungen		x	
Grosse Vereine/Stiftungen			x

Abbildung 25: Revisionspflicht Verein und Stiftung.

Für Stiftungen gelten gemäss Art. 83 Abs. 3 ZGB bezüglich der Revisionspflicht sinngemäss die Vorschriften des Aktienrechts. Dementsprechend müssen grosse

---

26 Bei 95% der hier untersuchten Organisationen stimmt das Kalenderjahr 2008 mit dem Geschäftsjahr überein.

Stiftungen[27] die Buchführung durch eine Revisionsstelle ordentlich prüfen lassen; alle übrigen Institutionen unterliegen der eingeschränkten Revision. Ein Opting-out der Revisionspflicht ist bei Stiftungen ebenfalls möglich, muss allerdings von den Aufsichtsbehörden genehmigt werden.

Als gross geltende Vereine[28] müssen die Buchführung gemäss Art. 69b ZGB durch eine Revisionsstelle ordentlich prüfen lassen. Ansonsten sind Vereine in der Regel von einer gesetzlichen Revisionspflicht befreit. Allerdings wird eine Revision häufig in den Statuten festgeschrieben, diese freiwillige Revision wird oft als «Statutenrevision» bezeichnet. Die Erfahrung zeigt, dass zur Erfüllung dieser Statutenpflicht insbesondere bei wohltätigen Vereinen häufig freiwillig eine eingeschränkte Revision durchgeführt wird.

Im Rahmen der Abschlussprüfung wird die korrekte Anwendung der Rechnungslegungsnormen beurteilt. In diesem Zusammenhang führt die Feststellung, dass ein Jahresabschluss wesentliche Fehlaussagen enthalten kann, zu einer Einschränkung des Revisionstestats. Insofern kann der Revisionsbericht für sämtliche Anspruchsgruppen als äusserst wichtige Informationsquelle bezüglich Normeneinhaltung erachtet werden. Im Rahmen der durchgeführten Studie wird der Revisionsbericht von Experten ausgewertet.

Die eingeschränkte Revision entspricht im Profit- und Nonprofit-Sektor dem Regelfall. Die Pflicht zur Mitteilung wesentlicher Fehlaussagen im Sinne von Einschränkungen und Hinweisen bezieht sich gemäss Art. 729c OR auf einen für Vereine und Stiftungen nicht anwendbaren Fall[29]. Rückschlüsse auf die korrekte Einhaltung der Rechnungslegungsnormen sind somit nur beschränkt möglich. Die Gepflogenheiten der Praxis scheinen heutzutage eher dahin zu gehen, auch bei der eingeschränkten Revision auf gewisse Normenverstösse durch Abweichung vom Standardwortlaut hinzuweisen. Diese Tatsache bedeutet für die Studie, dass das Testat zwar untersucht wird, jedoch nur wenige Abweichungen vom Standardtext zu erwarten sind.

---

27 Art. 727 Abs. 1 OR definiert Grösse als Überschreitung zweier der nachfolgenden Kriterien in zwei aufeinanderfolgenden Geschäftsjahren: Bilanzsumme CHF 10 Mio., Umsatzerlös CHF 20 Mio., 50 Vollzeitstellen im Jahresdurchschnitt. Per 1.1.2012 gelten folgende Werte: 20-40-250.
28 Definition von Grösse gemäss Art. 69b ZGB in Übereinstimmung mit Art. 727 Abs. 1 OR.
29 Anzeigepflicht einer Überschuldung durch die Revisionsstelle bei Untätigkeit des Verwaltungsrats.

3. Untersuchung

3.1. Problemstellung

Wie eingangs dargelegt, ist davon auszugehen, dass Stakeholder vermehrt eine erhöhte Transparenz einfordern werden. Um als Nonprofit-Organisation nachhaltig erfolgreich zu sein, wird zumindest eine auf Spenden angewiesene NPO dieser Forderung je länger, desto mehr nachkommen müssen. Wichtigstes Instrument dabei sind die Rechnungslegung und die ergänzende jährliche Leistungsberichterstattung. In diesem Zusammenhang lässt sich feststellen, dass im deutschsprachigen Raum die Anzahl wissenschaftlicher Arbeiten zum Thema Berichterstattung in den letzten Jahren tendenziell zugenommen hat. Die wichtigsten im deutschsprachigen Raum verfassten Dissertationen mit Bezug zum Thema des zugrunde liegenden KTI-Projekts sind:

- *Furche* (1988, Universität Bonn) befasst sich mit der Frage der Kontrolle der Finanzen karitativer Vereine;
- *Mühlenkamp* (2000, Universität Köln) untersucht die Rechnungslegung Spenden sammelnder Organisationen in Deutschland anhand der Literatur;
- *Löwe* (2003, Universität der Bundeswehr Hamburg) analysiert literaturbasiert die unterschiedlichen Normen in ausgewählten Ländern (ohne Swiss GAAP FER);
- *Stötzer* (2009, Universität Linz) setzt sich mit der Leistungsberichterstattung aus Stakeholder-Sicht auseinander;
- *Reding* (2010, Universität St. Gallen) befasst sich mit der Beurteilung von Swiss GAAP FER 21 im Licht der Foundation Governance von schweizerischen Förderstiftungen;
- *Busse* (2010, Universität Mannheim) untersucht die Rechnungslegung Spenden sammelnder Organisationen in Deutschland vornehmlich anhand der Literatur.

Allerdings wurde eine systematische Geschäftsberichtsanalyse in der hier durchgeführten Form bis jetzt nicht realisiert. Das dieser Veröffentlichung zugrunde liegende KTI-Projekt will einen empirischen Zugang leisten.

3.2. Methode

Mit der empirischen Untersuchung werden folgende Ziele verfolgt: (i) Erfassung und Beurteilung der Aussagekraft der Rechnungslegung der Untersuchungsobjekte (Gesamtsicht), (ii) Diskussion der aus Sicht der Rechnungslegung interessanten Aspekte (Einzelthemen), (iii) Entwicklung eines Instrumentariums zur Erhöhung der Aussagekraft der Rechnungslegung. Dazu wird durch eine Geschäftsberichtsanalyse eine Datenbasis geschaffen. Für diese Geschäftsberichtsanalyse wird ein sich an FER 21 anlehnender Erhebungsbogen konstruiert, mit dem 331 Geschäfts- und Revisionsberichte erhoben werden. Abbildung und Auswertung der Daten erfolgt im Statistikprogramm SPSS. Zur Beurteilung der Untersuchungsergebnisse (Ist) wird FER 21 als Benchmark (Soll) herangezogen. Das daraus abgeleitete Optimierungspotenzial lässt sich in der Praxis effektiv und effizient umsetzen, indem das hier zur Verfügung gestellte Instrumentarium eingesetzt wird. Diese Vorgehensweise wird in nachfolgender Abbildung zusammengefasst.

Schritt	Beschreibung	Betrachtungsebene	
Erhebung Ist-Zustand	Erhebungsbogen/SPSS		
Interpretation und Beurteilung	Auswertungen/SPSS	Einzelthemen	Gesamtsicht
Ableitung Optimierungspotenzial	Soll-Ist-Vergleich	Einzelthemen	Gesamtsicht
Transfer durch Anwendung	Umsetzungshilfen	Einzelthemen	Gesamtsicht

Abbildung 26: Erhebung – Überblick.

Das Ziel der durchgeführten Untersuchung besteht darin, mittels einer Geschäftsberichtsanalyse eine Bestandsaufnahme der Aussagekraft der Rechnungslegung vorzunehmen. Basierend auf den daraus gewonnenen Erkenntnissen sollen anschliessend Empfehlungen auf Mikro- und Makroebene abgeleitet werden. In der für das Berichtsjahr 2008 durchgeführten Analyse werden 331 Geschäfts- und Revisionsberichte von sozialen Nonprofit-Organisationen aus einer Grundgesamtheit von 1853 Organisationen ausgewählt und anhand eines 54 Fragen umfassenden Experten-Erhebungsbogens systematisch ausgewertet.

Den Terminus «Aussagekraft der Rechnungslegung» gilt es vorerst zu operationalisieren. Dieser Begriff wird in den meisten Rechnungslegungsnormen (Soft Law und gesetzliche Bestimmungen) nicht verwendet, sondern es werden lediglich Ziele der Rechnungslegung definiert. Für die verschiedenen Rechtsformen und Geschäftsmodelle (z.B. Heime und Werkstätten, Entwicklungshilfeorganisationen) gelten ergänzende Vorschriften (z.B. Weisungen der kantonalen Behörden oder Branchenorganisationen), die wiederum unterschiedliche Zielsetzungen verfolgen und teilweise auch im Widerspruch zu FER 21 stehen. Schreitet diese Fragmentierung fort, besteht die Gefahr, dass viele schweizerische NPO künftig mehrere parallele Rechenwerke gleichzeitig erstellen müssten, was zwangsläufig zu höheren Kosten führen würde.

Swiss GAAP FER 21 hat gegenüber den gesetzlichen Vorschriften und anderen Rechnungslegungsnormen folgende Vorteile:

- Ausrichtung auf die Rechnungslegung sozialer NPO
- Anwendung unabhängig von Rechtsform und Geschäftsmodell

Da Swiss GAAP FER 21 somit für soziale NPO der beste Standard ist, orientiert sich diese Erhebung daran.

In den Nachbarländern der Schweiz findet sich kein vergleichbarer Standard, der von so vielen sozialen NPO verbindlich angewendet werden muss, wie das hierzulande der Fall ist – dementsprechend sind die Untersuchungsbedingungen ideal. Allerdings verhindert diese Tatsache auch, dass ein Vergleich mit einer anderen Norm vorgenommen werden kann, IFRS und IPSAS werden bei Bedarf fallweise berücksichtigt. Dabei gilt es jedoch zu beachten, dass diese Rechnungslegungsstandards in der Regel für ganz andere Zielgruppen angewendet werden. So bildet IFRS eine geeignete Rechnungslegungsnorm für Konzerne, die international auf den Kapitalmärkten agieren. IPSAS hingegen ist auf Institutionen des öffentlichen Sektors ausgerichtet.

Rechnungslegung beschäftigt sich unter anderem mit der Frage, wie einzelne Positionen der Jahresrechnung zu behandeln sind. Zudem werden die einzelnen Bestandteile des Geschäftsberichts definiert. Um sich ein differenziertes Bild über die Aussagekraft machen zu können, sind relevante Einzelaspekte zu einem Gesamtbild zusammenzufügen. In diesem Sinne werden die Untersuchungsergebnisse anhand fachlicher Kriterien zu einer Gesamtsicht verdichtet.

3.3. Erhebungsbogen

Für die Durchführung der Erhebung wird ein Erhebungsbogen mit 54 Fragen konstruiert, der auf Informationen in öffentlich verfügbaren Geschäfts- und Revisionsberichten ausgerichtet ist. Die Struktur des Erhebungsbogens orientiert sich vornehmlich an den Vorschriften von FER 21, die sich in der Schweiz als Standard für die Rechnungslegung sozialer NPO etabliert haben. Die FER-Vorschriften werden nicht in jedem Fall einzeln übernommen, sondern in thematisch zusammengefasster Form. Nicht berücksichtigt hingegen werden die in den Abbildungen 27 und 28 dargestellten Themen der Rechnungslegung. Darüber hinaus werden einige Fragen im Erhebungsbogen aufgrund von Empfehlungen der in die Untersuchung involvierten Praxispartner übernommen. Wenige weitere Kriterien werden aus IFRS und IPSAS abgeleitet.

Aufgrund des tiefen zu erwartenden Informations- und Erkenntnisgehalts werden nachfolgende FER 21-Bestimmungen weggelassen.

Ref.	FER 21-Vorschrift	Nicht behandelte Bestandteile
–	Kapitalveränderungsrechnung	Organisationskapital
–	Offenlegung	Forderungen, Verbindlichkeiten, Organisationskapital, Projekte

Abbildung 27: Erhebung – Nicht berücksichtigte Kriterien Jahresbericht.

Ref.	FER 21-Vorschrift	Nicht behandelte Bestandteile
–	Offenlegung	Zweck der Organisation, leitende Organe und Amtszeit, für die Geschäftsführung verantwortliche Personen

Abbildung 28: Erhebung – Nicht berücksichtigte Kriterien Leistungsbericht.

FER 21 (2010/11:118) erlaubt bei kleineren Institutionen, dass Aufwand und Ertrag nach Geldfluss erfasst werden, jedoch muss die Methodenwahl nicht im Anhang offengelegt werden. Aus diesem Grund kann nicht direkt auf die angewendete Methode (cash versus accrual basis) geschlossen werden, weshalb diese Thematik hier nicht erhoben wird.

Die in der nachfolgenden Abbildung aufgeführten Kriterien werden zusätzlich zu den Vorschriften von FER in den Erhebungsbogen aufgenommen.

Ref.	Kein FER-21-Kriterium	Behandelte Bestandteile, Begründung
a01	Offenlegung Jahresrechnung auf Webseite	Heutzutage stellt dies eine einfach zu erfüllende Anforderung dar, die seitens der Stakeholder gestellt wird.
a07 a53	Datum Bilanzstichtag Datum Revisionsbericht	Ausschlaggebend ist der Zeitraum zwischen Geschäftsjahresabschluss und Vorliegen des Revisionsberichts als Indiz für die Zeitnähe der Berichterstattung.
a28	Anzahl Erfolgsrechnungspositionen	Übersichtlichkeit ist aus Sicht der Stakeholder wichtig, Erfassung und Vergleich der jeweiligen Anzahl der Positionen ermöglichen eine objektive Beurteilung.
a15	Angabe Aktivierungsgrenze	Erforderliche Konkretisierung der Bilanzierungs- und Bewertungsvorschriften.
a34 a35	Buchführungs-/Revisionsaufwand	Anforderung gemäss der «Richtlinie betreffend Informationen zur Corporate Governance» der SIX Swiss Exchange[30], Übertragung auf soziale NPO möglich und sinnvoll.
a45	Risikobeurteilung Art. 663b OR	Notwendige Angabe aktienrechtlicher Einzelabschluss.
a48	Segmentberichterstattung	Anforderung gemäss IFRS 8, Übertragung auf soziale NPO möglich und sinnvoll.
a49	Wirkungsmessung[31]	Erfolgsbeurteilungsmassstab einer sozialen NPO, siehe auch Textbox 10 und 12.
a50 bis a54	Revisionstestat	Revision als Gütekriterium der Einhaltung von Rechnungslegungsvorschriften.

Abbildung 29: Erhebung – Zusätzlich berücksichtigte Kriterien FER 21.

---

30 Gemäss dieser Richtlinie sind die Honorare des Prüfers für Revision und zusätzliche Dienstleistungen jeweils separat auszuweisen. In der Studie hingegen wird nur der Ausweis des Revisionshonorars untersucht. Die Beurteilung einer solchen einzelnen (absoluten) Zahl dürfte allerdings für den Spender schwierig sein. Empfehlenswert ist deshalb, die Buchführungskosten als Vergleichsbasis anzugeben.

31 Gemäss FER 21 sollen im Leistungsbericht aussagekräftige Kennzahlen bezüglich Zielerreichung publiziert werden (FER 2010/11:126).

Der verwendete Erhebungsbogen[32] wird in dieser Publikation nicht abgebildet, da die wesentlichen Informationen in den Abbildungen 29 und 30 enthalten sind. Ebenso dient Abbildung 30 als Grundlage für das Self-Assessment-Tool (siehe Anhang 8.1.1).

Nachfolgend findet eine Gruppierung nach fachlichen Aspekten statt. So wird unter anderem nach Geschäfts- und Revisionsbericht unterschieden. Der Geschäftsbericht umfasst analog zu FER die Jahresrechnung sowie den Finanz- und Leistungsbericht. Die Jahresrechnung stellt das zentrale Element der Rechnungslegung dar und liefert die meisten Untersuchungskriterien. Die Gliederung innerhalb der Rubrik Jahresrechnung wird nach buchhalterischen Gesichtspunkten vorgenommen. Der Revisionsbericht stellt die zweite Rubrik dar. Die Bezeichnung der erhobenen Fragen (axx für «allgemein» bzw. für sxx «speziell») richtet sich nach erhebungstechnischen Gesichtspunkten.

Charakterisierung			
Ref.	Merkmale	Anmerkung	
s00/s01	Branche/Sitzkanton	–	
a03	Rechtsform	Gesetzesvorschriften	
a06	Grösse der NPO	Geldflussrechnung nach FER 21 Revisionsart nach Art. 727 ff. OR	
a09	Vermögens- und Kapitalstruktur	–	
a10/a11	Abschlussnormen	Anhang und Revisionstestat	
a12	Freiwillige Gütesiegel	–	
Geschäftsbericht			
Ref.	Jahresrechnung Allgemeines	Anmerkung	FER 21-Norm
a01	Offenlegung auf Webseite	Jahresrechnung/Revisionstestat	Nein
a07	Bilanzstichtag	–	Nein
	Übersichtlichkeit/Vergleichbarkeit		
a28	Anzahl Erfolgsrechnungspositionen	–	Nein
a29	Angabe Vorjahrszahlen/Budget ER	–	Ja/Nein
	Bilanz/ER/weitere Rechnungen		
a16 bis a23	Aktivseite	Wertschriften, Anlagestrategie	Ja
		Wertschwankungsreserven	Ja
		Anlagevermögen	Ja
a24	Passivseite	Organisationskapital	Ja
a25		Fondskapital	Ja
a42		Rückstellungen/TP	Ja

---

32 Kann bei den Autoren angefragt werden.

Geschäftsbericht			
Ref.	Jahresrechnung Allgemeines	Anmerkung	FER 21-Norm
a27/a26	Erfolgsrechnung	Umsatz-/Gesamtkostenverfahren Aufbereitungsgrad	Ja Nein
a38/a05	Weitere Rechnungen	Geldfluss-/Konzernrechnung	Ja
	Anhang		
a14	Bilanzierungs-/Bewertungsgrundsätze	–	Ja
a15	Angabe Aktivierungsgrenze	–	Nein
a37	Administrativer Aufwand	–	Ja
a39/a46	Entschädigung Leitungsorgane Transaktionen Nahestehende	–	Ja
a31/a40	Unentgeltliche Leistungen	–	Ja
a32 a30	Fundraisingaufwand Spendenreporting	– –	Ja Nein
a34/a35	Buchführungs-/Revisionsaufwand	–	Nein
a44/a44	Eventualverbindlichkeiten Ereignisse nach dem Bilanzstichtag	– –	Ja Ja
a45	Risikobeurteilung gemäss Art. 663b OR	–	Nein
Ref.	**Lagebericht**	**Anmerkung**	**FER 21-Norm**
a13	Kommentierung Zahlen	Vergangenheit/Zukunft	Ja
Ref.	**Leistungsbericht**	**Anmerkung**	**FER 21-Norm**
a48	Angebots-/Zielbeschreibung	–	Ja
a49	Wirkungsmessung	–	Nein
a48	Segmentberichterstattung	–	Nein
Revisionsbericht			
Ref.	Revisionstestat	Anmerkung	FER 21-Norm
a48	Segmentberichterstattung	–	Nein
a50 bis a54	Revisionstestat	Revisionsart Revisor Datierung Abweichungen Normalwortlaut	Nein Nein Nein Nein

Abbildung 30: Erhebung – Alle Kriterien.

3.4. Auswertungen

Nachfolgend wird die Vorgehensweise bei der Auswertung dargestellt.

Schritt	Resultat		
Anwendung Erhebungsbogen auf Untersuchungsobjekte (→ empirische Studie)	Datenbasis vor Plausibilitätsprüfung		
Datenbereinigung (→ Plausibilisierung)	Datenbasis nach Plausibilitätsprüfung		
Auswertung der Datenbasis	Beschreibung Untersuchungsobjekte	Aussagekraft Rechnungslegung	Einzelthemen
	Siehe Kapitel 3.6	Siehe Kapitel 4	Siehe Kapitel 5

Abbildung 31: Vorgehensweise Auswertungen.

Die Beschreibung der Untersuchungsobjekte und die Einzelthemen werden deskriptiv dargestellt. Hingegen wird für die Aussagekraft der Rechnungslegung ein auf dem Erhebungsbogen basierendes Messinstrument konstruiert, welches nachfolgend beschrieben wird.

Die Messung besteht aus zwei Stufen, die als Gesamtsicht I und Gesamtsicht II bezeichnet werden. Stufe I der Gesamtsicht erfasst denjenigen Teil der erhobenen Kriterien, welche bei jedem sozialen NPO unabhängig von Einflussfaktoren (z.B. Grösse, Branche, Geschäftsmodell) erfüllt werden können. Die insgesamt neun Kriterien der Gesamtsicht I sind in nachfolgender Abbildung dargestellt. Bewertet wird der Erfüllungsgrad der Kriterien durch ein dreistufiges Bewertungsraster (0/2/4). Um die Aussagekraft der Rechnungslegung vergleichen zu können, wird jedes Kriterium ungeachtet organisations-spezifischer Besonderheiten gleich gewichtet. Die jeweilige Verteilung der Punkte für die einzelnen Kriterien wird in Kapitel 4.5 beschrieben und kann zudem dem Self-Assessment-Tool (siehe Anhang 8.1.1) entnommen werden.

Ref.	Aussagekraft Gesamtsicht I Keine Negativbestätigung notwendig, da alle Organisationen diese Kriterien erfüllen könnten	Bewertungs-schema	Bewertungs-kriterium	FER 21-Norm
Jahresrechnung				
	Veröffentlichung			
a01	Offenlegung Jahresrechnung auf Webseite	0/2/4	Vollständigkeit	Nein
	Übersichtlichkeit und Vergleichbarkeit			
a28	Anzahl Erfolgsrechnungspositionen	0/2/4	Anzahl	Nein

Ref.		Bewertung	Bewertungskriterium	FER 21-Norm
a29	Angabe Vorjahreszahlen Budgetzahlen in der Erfolgsrechnung	0/2/4	Verfügbarkeit	Ja Nein
	Offenlegung			
a14	Bilanzierungs- und Bewertungsgrundsätze	0/2/4	Verfügbarkeit Best Practice	Ja
a15	Angabe Aktivierungsgrenze	0/2/4	Differenzierung	Nein
a37	Administrativer Aufwand	0/2/4	Verfügbarkeit	Ja
Finanzbericht				
a13	Kommentierung Vergangenheit/Zukunft	0/2/4	Vollständigkeit	Ja
Leistungsbericht				
a48	Offenlegung Angebot und Ziele	0/2/4	Verfügbarkeit	Ja
a49	Offenlegung eingesetzte Messinstrumente Outcome	0/2/4	Verfügbarkeit	Nein
	Bandbreite in Punkten	0 bis 36		

Abbildung 32: Messinstrument Aussagekraft – Kriterien Gesamtsicht I.

Aussagekraft der Rechnungslegung bedeutet auch, dass relevante zusätzliche Informationen im Anhang offengelegt werden. Die im Erhebungsbogen erfassten Kriterien stellen wie bei Stufe I auch bei Gesamtsicht II die Grundlage für die Selektion dar. Ausgewählt werden diejenigen vier Themen der Offenlegung, die sachlich zusammengehören. Die Beschreibung des Sachverhalts respektive dessen Verneinung im Sinne einer Negativbestätigung ergibt 2 Punkte, sodass bei einem (Doppel-)Kriterium in der Summe maximal 4 Punkte erzielt werden können.

Ref.	**Aussagekraft Gesamtsicht II** Negativbestätigung notwendig, da nicht alle Organisationen diese Kriterien erfüllen können	Bewertungsschema	Bewertungskriterium	FER 21-Norm
	Offenlegung			
a39 a46	Entschädigung leitende Organe Transaktionen Nahestehende	0/2/4	Verfügbarkeit oder Negativbestätigung	Ja Nein
a06 a40	Entgeltliche Arbeit Unentgeltliche Arbeit	0/2/4		Nein Ja
a34 a35	Buchführungsaufwand Revisionsaufwand	0/2/4		Nein Ja
a44	Eventualverbindlichkeiten Ereignisse nach dem Bilanzstichtag	0/2/4		Ja
	Bandbreite in Punkten	0 bis 16		

Abbildung 33: Messinstrument Aussagekraft – Kriterien Gesamtsicht II.

Die zu erreichende Höchstpunktzahl bei der Aussagekraft beträgt 52 Punkte, was sich folgendermassen berechnet: Der Maximalwert der Stufe I der Gesamtsicht entspricht 36 (9 Kriterien mit einem Punktemaximum von 4 je Kriterium), derjenige von Stufe II 16 (4 Kriterien mit einem Maximum von 4 Punkten pro Kriterium). Die pro Kriterium maximal erzielbare Punktzahl beträgt immer 4 Punkte.

Die nachfolgenden Fragen werden nicht in die Messung der Aussagekraft der Rechnungslegung miteinbezogen, weil die Daten nicht erhoben werden können oder deren Miteinbeziehung keinen Sinn ergibt. Gründe für Letzteres sind, dass entweder die Existenz der Daten nicht zwingend vorausgesetzt werden kann oder deren Nichtexistenz im Abschluss in der Regel nicht durch eine Negativbestätigung bestätigt wird.

Ref.	Gesamtsicht – Nicht berücksichtigte Aspekte der Jahresrechnung	Datensatz erhoben	Grund für Nicht-Einbezug	FER 21-Norm
	Veröffentlichung			
	Offenlegung Revisionsbericht auf Webseite	Nein	–	Nein
	Übersichtlichkeit und Vergleichbarkeit			
	Anzahl Bilanzpositionen	Nein	–	Nein
	Angabe Vorjahrszahlen Bilanzpositionen	Nein	–	Nein
	Offenlegung			
a18	Anlagestrategie	Ja	Existenz kann nicht zwingend vorausgesetzt werden.	Nein
a20	Anlagespiegel	Ja		Ja
a25	Rückstellungsspiegel	Ja		Ja
a42	Fondskapitalveränderungen	Ja		Ja
a32	Fundraisingaufwand	Ja	Negativbestätigung ist nicht sinnvoll.	Ja
a30	Spendenreporting	Ja		Nein
a45	Risikobeurteilung gemäss Art. 663b OR	Ja		Nein
a48	Segmentberichterstattung	Ja		Nein

Abbildung 34: Messinstrument Aussagekraft – Nicht berücksichtigte Kriterien.

3.5. Auswahl Untersuchungsobjekte

Die Auswahl der im Forschungsprojekt untersuchten NPO-Branchen wird sowohl nach den involvierten Branchenorganisationen als auch nach Datenverfügbarkeit vorgenommen.

	Branche 1 Jugend-/Behindertenheime	Branche 2 Förderorganisationen	Branche 3 Entwicklungshilfeinstitutionen	Branche 4 Übrige soziale Organisationen
Grundgesamtheit der Untersuchung	ISVE-anerkannte Einrichtung[33]	Mitgliedschaft Swissfoundations[34]	Erhalt Programmbeiträge des DEZA oder NGO mit Mitgliedschaft ZEWO[35]	Mitgliedschaft ZEWO[36]
Anzahl	1280	133	135	305
Selektionskriterien	Zufallsstichprobe[37]	Verfügbarkeit Geschäftsberichte	Vollerhebung und ergänzende Zufallsstichprobe[38]	Zufallsstichprobe[39]
Stichprobenumfang absolut	137	75	46	73
Stichprobenumfang relativ	11%	56%	34%	24%
Interessenverteter/ Behörden/weitere	Curaviva PwC	Swissfoundations PwC	Direktion für Entwicklung und Zusammenarbeit PwC	Eidgenössische Stiftungsaufsicht PwC

Abbildung 35: Untersuchungsobjekte – Auswahlverfahren.

---

33 Einschränkung auf Mitglieder IVSE (Interkantonale Vereinbarung für soziale Einrichtungen) aufgrund Datenverfübarkeit; dieses Segment umfasst den grössten Teil der real existierenden Organisationen.
34 Einschränkung auf Mitglieder Swissfoundations aufgrund Datenverfügbarkeit; dieses Segment besteht somit nur aus einer Teilmenge der real existierenden Organisationen, die grossen und professionell organisierten Institutionen sind gegenüber der Realität übervertreten.
35 Einschränkung auf Organisationen mit DEZA-Programmbeiträgen (21 Institutionen) und Mitglieder der ZEWO (= FER-Anwender) aufgrund Datenverfügbarkeit; das Segment umfasst somit nur eine Teilmenge der real existierenden Organisationen, gegenüber der Realität liegt eine Übervertretung der FER-Anwender vor.
36 Einschränkung auf ZEWO-Mitglieder (= FER-Anwender) aufgrund Datenverfügbarkeit, wobei die bereits untersuchten Branchen (Jugend- und Behindertenheime, Förder- und Entwicklungshilfeorganisationen) ausgeschlossen werden, gegenüber der Realität liegt eine Übervertretung der FER-Anwender vor.
37 Die Stichprobenauswahl wird überwiegend anhand von statistischen Überlegungen in Bezug auf die angemessene Grösse der Zufallsstichprobe vorgenommen.
38 Vollerhebung bei den 21 Organisationen mit DEZA-Programmbeiträgen, Auswahl durch Zufallsstichprobe bei den 114 ZEWO-zertifizierten Entwicklungshilfeorganisationen.
39 Die Stichprobenauswahl selbst wird überwiegend anhand von statistischen Überlegungen in Bezug auf die angemessene Grösse der Zufallsstichprobe vorgenommen.

Die Grundgesamtheit der Untersuchung umfasst eine Auswahl der tatsächlichen Grundgesamtheit sozialer NPO. Bei Jugend- und Behindertenheimen stellt die Auswahl annähernd alle existierenden Heime dar. Demgegenüber ist die untersuchte Grundgesamtheit bei den Förderorganisationen durch die Mitgliedschaft bei Swissfoundations vorgegeben, tatsächlich gibt es deutlich mehr Förderorganisationen. Dies bedeutet, dass bei Branche 2 die grossen und professionell organisierten Institutionen im Vergleich zur Realität deutlich übertreten sind. In Branche 3 sind aufgrund häufiger ZEWO-Mitgliedschaft überwiegend FER-Anwender vertreten, in Branche 4 ausschliesslich. Die an der Datenverfügbarkeit ausgerichtete Auswahl bedeutet, dass diese verzerrt ist, sodass mit Ausnahme von Branche 1 keine unmittelbaren Rückschlüsse auf die anderen Branchen respektive die Gesamtheit aller sozialen NPO gezogen werden können.

3.6. Beschreibung Untersuchungsobjekte

Diese Untersuchung wird von verschiedenen Interessensgruppen der unterschiedlichen NPO-Branchen unterstützt (siehe Abbildung 35). Deshalb wird die Branchenzugehörigkeit als eines der wichtigsten Unterscheidungskriterien erachtet und bei der Diskussion der Ergebnisse entsprechend berücksichtigt. Zudem sind die angewandten Rechnungslegungsnormen von besonderem Interesse, weil bezüglich Aussagekraft der Rechnungslegung deutliche Unterschiede zu erwarten sind.

Die in diesem Kapitel verwendeten Daten stammen aus der Erhebung, die Vorgehensweise ist in Kapitel 3.3 und 3.4 beschrieben.

3.6.1. Rechtsformen

Die Rechtsform stellt einen wichtigen Aspekt dar, da sich Rechnungslegungs- und Revisionsvorschriften teilweise daran ausrichten. Fast alle der erhobenen NPO sind Stiftungen (53%) und Vereine (41%). Öffentlich-rechtliche Anstalten und karitative Kapitalgesellschaften spielen hingegen nur eine untergeordnete Rolle.

	Jugend-/Behindertenheime	Förderorganisationen	Entwicklungshilfeorganisationen	Übrige (alle ZEWO)	Anzahl	Anteil
Verein	51	15	30	41	137	41%
Stiftung	74	56	14	32	176	53%
Öffentlich-rechtlich	3	1	1	0	5	2%
Andere	1	2	1	0	4	1%
Nicht eruierbar	8	1	0	0	9	3%
Anzahl	137	75	46	73	331	

Tabelle 6: Untersuchungsobjekte – Branche/Rechtsform.

3.6.2. Rechnungslegungsnormen

Es ist anzunehmen, dass die angewendete Rechnungslegungsnorm einen wesentlichen Einfluss auf die Aussagekraft der Rechnungslegung hat, sodass dieser Aspekt zu untersuchen ist. In der Untersuchung werden die Organisationen in zwei Gruppen aufgeteilt: Die eine umfasst diejenigen NPO, die «nur» gesetzliche Vorschriften erfüllen, die andere besteht aus zusätzlich FER-anwendenden NPO. Dabei wird nicht zwischen Swiss GAAP FER und FER 21 differenziert, sondern ganz allgemein von FER-Anwendern gesprochen.

	Jugend-/Behindertenheime	Förderorganisationen	Entwicklungshilfeorganisationen	Übrige (alle ZEWO)	Total
Anwender Gesetz	110	40	11	4	165
Anwender FER	27	35	35	69	166
Anzahl Total	137	75	46	73	331
Anwender Gesetz	80%	53%	24%	5%	50%
Anwender FER	20%	47%	76%	95%	50%

Tabelle 7: Untersuchungsobjekte – Rechnungslegungsnorm.

Auffallend ist, dass die Anwendung von FER im Branchenvergleich uneinheitlich ausfällt. So weist Branche 1 mit nur 20% den tiefsten, die dritte Branche mit 76% hingegen den höchsten Anteil an FER-Anwendern auf. Branche 4 wird hier bewusst nicht in den Vergleich miteinbezogen, da diese Organisationen als ZEWO-Gütesiegelträger Swiss GAAP FER in der Regel obligatorisch anwenden müssen. Dementsprechend ist die beobachtete Abweichung von 5% höchstwahrscheinlich auf eine Ungenauigkeit in der Erhebung oder aber im Revisionsbericht zurückzuführen.

Wie bereits dargelegt, gibt es keine bestimmte gesetzliche Rechnungslegungsnorm für soziale Organisationen, sondern es sind in Abhängigkeit der konkreten Umstände zivilrechtliche, kaufmännische oder aktienrechtliche Vorschriften anzuwenden. Grundsätzlich wäre es interessant, die Anwendung dieser drei Normen zu erheben. Allerdings werden hier nur Informationen berücksichtigt, die unmittelbar aus dem Geschäftsbericht hervorgehen. So ist die Angabe der angewendeten Norm in der Jahresrechnung gesetzlich nicht vorgeschrieben und wird in der Praxis häufig auch nicht vorgenommen. Auch Revisionstestate liefern diesbezüglich keine Angaben. Deshalb kann in der Erhebung nicht nach Gesetzesnormen (ZGB, Art. 957 OR ff. oder Art. 662 OR ff.) differenziert werden. Hingegen lässt sich für private Rechtsformen die Anwendung der Vorschriften anhand der wesentlichen Einflussgrössen (Rechtsform, Handelsregistereintrag) schätzen:

Total Untersuchungsobjekte	Anmerkungen	Zivilgesetzliche Vorschriften (ZGB)	Kaufmännische Vorschriften (Art. 957 ff. OR)	Aktienrechtliche Vorschriften (Art. 662 ff. OR)
137	Verein			
	Annahme	Selten	Regelfall	Ausnahme
	Annahme relativ	5%	95%	–
	Annahme absolut	7	130	–
176	Stiftung			
	Annahme	–	Regelfall Förderstiftung	Regelfall Operative NPO
	Annahme absolut	–	75	101
313	Total	7	205	101

Tabelle 8: Untersuchungsobjekte – Gesetzliche Buchführungsvorschriften nach Rechtsform.

Es wird davon ausgegangen, dass fast alle (Annahme 95%) der 137 Vereine im Handelsregister eingetragen sind. Denn die meisten partizipieren am wirtschaftlichen Geschehen und lassen sich deshalb freiwillig im Handelsregister eintragen oder die öffentliche Hand als Geldgeber verlangt einen Eintrag. In der Folge unterliegen 130 (0.95 × 137) Vereine der kaufmännischen Buchführungspflicht. Da aktienrechtliche Vorschriften nur selten freiwillig angewendet werden, wird hier auf deren Quantifizierung verzichtet.

Hingegen ist bei Stiftungen die Eintragung im Handelsregister zwingend vorgeschrieben. Das bedeutet, dass alle Stiftungen einer kaufmännischen Buchführungspflicht unterliegen. Bei nicht operativ tätigen Stiftungen sind diese kaufmännischen Buchführungsvorschriften in der Regel die einzig gesetzlich zu berücksichtigende Norm. Insofern unterliegen die untersuchten 75 Förderstiftungen (= operative NPO) nur Art. 957 ff. OR. Operativ tätige Wohltätigkeitseinrichtungen führen meistens ein kaufmännisches Gewerbe und unterliegen deshalb den aktienrechtlichen Rechnungslegungsnormen. Das betrifft hier geschätzte 101 (176–75) Stiftungen.

Im Rahmen der Studie werden die bestehenden gesetzlichen Vorschriften anhand einzelner Sachthemen (z.B. Offenlegung Bilanzierungs- und Bewertungsvorschriften) untersucht. Diesbezügliche Regelungen sind sehr unterschiedlich, z.B. FER versus Gesetz, zivilrechtlich versus kaufmännisch, kaufmännisch versus aktienrechtlich. Bei einer themenspezifischen Argumentation stellt sich die Frage, welche gesetzliche Norm von reinen Gesetzesanwendern hauptsächlich angewendet wird. Nachfolgend wird anhand der unterstellten Grössen für Vereine und Stiftungen (siehe Tabelle 8) sowie des 50%-Anteils von Gesetzesanwendern (siehe Tabelle 7) die Anzahl pro Gesetzesnorm geschätzt.

Anmerkung	Zivilgesetzliche Vorschriften (ZGB)	Kaufmännische Vorschriften (Art. 957 ff. OR)	Aktienrechtliche Vorschriften (Art. 662 ff. OR)
Verein			
Anwender Gesetz/Anwender FER (Tabelle 8)	7	130	–
Davon nur Anwender Gesetz			
Schätzung in Prozent (Tabelle 7)	50%	50%	–
Schätzung absolut	4	65	
Stiftung			
Anwender Gesetz/Anwender FER (Tabelle 8)	–	75	101
Davon nur Anwender Gesetz			
Schätzung in Prozent (Tabelle 7)		50%	50%
Schätzung absolut		37	50
Nur Anwender Gesetz	4	102	50

Tabelle 9: Untersuchungsobjekte – Anwender Gesetz nach Vorschriften.

Die Auswertung zeigt, dass hier gerade einmal vier NPO die rudimentären zivilrechtlichen Buchführungsvorschriften anwenden. Kaufmännische Buchführungsvorschriften werden demnach von 102 Organisationen angewendet, was bei den gesetzesanwendenden Vereinen und Stiftungen die Regel ist. Dementsprechend werden aktienrechtliche Buchführungsvorschriften, welche zusätzlich zu den kaufmännischen Buchführungsvorschriften anzuwenden sind, von insgesamt 50 Stiftungen angewendet.

3.6.3. Organisationsgrösse

Die Organisationsgrösse spielt deshalb eine wichtige Rolle, weil bedeutsame Rechnungslegungs- und Revisionsnormen darauf abstellen (z.B. Revisionsart gemäss Art. 727 OR oder Obligatorium zu Geldflussrechnung und Accrual Accounting nach FER 21). Nach Swiss GAAP FER und dem Revisionsrecht sind Bilanzsumme, Ertrag (Umsatz) und Anzahl der Vollzeitstellen die einschlägigen Schwellenwerte. Allerdings wird in der durchgeführten Erhebung auf eine detaillierte Untersuchung des Gesamtertrags verzichtet, da die Ermittlung aus einer häufig gestuften Erfolgsrechnung (z.B. Finanzierungsbereiche, operative Bereiche) mit zusätzlichem Rechenaufwand verbunden ist und somit eine mögliche Fehlerquelle darstellt. Obschon die Anzahl der Vollzeitstellen erhoben wird, ist diese Information nur in 96 von 331 Fällen verfügbar. Demgegenüber sind beim Personalaufwand 291 Datensätze vorhanden. Deshalb wird hier der absolute Personalaufwand statt der Anzahl der Vollzeitstellen zur Beurteilung der Organisationsgrösse hinzugezogen.

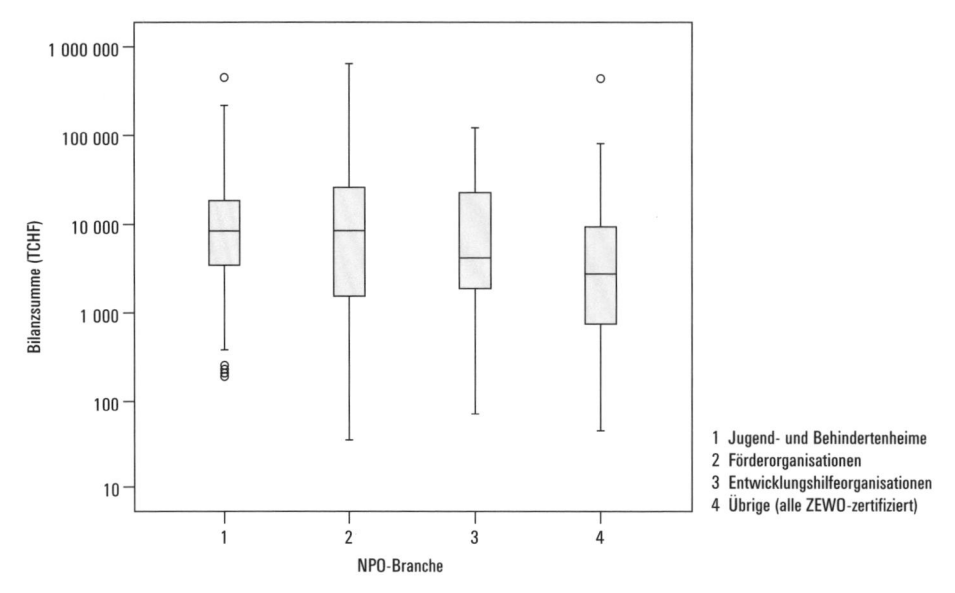

Abbildung 36: Bilanzsumme – Branche.

Bei den untersuchten NPO ist immer ein Wert für die Bilanzsumme vorhanden, mit Ausnahme von zwei Fällen. 50% der hier untersuchten Institutionen gelten in Bezug auf die Bilanzsumme gemäss Art. 727 OR als kleine Organisation, d.h. deren Wert liegt unter CHF 10 Mio. Obschon der Median bei den Heimen und derjenige bei den Förderorganisationen nahezu identisch ist (bei rund CHF 8.5 Mio.), ergibt sich beim Vergleich der Verteilung ein ganz anderes Bild: Die in der Regel viel vermögenderen Förderorganisationen (Mittelwert CHF 42.5 Mio. versus 18.7 Mio.) sind in Bezug auf die Grösse der Bilanzsumme gleichzeitig auch viel breiter gestreut. Das Vermögen als Summe aller Aktiven ist ein Indikator für die Grösse einer Organisation. So finden sich in der Gruppe der Förderorganisationen beispielsweise sowohl sehr kleine als auch sehr grosse Institutionen bei ähnlicher Vermögensstruktur (liquide Mittel sowie Finanzanlagen). Bei den Jugend- und Behindertenheimen besteht das Vermögen meistens aus der für den operativen Betrieb notwendigen Betriebsausstattung (z.B. Mobilien, IT). Die hier zu beobachtende Streuung dürfte deshalb auf Finanzanlagen und Immobilienbesitz zurückzuführen sein. Am oberen Ende bei den 90%-Quantilen zeigt sich, dass 10% der untersuchten Förderorganisationen eine Bilanzsumme von mehr als CHF 117 Mio. haben – fast das Vierfache der ersten Branche und immer noch mehr als das Doppelte der Entwicklungshilfeorganisationen (CHF 54.8 Mio.). Gründe für die Abweichungen zwischen den einzelnen Branchen sind vor allem in der unterschiedlichen Vermögensstruktur zu suchen, die in Kapitel 5.1 näher behandelt wird.

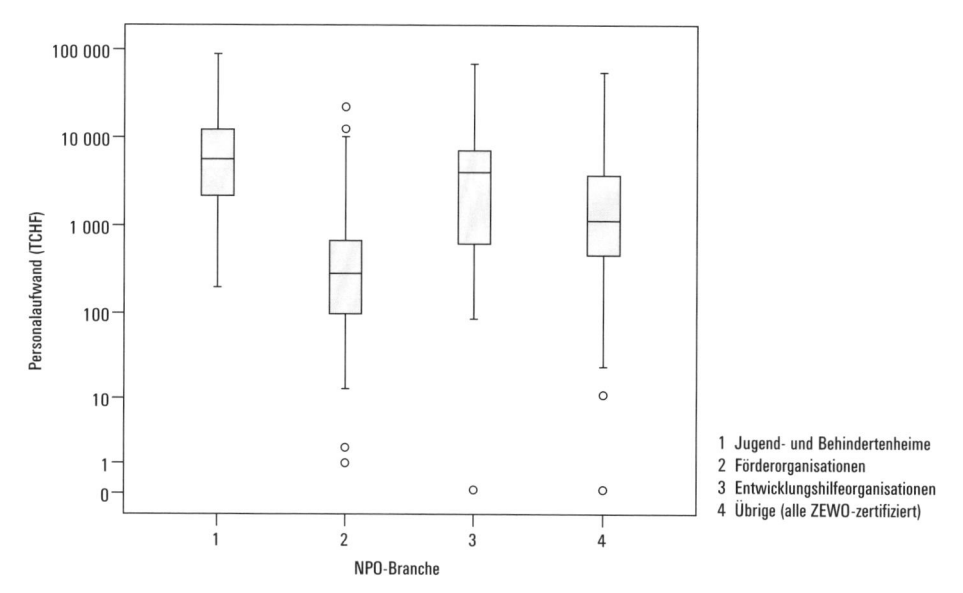

Abbildung 37: Personalaufwand – Branche.

Bei 291 von 331 untersuchten NPO wird der Personalaufwand entweder in der Erfolgsrechnung oder im Anhang ausgewiesen, wobei zwischen den vier untersuchten NPO-Branchen deutliche Unterschiede beobachtet werden können. So weisen beispielsweise die personalintensiven Jugend- und Behindertenheime mit CHF 5.6 Mio. den höchsten Median aus, Förderorganisationen hingegen mit CHF 0.3 Mio. den tiefsten. Das gleiche Bild zeigt sich beim 90%-Quantil: CHF 18.6 Mio. (Branche 1) stehen dort CHF 2.6 Mio. (Branche 2) gegenüber. Aus diesem Blickwinkel betrachtet sind Heime sehr viel grösser als Förderorganisationen. Zu den mit Abstand grössten Organisationen zählen hier jedoch Entwicklungshilfeorganisationen, bei denen 90% der NPO einen Personalaufwand von mehr als CHF 26.6 Mio. haben.

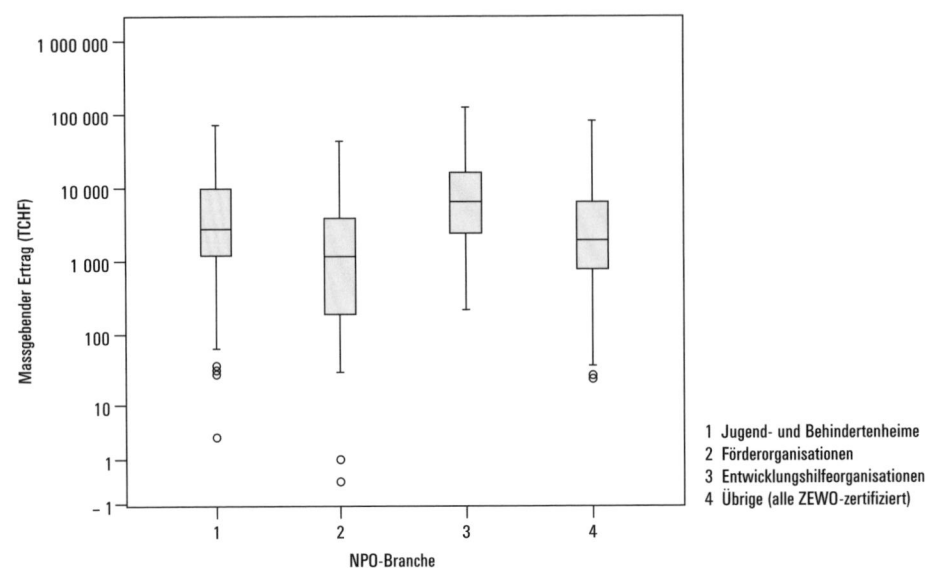

Abbildung 38: Massgebender Ertrag – Branche.

Die Definition des massgebenden Ertrags erfolgt in Übereinstimmung mit FER (2011/10:118) und umfasst die beiden wichtigsten Finanzierungsquellen sozialer NPO, nämlich Beiträge der öffentlichen Hand (z.B. Kostgelder, Subventionen, Defizitübernahmen) sowie Spendenerträge seitens Privater. Nur bei 16 oder 5% der Untersuchungsobjekte kann der massgebende Ertrag nicht plausibel genug aus der öffentlich zugänglichen Erfolgsrechnung hergeleitet werden. Aufgrund der substanziellen Bedeutung öffentlicher und privater Finanzierungsquellen ist der Median der einzelnen Branche dementsprechend gross: Entwicklungshilfeorganisationen CHF 6.5 Mio., Jugend- und Behindertenheime CHF 2.8 Mio., Förderorganisationen CHF 1.2 Mio. und übrige soziale Organisationen CHF 1.9 Mio. Dieses Bild bestätigt sich auch beim 10%- respektive 90%-Quantil: Entwicklungshilfeorganisationen weisen hier mit CHF 0.4 Mio. respektive CHF 54.9 Mio. die mit Abstand höchsten Werte aus, Förderorganisationen mit CHF 0.01 Mio. respektive CHF 19.7 Mio. die tiefsten – Jugend- und Behindertenheime liegen dazwischen (CHF 0.3 Mio./CHF 15.9 Mio.).

3.6.4. Finanzierung durch Spendenerträge

In den vorangegangenen Kapiteln wurde aufgezeigt, dass die Bedeutung eines öffentlich zugänglichen und transparenten Geschäftsberichts massgeblich von der Höhe privater Spenden abhängt. Deshalb wird in der vorliegenden Studie der Anteil des Spendenertrags ins Verhältnis zum massgebenden Ertrag[40] gesetzt. Allerdings ist anzunehmen, dass neben den Spendenerträgen in der Praxis auch andere

---

40 Die Definition erfolgt gemäss FER 21 (2010/11:118) und umfasst Spendenerträge (inkl. Legate) und Beiträge der öffentlichen Hand.

Kriterien einen massgeblichen Einfluss auf die Transparenz der externen Berichterstattung haben. Im Gegensatz zu der in dieser Studie zugrunde gelegten und relativ einfach zu generierenden Messgrösse (Spendenertrag/Massgebender Ertrag) spielen bei der Beurteilung der subjektiven Spendenwichtigkeit weitere Kriterien eine wichtige Rolle (z.B. alternative Finanzierungsmöglichkeiten, Liquiditätsreserven und liquidierbare Vermögensbestandteile, Reputationsrisiken).

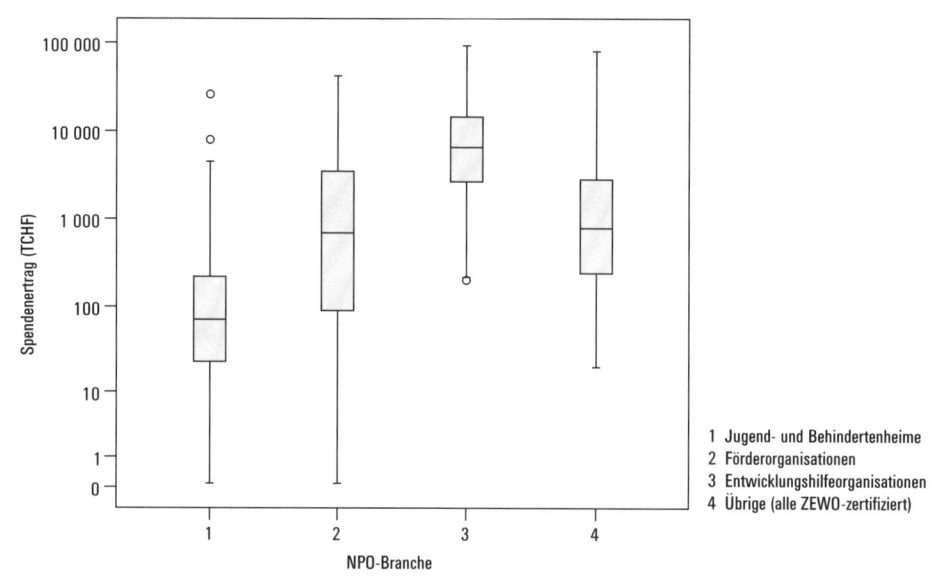

Abbildung 39: Spendenertrag – Branche.

Von den 331 untersuchten NPO scheinen 66 (20%) keine privaten Spenden zu bekommen, denn es werden in diesen Fällen keine Spendenerträge ausgewiesen. Dieser hohe Anteil erscheint bei genauerer Betrachtung der einzelnen Branche plausibel: Die Jugend- und Behindertenheime finanzieren sich vor allem über die jährlichen Leistungsentgelte der öffentlichen Hand, und viele der hier untersuchten (vermögenden) Förderorganisationen finanzieren sich in erster Linie über Vermögenserträge. Dementsprechend verfügen 39 Einrichtungen der Branche 1 (28%) über keine Spendenerträge, bei Branche 2 sind es 22 (29%). Auch anhand absoluter Beträge lassen sich die gerade erwähnten Zusammenhänge belegen: So ist der Spendenertrag bei 10% der Heime kleiner als CHF 6400, bei der Hälfte (Median) liegt die Höhe der Spendeneinnahmen unter CHF 71 000, und nur bei 10% (90%-Quantil) überschreiten Spenden den Betrag von CHF 1.5 Mio. Demgegenüber erreichen Entwicklungshilfeorganisationen jeweils die höchsten Werte (CHF 0.4 Mio./CHF 6.6 Mio./CHF 23.1 Mio.).

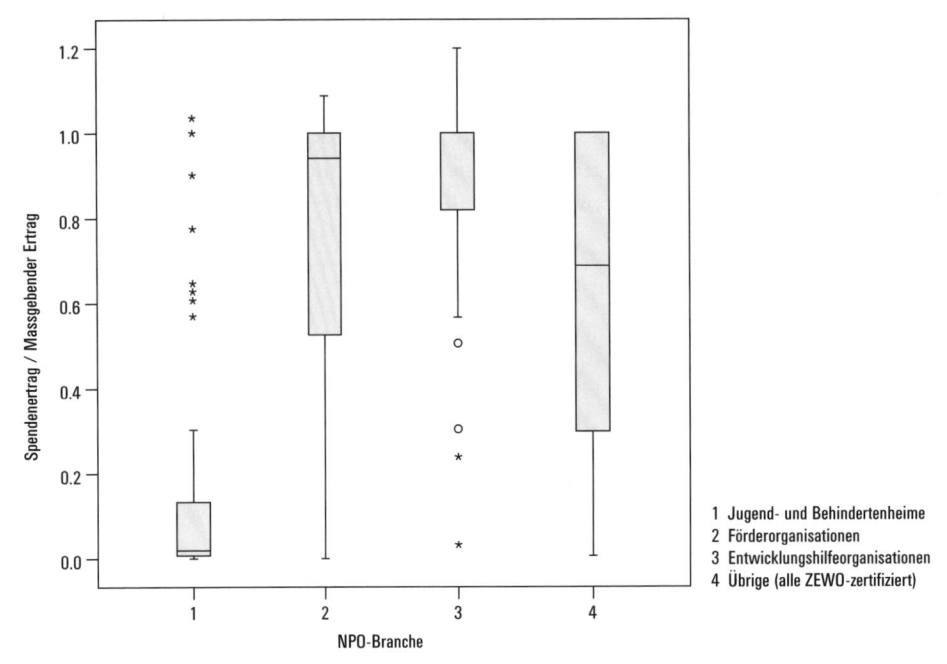

Abbildung 40: Spendenertrag/Massgebender Ertrag – Branche.

Aussagekräftige Schlüsse über die NPO-individuelle Bedeutung der Spendenerträge lassen sich nur dann ziehen, wenn der massgebende Ertrag in die Betrachtung miteinbezogen wird. Diese relative Sichtweise bringt zum Vorschein, dass die Spendeneinnahmen bei den Jugend- und Behindertenheimen erfahrungsgemäss eher von zweitrangiger Bedeutung sind: So ist bei 10% der Heime das Verhältnis von Spenden zum massgebenden Ertrag kleiner als 0.3%, bei 50% immer noch kleiner als 2%, und lediglich bei 10% machen die Spenden mehr als 83% des Gesamtertrags aus. Ganz anders sieht die Situation bei den Entwicklungshilfeorganisationen aus. Dort finanziert sich die Hälfte der Organisationen, von unbedeutenden bzw. ausserordentlichen Resteinnahmen einmal abgesehen, beinahe ausschliesslich über Spenden.

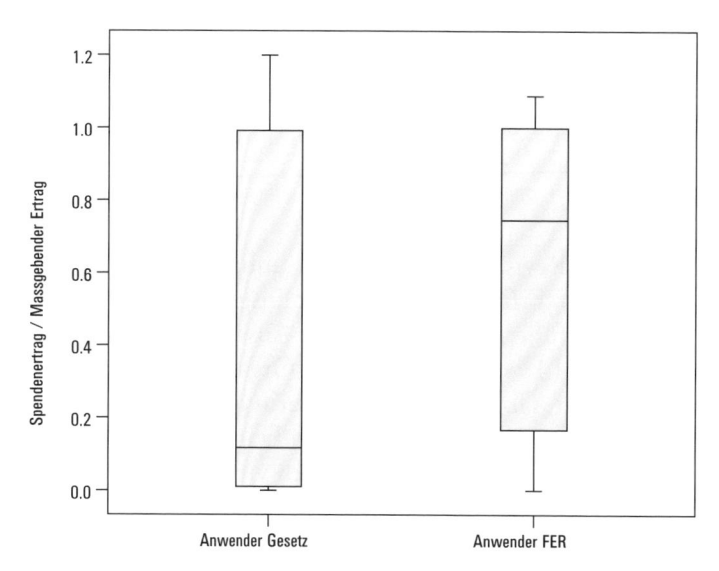

Abbildung 41: Spendenertrag/Massgebender Ertrag – Rechnungslegungsnorm.

Die obige Abbildung stellt das Verhältnis Spendenertrag zum massgebenden Ertrag in Abhängigkeit der angewendeten Rechnungslegungsnorm dar. Die Hälfte der FER-anwendenden NPO finanziert sich zu zwei Drittel oder mehr über Spenden. Bei jenen NPO, die lediglich die gesetzlichen Mindeststandards einhalten, ist der Median 12%. Auffallend ist zudem, dass der relative Anteil von Spenden am massgebenden Ertrag verhältnismässig breit gestreut ist. Bei den Anwendern der Gesetzesnorm betragen die beiden Quartile (25%/75%) 1% respektive 100%, dies im Gegensatz zu 15% und 100% bei den FER-Anwendern. Demzufolge sind Letztere viel stärker auf die Gunst von Spendern angewiesen. Die Vermutung liegt deshalb nahe, dass die Befolgung von FER 21 für Spendensammler einen strategischen Finanzierungsvorteil bieten kann.

4. Untersuchungsergebnisse Aussagekraft Rechnungslegung

4.1. Überblick

Die Analyse der Geschäfts- und Revisionsberichte wird anhand eines mit 54 spezifischen Kriterien umfassenden Erhebungsbogens für insgesamt 331 soziale Nonprofit-Organisationen durchgeführt. Die Messung der Aussagekraft der Rechnungslegung umfasst die Kriterien (13 von 54), die in jeder Organisation unabhängig von deren Branchenzughörigkeit, Grösse sowie Finanzierungsmodell verfügbar sein sollten. Die ersten neun dieser 13 Kriterien beinhalten Fragen zur Jahresrechnung sowie zum Finanz- und Leistungsbericht. Die anderen vier Kriterien behandeln im Anhang offenzulegende Informationen anhand von Negativbestätigungen. Die Bewertung erfolgt mittels eines dreistufigen Schemas (0/2/4 Punkte).

Nachfolgende Tabelle zeigt die Auswertung über alle untersuchten Organisationen, die sowohl den Median als auch den Mittelwert berücksichtigt. Hierbei ist anzumerken, dass der Median aufgrund des dreistufigen Bewertungsrasters (0/2/4 Punkte) lediglich die relativ groben Merkmalsausprägungen 0, 2 und 4 ergibt. Hingegen ermöglicht die Darstellung des Mittelwerts mit einer Dezimalstelle wesentlich feinere Abstufungen. Somit wird der Median nur in nachfolgender Tabelle im Sinne eines Vergleichs verwendet. Der Soll-Wert stellt das theoretisch erzielbare Maximum von 4 Punkten dar. In nachfolgenden Ausführungen zu den Untersuchungsergebnissen steht jedoch weniger die absolute Abweichung des jeweiligen Kriteriums vom Punktemaximum 4 im Vordergrund, sondern der Vergleich einzelner Aspekte untereinander.

	Jahresrechnung	Median	Mittelwert	Sollwert	Abw.
	Veröffentlichung				
a01	Offenlegung Jahresrechnung auf Webseite	4	2.7	4	1.3
	Übersichtlichkeit/Vergleichbarkeit				
a28	Anzahl Erfolgsrechnungspositionen	4	3.0	4	1.0
a29	Vorjahres-/Budgetzahlen	2	2.0	4	2.0
	Offenlegung				
a14	Bilanzierungs-/Bewertungsgrundsätze	2	1.1	4	2.9
a15	Aktivierungsgrenze	0	0.4	4	3.6
a37	Unterscheidung administrativer/produktiver Aufwand	0	1.8	4	2.2
∅	**Jahresrechnung**		1.8	4	2.2

Finanzbericht					
a13	Kommentierung Vergangenheit/Zukunft	0	0.8	4	3.2
∅	**Finanzbericht**		**0.8**	**4**	**3.2**
Leistungsbericht					
a48	Angebots-/Zielbeschreibung	2	1.7	4	2.3
a49	Wirkungszielmessung	2	1.4	4	2.6
∅	**Leistungsbericht**		**1.6**	**4**	**2.4**
∅	**Gesamtsicht I**		**1.7**	**4**	**2.3**
Offenlegung					
a06 a40	Entgeltliche Arbeit (FTE) Unentgeltliche Arbeit	0	1.0	4	3.0
a34 a35	Buchführungsaufwand Revisionsaufwand	0	0.3	4	3.7
a39 a46	Entschädigung Leitungsorgane Transaktionen Nahestehende	0	1.5	4	2.5
a44 a44	Eventualverbindlichkeiten Ereignisse nach Bilanzstichtag	0	0.3	4	3.7
∅	**Gesamtsicht II**		**0.8**	**4**	**3.2**
∅	**Gesamtsicht I und II**		**1.4**	**4**	**2.6**

Tabelle 10: Messinstrument Aussagekraft – Alle Untersuchungsobjekte.

Über alle 13 untersuchten Fragen werden im Mittel nur 1.4 oder knapp ein Drittel des Punktemaximums (4 Punkte) erreicht, was einem durchschnittlichen Verbesserungspotenzial von 2.6 Punkten entspricht. Das festgestellte Optimierungspotenzial ist somit beträchtlich.

Wird nach Jahresrechnung, Finanz- und Leistungsbericht unterschieden, so fällt auf, dass die Jahresrechnung mit 1.8 Punkten (46% des Maximums) die höchste Aussagekraft besitzt. Hingegen weist der Finanzbericht mit 0.8 (20% des Maximums) den tiefsten Punktestand auf; der Leistungsbericht liegt mit 1.6 Punkten dazwischen. Es ist überraschend, dass der Finanzbericht ein deutlich höheres Verbesserungspotenzial aufweist als der Leistungsbericht. Denn für die Erstellung des Finanzberichts bedarf es im Vergleich zum Leistungsbericht in der Regel eines geringeren Aufwands. Zudem analysieren leitende Organe nicht zuletzt im Hinblick auf deren mögliche Organhaftung die vergangene und zukünftige Entwicklung. Aus Gründen der Transparenz wäre eine vermehrte Offenlegung im Finanzbericht wünschenswert. Hingegen überrascht das tiefe Abschneiden der Offenlegung im Anhang (Gesamtsicht II) mit 0.8 Punkten aufgrund der häufig fehlenden Negativbestätigungen nicht.

Eine vertiefte Behandlung dieser Ergebnisse erfolgt in den nachfolgenden Kapiteln, behandelt werden dabei folgende Gesichtspunkte: Themengebiet, Rechnungslegungsnorm, Branche, Rechtsform, Organisationsgrösse sowie Bedeutung des Spendenertrags.

4.2. Aussagekraft Rechnungslegung Rechnungslegungsnorm

Die Aufteilung in NPO, die nur die gesetzlichen Mindestvorschriften befolgen, und solche, die zusätzlich zu den gesetzlichen Vorschriften auch Swiss GAAP FER anwenden, basiert in der vorliegenden Untersuchung auf der vom Revisor im Revisionsbericht gemachten Normenangabe. In der Praxis wird bei der zweiten Gruppe häufig nach Anwendern von Swiss GAAP FER und Swiss GAAP FER 21 unterschieden. Der Einfachheit halber werden die beiden Kategorien zur Gruppe «Anwender FER» zusammengefasst. Von den 331 untersuchten Einrichtungen können 159 (48%) der Kategorie FER-Anwender zugeordnet werden, 172 (52%) stellen ausschliesslich auf die gesetzlichen Minimalstandards ab. Die Untersuchungsergebnisse werden zuerst in komprimierter Form als Gesamtsicht I und II, Gesamtsicht I sowie Gesamtsicht II vorgestellt, erst danach wird themenspezifisch auf die einzelnen Kriterien eingegangen.

4.2.1. Gesamtsicht

Im vorliegenden Kapitel wird Gesamtsicht I und II sowie Gesamtsicht I und Gesamtsicht II nach Anwendern von Gesetz und denjenigen, die FER-Richtlinien befolgen, unterschieden.

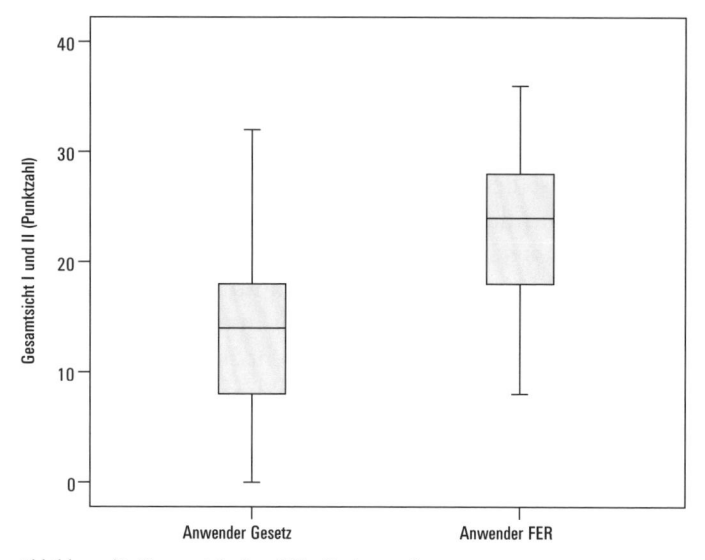

Abbildung 42: Gesamtsicht I und II – Rechnungslegungsnorm.

Das erklärte Ziel von FER ist es, die Aussagekraft der Rechnungslegung zu erhöhen. Somit überrascht es nicht, dass FER-Anwender bei einem Median von 24 Punkten (Gesetzesanwender 14 Punkte) sowie bei den Quartilen mit 18 respektive 28 Punkten (Gesetzesanwender 8 bzw. 18) deutlich besser abschneiden. Allerdings liegt das jeweils beste Ergebnis (FER: 36, Gesetz: 32 Punkte) doch relativ eng beieinander. Das belegt, dass durch freiwillige Offenlegung zusätzlicher Informationen auch im Fall der alleinigen Anwendung gesetzlicher Vorschriften eine mit FER vergleichbare Aussagekraft der Rechnungslegung erreicht werden kann. Deshalb sollte die Entscheidung über die anzuwendende Rechnungslegungsnorm weiterhin von der jeweiligen Organisation getroffen werden können. Allerdings stellt sich die Frage, weshalb mit dem besten Ergebnis von 36 Punkten (Gesamtsicht I und II) nur zwei Drittel des Maximums von 52 erreicht werden. Der hauptsächliche Grund liegt möglicherweise in der Offenlegung im Anhang. Die Vermutung liegt nahe, dass Gesamtsicht II aufgrund fehlender Negativbestätigungen tiefe Punktzahlen erreicht.

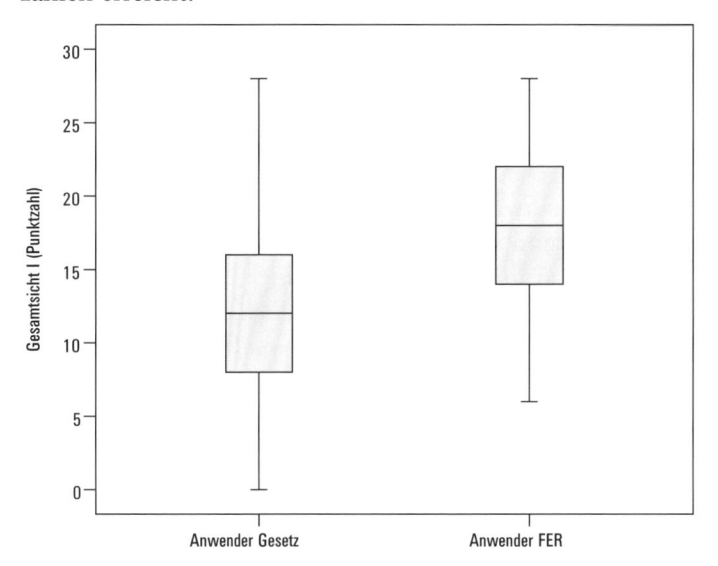

Abbildung 43: Gesamtsicht I – Rechnungslegungsnorm.

In Gesamtsicht I beträgt das Punktemaximum 36 Punkte (9 × 4), welches von der besten Organisation immerhin zu rund drei Viertel ausgeschöpft wird. Nota bene handelt es sich dabei um einen Anwender gesetzlicher Rechnungslegungsvorschriften. Die vorstehend diskutierte These, dass die Stufe I der Gesamtsicht gegenüber Gesamtsicht I und II insgesamt deutlich besser abschneidet, bestätigt sich.

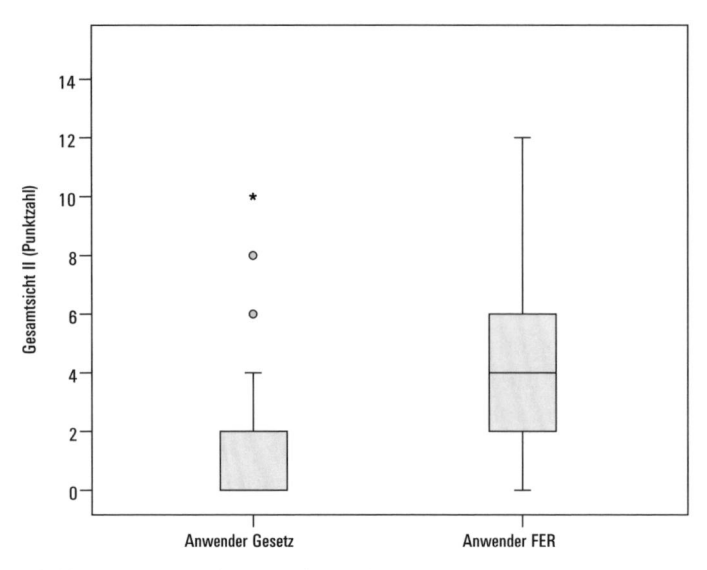

Abbildung 44: Gesamtsicht II – Rechnungslegungsnorm.

Die Stufe II der Gesamtsicht reflektiert die im Anhang offengelegten Tatbestände oder in welchem Ausmass deren Nichtvorhandensein durch Negativbestätigungen zum Ausdruck gebracht wird. Insgesamt können 16 Punkte (4 × 4) erzielt werden, was rund 30% der Gesamtpunktzahl entspricht. Allerdings kann das Maximum nur dann erreicht werden, wenn sämtliche nicht zutreffenden Sachverhalte (z.B. Eventualverpflichtungen) im Anhang explizit mit einer Negativbestätigung erwähnt werden (z.B. «Es bestehen keine Eventualverbindlichkeiten zum Bilanzstichtag»). Allerdings werden solche Negativbestätigungen von FER nicht verlangt. Relativ betrachtet liegt der höchste hier beobachtete Wert mit 75% (12 von 16 Punkten) gleichauf mit demjenigen bei Gesamtsicht I. Allerdings muss unter dem Strich festgestellt werden, dass Negativbestätigungen in der Praxis nicht gerade häufig vorkommen – und zwar ungeachtet der angewendeten Rechnungslegungsnorm. Das erklärt denn auch, weshalb die erzielten Werte entsprechend schlecht sind. Die von FER-Anwendern erzielten, weitaus besseren Resultate sind darauf zurückzuführen, dass die Fachempfehlungen gegenüber dem gesetzlichen Aktienrecht eine erhöhte Ausweispflicht im Anhang fordern (siehe Textbox 15).

4.2.2. Themengebiete

Von den insgesamt 13 erhobenen Kriterien sind sechs (46%) Kriterien den Swiss GAAP FER-Richtlinien entnommen, zwei Fragen (15%) enthalten sowohl FER- als auch Nicht-FER-spezifische Elemente, und die verbleibenden fünf (39%) sind Nicht-FER-spezifische Fragen. Nachfolgende Abbildung gibt einen Überblick:

a14	Bilanzierungs-/Bewertungsgrundsätze	FER
a13	Finanzbericht	FER
a37	Unterscheidung administrativer/produktiver Aufwand	FER
a48	Angebots-/Zielbeschreibung	FER
a44/a44	Eventualverbindlichkeiten/Ereignisse nach Bilanzstichtag	FER
a39/a46	Entschädigung Leitungsorgan/Transaktionen Nahestehende	FER
a29	Vorjahres-/Budgetzahlen	FER/Nicht-FER
a06/a40	Entgeltliche Arbeit (FTE)/Unentgeltliche Arbeit	Nicht-FER/FER
a01	Offenlegung Jahresrechnung auf Webseite	Nicht-FER
a15	Aktivierungsgrenze	Nicht-FER
a28	Anzahl Erfolgsrechnungspositionen	Nicht-FER
a34/a35	Buchführungs-/Revisionsaufwand	Nicht-FER
a49	Wirkungszielmessung	Nicht-FER

Abbildung 45: Messinstrument Aussagekraft – Kriterien FER.

Im weiteren Verlauf wird zuerst eine Gesamtsicht aller 13 Kriterien gegeben. Danach wird jeweils eine Auswertung für jede der drei Möglichkeiten durchgeführt (FER-Norm, teilweise FER-Norm, keine FER-Norm).

Die in diesem Zusammenhang nachfolgend dargestellten Tabellen (12 bis 14) sind gleich aufgebaut: Die erste Zahlenkolonne zeigt die über alle Organisationen gemessenen Mittelwerte (Spalte 3). Danach werden die Mittelwerte von Gesetzes- und FER-Anwendern einander gegenübergestellt (Spalten 4 und 5). Auf dieser Basis werden anschliessend die prozentualen Abweichungen von Gesetzes- und FER-anwendenden NPO zur maximalen Punktzahl von 4 ausgerechnet (Spalten 6 und 7). Durch dieses Vorgehen sollen die folgenden beiden Fragen beantwortet werden: Unterscheiden sich Gesetzesanwender von FER-Anwendern hinsichtlich dem theoretisch erreichbaren Punktemaximum (4 Punkte), und falls ja, was könnten die Ursachen hierfür sein? Insofern wird die Differenz zwischen den beobachteten Mittelwerten und der (zumindest) theoretisch erreichbaren, maximalen Punktzahl im Sinne eines Verbesserungspotenzials kommentiert.

Zur Beurteilung der pro Kriterium erzielten Werte wird ein Vergleich mit dem theoretisch erzielbaren Punktemaximum von 4 vorgenommen. Dementsprechend werden die in der Untersuchung für Nicht-FER- und FER-Anwender beobachteten Resultate gegenüber diesem «Vergleichsindex» gemessen und anschliessend interpretiert. Diese Optimierungsmöglichkeit soll in erster Linie eine Vorstellung darüber geben, in welcher Grössenordnung sich die Aussagekraft der Rechnungslegung verbessern lassen könnte.

Allerdings dürfte es nicht immer erstrebenswert sein, den theoretischen Sollwert von 4 in jedem Fall erreichen zu wollen, da auch bei der Anwendung von Rechnungslegungsnormen das Gesetz des abnehmenden Grenznutzens gilt. Zudem stützt sich das verwendete Messverfahren nicht ausschliesslich auf Swiss GAAP

FER bzw. FER 21. Insofern kann selbst bei einer regelkonformen FER-Anwendung nicht ohne Weiteres immer das Punktemaximum erreicht werden. Auf diesen Umstand soll nachfolgend eingegangen werden.

			Mittelwerte		Abweichung vom Punktemaximum	
		Alle	Anwender Gesetz	Anwender FER	Anwender Gesetz	Anwender FER
∅	Gesamtsicht I und II	1.4	1.1	1.7	− 73%	− 58%

Tabelle 11: Untersuchungsergebnisse Aussagekraft – Rechnungslegungsnorm (I).

Bei den 13 erhobenen Fragen haben FER-Anwender durchschnittlich 1.7 Punkte erzielt. Dieser Wert liegt 58% unter dem Punktemaximum von 4. Nicht-FER-Anwender hingegen liegen mit nur 1.1 Punkten sogar 73% unter dem theoretischen Sollwert. Mit anderen Worten: Nicht-FER-Anwender haben im Mittel etwas mehr als einen Viertel (27%) der maximalen Punktzahl erreicht, FER-Anwender rund zwei Fünftel (43%).

Da nicht alle in die Untersuchung miteinbezogenen Kriterien von FER vorgeschrieben sind, werden die Ergebnisse nachfolgend nach den drei Kategorien «FER-spezifisch», «teilweise FER-spezifisch» und «nicht FER-spezifisch» unterschieden.

		Mittelwerte			Abweichung vom Punktemaximum		Signifikanzniveau[41]
		Alle	Anwender Gesetz	Anwender FER	Anwender Gesetz	Anwender FER	
a14	Bilanzierungs-/Bewertungsgrundsätze	1.1	0.6	1.8	− 85%	− 55%	hoch signifikant
a13	Finanzbericht	0.8	0.7	0.9	− 83%	− 78%	nicht signifikant
a37	Unterscheidung administrativer/produktiver Aufwand	1.8	0.9	2.7	− 78%	− 33%	hoch signifikant
a48	Angebots-/Zielbeschreibung	1.7	1.4	2.0	− 65%	− 50%	hoch signifikant
a44	Eventualverbindlichkeiten/Ereignisse nach Bilanzstichtag	0.3	0.2	0.4	− 95%	− 90%	signifikant
a39	Entschädigung Leitungsorgan	1.5	0.6	2.4	− 85%	− 40%	hoch signifikant
a46	Transaktionen Nahestehende						
∅	FER-spezifisch	1.2	0.7	1.7	− 83%	− 58%	

Tabelle 12: Untersuchungsergebnisse Aussagekraft – Rechnungslegungsnorm (II).

---

41 Getestet wird mit dem Mann-Whitney-U-Test, siehe Anhang 8.4.

Bei den oben dargestellten FER-spezifischen Fragestellungen fällt auf, dass Anwender gesetzlicher Normen deutlich höhere Abweichungen zur maximalen Punktzahl aufweisen als FER-Anwender. Eine solche Beobachtung entspricht den Erwartungen, da die Anwendung von einer weiterführenden Rechnungslegungsnorm wie FER in der Regel zu einer Erhöhung der Aussagekraft der Rechnungslegung führt.

Das in diesem Fall schlechte Abschneiden sowohl der FER-Anwender als auch der Gesetzesanwender bei den Bilanzierungs- und Bewertungsgrundsätzen sowie beim Finanzbericht dürfte in erster Linie auf das zugrunde liegende strenge Bewertungsschema (siehe Anhang 8.1.1.) zurückzuführen sein. Allerdings sind die tiefen Werte von 0.9 respektive 0.7 Punkten bei der Kommentierung der Zahlen im Finanzbericht doch überraschend.

Die Diskrepanz der zu beobachtenden Punkteverteilung beim Ausweis des administrativen Aufwands sowie bei der Angebots- und Zielbeschreibung lässt sich weitgehend mit der Anwendung der entsprechenden Rechnungslegungsnorm erklären. Allerdings hätte erwartet werden können, dass FER-anwendende NPO die maximale Punktzahl erreichen, da die verlangten Informationen eigentlich in jeder Organisation verfügbar sein sollten. Aber offensichtlich werden die FER-Richtlinien in der Praxis nicht von allen diesbezüglichen Anwendern in jedem Punkt gleich gut umgesetzt. Allerdings ist anzunehmen, dass dieses Defizit zwischenzeitlich zumindest teilweise ausgeglichen wurde. Zudem wird bei den 331 untersuchten NPO festgestellt, dass in den Revisionstestaten nur vier Einschränkungen und kein einziger Hinweis enthalten sind. Eine plausible Erklärung dafür ist, dass Verstösse gegen relevante Normen gemäss der im Erhebungsjahr 2008 geltenden Praxis nur bei einer ordentlichen Revision anzubringen sind. Die für die Offenlegung von Angebots- und Zielbeschreibung erreichten Punktzahlen von 2.0 (FER) respektive 1.4 (Gesetz) bewegen sich relativ betrachtet auf einem niedrigen Niveau. Grundsätzlich sind 50% der maximal erreichbaren Punkte für eine seitens FER explizit eingeforderte Information doch eher suboptimal. Denn diese Art von Informationen müsste in nahezu jeder Organisation vorhanden sein oder aber kann mit verhältnismässig geringem Aufwand beschafft werden.

Bei der von FER eingeforderten Offenlegung von Eventualverpflichtungen und Ereignissen nach dem Bilanzstichtag lassen sich bei FER- und Gesetzesanwendern sehr tiefe Mittelwerte von 0.4 respektive 0.2 beobachten. Ursache hierfür sind die im Anhang fehlenden Negativbestätigungen, die auf das Nichtvorhandensein wichtiger Tatbestände hinweisen sollen. Lediglich bei 28 (Eventualverpflichtungen) respektive 57 (Ereignisse nach dem Bilanzstichtag) von den insgesamt 331 untersuchten NPO sind Negativbestätigungen überhaupt vorhanden.

Hingegen zeigt die von FER ebenfalls vorgeschriebene Offenlegung der Entschädigung leitender Organe sowie von Transaktionen mit nahestehenden Personen ein ganz anderes Bild: FER-Anwender erzielen hier durchschnittlich 2.4 Punkte. Die für das Erreichen des Maximalwerts fehlenden 1.6 Punkte dürften hier ebenfalls auf nicht vorhandene Negativbestätigungen zurückzuführen sein. Im Gegensatz dazu erreichen die Anwender von Gesetzesnormen durchschnittlich nur 0.6 Punkte. In der Konsequenz bedeutet dies, dass die Offenlegung und damit die Aussagekraft der Rechnungslegung mit vergleichsweise geringem Aufwand bei diesem Kriterium deutlich verbessert werden könnten.

		Mittelwerte			Abweichung vom Punktemaximum		Signifikanz-niveau[42]
		Alle	Anwender Gesetz	Anwender FER	Anwender Gesetz	Anwender FER	
a29	Vorjahres-/Budgetzahlen	2.0	1.9	2.2	– 53%	– 45%	nicht signifikant
a06	Entgeltliche Arbeit (FTE)	1.0	0.6	1.4	– 85%	– 65%	signifikant
a40	Unentgeltliche Arbeit						
∅	**Teilweise FER-spezifisch**	1.5	1.3	1.8	– 69%	– 55%	

Tabelle 13: Untersuchungsergebnisse Aussagekraft – Rechnungslegungsnorm (III).

Die Angabe von Vorjahres- und Budgetzahlen bewegt sich sowohl bei FER-anwendenden NPO als auch bei Nicht-FER-Anwendern mit 2.2 respektive 1.9 Punkten deutlich über dem durchschnittlichen Mittel aller Fragen von 1.4. Eine Erklärung für den bei FER-Anwendern beobachteten Wert ist, dass die Einhaltung der FER-Richtlinien keine Budgetzahlen erfordert. Würde allerdings konsequent ein Soll-Ist-Vergleich mit dem Punktemaximum von 4 durchgeführt, dann würde dies den Ausweis budgetierter Zahlen bedingen.

Bei der Offenlegung der entgeltlichen sowie unentgeltlich geleisteten Arbeit wird sowohl bei FER- als auch bei Nicht-FER-Anwendern eine im Vergleich zum Gesamtdurchschnitt unterdurchschnittliche Punktzahl erreicht, wobei FER-Anwender rund zwei Drittel (–65%) unter dem Punktemaximum liegen, die übrigen Organisationen gar mehr als vier Fünftel (–85%).

---

42 Siehe Anhang 8.4.

		Mittelwerte			Abweichung vom Punktemaximum		Signifikanz-niveau[43]
		Alle	Anwender Gesetz	Anwender FER	Anwender Gesetz	Anwender FER	
a01	Offenlegung Jahresrechnung	2.7	2.1	3.3	–48%	–18%	hoch signifikant
a15	Aktivierungsgrenze	0.4	0.2	0.7	–95%	–83%	hoch signifikant
a49	Wirkungsmessung	1.4	1.2	1.5	–70%	–63%	signifikant
a34 a35	Buchführungs-/ Revisionsaufwand	0.3	0.3	0.3	–93%	–93%	nicht signifikant
a28	Erfolgsrechnungs-positionen	3.0	3.2	2.9	–20%	–28%	signifikant
∅	**Nicht FER-spezifisch**	**1.6**	**1.4**	**1.7**	**–65%**	**–57%**	

Tabelle 14: Untersuchungsergebnisse Aussagekraft – Rechnungslegungsnorm (IV).

Obwohl die Offenlegung der Jahresrechnung auf der Webseite von FER nicht explizit vorgeschrieben wird, erzielen sowohl FER-Anwender als auch Nicht-FER-anwendende NPO mit 3.3 und 2.1 die höchste bzw. zweithöchste absolute Punktzahl. Der Grund für die Differenz von 1.2 Punkten dürfte sein, dass FER-Anwender häufig zusätzlich über ein ZEWO-Gütesiegel verfügen, das die Offenlegung der Jahresrechnung vorschreibt.

Bei der Aktivierungsgrenze besteht nur eine geringe Differenz zwischen FER- und Nicht-FER-anwendenden Nonprofit-Organisationen. Obwohl deren Nennung von FER nicht explizit gefordert wird, ist die Angabe zumindest einer Aktivierungsuntergrenze für eine transparente NPO-Rechnungslegung äusserst wichtig. Die tiefen Werte von 0.7 respektive 0.2 fallen auf. Allerdings sind diese Werte nur beschränkt dem Bewertungsschema (siehe Anhang 8.1.1.) zuzuschreiben, denn lediglich bei 58 der insgesamt 331 untersuchten Organisationen lässt sich eine solche Angabe überhaupt feststellen. Diese Tatsache überrascht, da die Aktivierungsgrenze unabhängig von den im betreffenden Geschäftsjahr zu tätigenden Investitionen festgelegt werden kann. Zudem lässt sich diese Information mit verhältnismässig geringem Aufwand darstellen.

Die Offenlegung des Revisionsaufwands wird von anderen anerkannten Rechnungslegungsstandards wie IFRS zu Recht eingefordert, nicht aber von Swiss GAAP FER. Allerdings ist die Beurteilung einer einzelnen Grösse nicht immer einfach. Deshalb wäre hier die gleichzeitige Angabe des Buchführungsaufwands als Vergleichsgrösse hilfreich, um das Ergebnis plausibilisieren zu können. Empirisch wird bei diesem Kriterium mit jeweils 0.3 die tiefste Punktzahl gemessen. Ursache

---

43 Siehe Anhang 8.4.

hierfür dürfte sein, dass diesem Thema bis jetzt offensichtlich keine grosse Bedeutung beigemessen wird.

Die Übersichtlichkeit der Erfolgsrechnung wird rein quantitativ durch die Anzahl der Positionen erfasst. In der Praxis sollte diese Betrachtungsweise durch eine qualitative Erhebung (z.B. grafische Darstellung, erlebte subjektive Übersichtlichkeit) ergänzt werden. Da die Daten bei dieser Erhebung allerdings von verschiedenen Personen erhoben werden, wird dieses Kriterium quantitativ erfasst. Dadurch wird der Informationsgehalt limitiert. Die Messergebnisse werden in Kapitel 4.3.6 besprochen.

Man kann vermuten, dass die in einem Bereich eingeforderte Transparenz auch an anderen Stellen zu einem besseren Grad der Offenlegung führt. Unter dem Strich scheint die Transparenz der Rechnungslegung bei Schweizerischen NPO zuzunehmen. Ein Hinweis dafür ist, dass die Mittelwerte nicht FER-spezifischer Fragen (siehe Tabelle 14) bei FER-Anwendern insgesamt deutlich höher sind, als dies bei den Anwendern von Gesetzesnormen der Fall ist.

Die Defizite im Finanzbericht sowie bei der Angebots- und Zielbeschreibung sind substanziell, sodass hier ein hohes Optimierungspotenzial besteht (siehe Kapitel 4.3.1 und 4.3.2).

4.3. Aussagekraft Rechnungslegung Themengebiet

In den beiden vorhergehenden Kapiteln wurden die Untersuchungsergebnisse für alle Organisationen sowie die Resultate in Abhängigkeit von der angewendeten Rechnungslegungsnorm vorgestellt. Nachfolgend werden die Ergebnisse nach Themengebieten behandelt.

Der Erhebungsbogen ist so konstruiert, dass sämtliche Fragen anhand eines identischen Bewertungsrasters (0/2/4) bewertet werden. Die Abweichung zwischen dem tatsächlich erreichten Mittelwert aller einbezogenen NPO und der theoretisch maximal erreichbaren Punktzahl (4) kann man als theoretisch erreichbares Optimierungspotenzial auffassen. In der nachfolgenden Tabelle wird dieses Optimierungspotenzial in absteigender Reihenfolge für die 13 Kriterien dargestellt. Darüber hinaus werden mögliche Ursachen für tiefe Werte in fünf Kategorien eingeteilt, nämlich (i) Datenlage, (ii) Wissen, (iii) Sensibilisierung, (iv) Missstand und (v) fehlende Negativbestätigungen. Zu beachten ist, dass die Gründe für das Verbesserungspotenzial bei Gesamtsicht I uneinheitlich sind. Stufe II der Gesamtsicht beschäftigt sich nur mit der Offenlegung im Anhang, ein hohes Optimierungspotenzial ist in der Regel auf die fehlenden Negativbestätigungen zurückzuführen.

		Optim.-potenzial	Daten-lage	Wis-sen	Sensibili-sierung	Miss-stand	Keine Negativ-bestät.
a15	Aktivierungsgrenze	3.6		x	x		
a13	Finanzbericht	3.2		x	x	x	
a14	Bilanzierungs-/ Bewertungsgrundsätze	2.9		x	x		
a49	Wirkungsmessung	2.6	x	x	x	x	
a48	Angebots-/Zielbeschreibung	2.3	x	x	x	x	
a37	Adm./produktiver Aufwand	2.2	x	x	x	x	
a29	Vorjahres-/Budgetzahlen	2.0		x	x	x	
a01	Offenlegung Jahresrechnung	1.3		x	x	x	
a28	Erfolgsrechnungspositionen	1.0		x	x		
∅	**Gesamtsicht I**	**2.3**					
a44 a44	Eventualverbindlichkeiten Ereignisse nach Bilanzstichtag	3.7		x	x	x	x
a34 a35	Buchführungs-/ Revisionsaufwand	3.7	x	x	x	x	x
a06 a40	Entgeltliche Arbeit (FTE) Unentgeltliche Arbeit	3.0	x	x	x	x	x
a39 a46	Entschädigung Leitungsorgane Transaktionen Nahestehende	2.5		x	x	x	x
∅	**Gesamtsicht II**	**3.2**					
∅	**Gesamtsicht I und II**	**2.6**					

Tabelle 15: Untersuchungsergebnisse Aussagekraft – Optimierungsmatrix.

Bei fünf Fragen ist das Optimierungspotenzial bei 3 und höher; bei sechs Kriterien liegt es zwischen 2 und 3 Punkten. Mit anderen Worten: In 11 von 13 Fällen besteht ein deutliches Verbesserungspotenzial von mindestens 50%.

Damit NPO Informationen ausweisen können, müssen diese verfügbar sein. In vielen Fällen bedeutet dies einen zusätzlichen Einsatz von Ressourcen (z.B. Mitarbeiter, Informationssysteme). Ressourceneinsatz und Zeithorizont hängen von den zugrunde liegenden Ursachen ab (siehe Tabelle 15). Die Datenlage als Ursache für eine tiefe Aussagekraft der Rechnungslegung ist am schwierigsten zu beheben. Gründe hierfür sind insbesondere hohe Investitionen für entsprechende Informationssysteme (z.B. Betriebsbuchhaltung/Zeiterfassungssystem) sowie fehlende Grundlagen (z.B. Organisationsstrategie). Bei den anderen vier Ursachen ist zu vermuten, dass der grösste Teil des Optimierungspotenzials sich wahrscheinlich mit geringem Ressourceneinsatz und kurzfristig umsetzen lässt.

Nachfolgend werden die Themengebiete nach Wichtigkeit erörtert.

4.3.1. Finanzbericht

Beim Finanzbericht werden 0.8 Punkte erzielt, hier kann mit 3.2 Punkten (siehe Tabelle 15) das zweitgrösste Optimierungspotenzial ausgemacht werden. Das zur Ermittlung eingesetzte Bewertungsschema (siehe Anhang 8.1.1) wird nachfolgend kurz erläutert. So sollte die Kommentierung sowohl die Vergangenheit als auch die zukünftige Entwicklung einer Organisation umfassen. Wichtig ist hierbei, dass die Kennzahlen von Ertrags- und Kostensituation, Liquidität und getätigten Investitionen ausreichend berücksichtigt werden. Insgesamt werden sechs Kategorien erhoben. Beim Erreichen mindestens zweier Ausprägungsmerkmale werden 2 Punkte vergeben, vier oder mehr Nennungen ergeben die maximale Punktzahl von 4. Das mindestens theoretisch mögliche Optimierungspotenzial ergibt sich als Differenz zwischen Punktemaximum und erzieltem Wert.

Die Auswertung zeigt, dass bei rund der Hälfte der NPO ein Finanzbericht vorliegt. Offensichtlich scheint man sich der Bedeutung dieses Instruments, das die finanzielle Situation der NPO im Gesamtzusammenhang darstellt, durchaus bewusst zu sein. Allerdings bewegt sich die erreichte Punktzahl bei beiden Gruppen auf tiefem Niveau, die Qualität der Umsetzung kann verbessert werden.

Das festgestellte hohe Optimierungspotenzial überrascht, denn das leitende Organ (Vereinsvorstand, Stiftungsrat) analysiert den Jahresabschluss in der Regel genau. Die Offenlegung wäre mit einem geringen Aufwand machbar und würde die Transparenz deutlich erhöhen.

Textbox 11: Finanzbericht – Grundlagen und Umsetzungsempfehlungen

Der Finanzbericht wird auch als Jahresbericht bezeichnet. Gemäss Art. 662 OR hat das Leitungsorgan einer Stiftung, die ein nach kaufmännischer Art geführtes Gewerbe betreibt, einen Jahresbericht zu erstellen. Auch FER sieht die Erstellung eines Finanzberichts im Rahmenkonzept (FER, 2010/11:15) vor, das für alle FER-Anwender unabhängig von deren Grösse gültig ist.

Zweck des Finanzberichts ist es, Gesamtlage und Umfeld einer Organisation in wirtschaftlicher Hinsicht zu erläutern. Im Ergebnis wird die im Jahresabschluss bereits enthaltene Vermögens-, Finanz-, und Ertragslage dargestellt, um einen Ausblick über die zukünftige Entwicklung der Unternehmung einschliesslich der Chancen und Risiken zu geben.

Siehe http://wirtschaftslexikon.gabler.de/Archiv/57138/geschaeftsbericht-v6.html.

Die Autoren der vorliegenden Studie empfehlen, die Kommentierung der Jahresrechnung an wichtigen Grössen wie Ertrag, Kosten, Investitionen und Liquidität auszurichten, sodass Risiken und Chancen angemessen dargestellt werden. Die Vergangenheit sollte im Sinne eines Soll-Ist-Vergleichs erläutert werden, wobei wesentliche Abweichungen und eingeleitete Massnahmen zu erörtern sind.

4.3.2. Leistungsbericht

Wie in Kapitel 3.2 dargestellt, wird im Rahmen dieser Studie nur auf die wesentlichen Bestandteile des Leistungsberichts eingegangen. Insofern wird lediglich die Veröffentlichung von Leistungsangebot und Zielbeschreibung sowie die Offenlegung der Wirkungsmessungsparameter untersucht.

Der Punkt der Leistungsbeschreibung weist bei 1.7 erzielten Punkten ein Verbesserungspotenzial von 2.3 aus. Im Bewertungsschema (siehe Anhang 8.1.1.) werden eine Angebots- und Zielbeschreibung mit jeweils 2 Punkten bewertet. Die gemessene tiefe Punktzahl bei diesem Kriterium wäre so eigentlich nicht zu erwarten. Denn eine NPO mit durchschnittlicher Governance sollte um die Wichtigkeit beider Aspekte wissen und entsprechend dokumentiert sein. Offensichtlich scheint sich aber die Thematik in der Realität schwieriger darzustellen, als dies auf den ersten Blick anzunehmen ist. Letztendlich dürfte jedoch kein Weg daran vorbeiführen, angestrebte Ziele und angebotene Leistungen klar zu formulieren, da die für soziale Einrichtungen zentrale Wirkungsmessung darauf basiert.

> **Textbox 12: Leistungsbericht – Grundlagen und Umsetzungsempfehlungen**
>
> Eine weitere Besonderheit von NPO ist, dass der Jahresgewinn an und für sich keinen Massstab für die Leistungsbeurteilung und damit den Erfolg darstellt. Vielmehr geht es um die Beantwortung der Fragen, ob die angestrebten Wirkungsziele tatsächlich erreicht worden sind, und ob dies unter einem effizienten Ressourceneinsatz geschehen ist.
>
> Deshalb sollte die finanzielle Berichterstattung um einen Leistungsbericht erweitert werden. Gemäss FER 21 soll über Leistungen sowohl in quantitativer als auch qualitativer Weise berichtet werden. Die beiden folgenden Erfolgsgrössen (FER 2010/11:123) sind relevant:
>
> - Die Effektivität misst, ob eine Organisation ihre Ziele erreichen kann, und ist damit ein Mass für die Wirksamkeit des Ressourceneinsatzes.
> - Die Effizienz hingegen beinhaltet das Verhältnis zwischen eingesetzten Ressourcen und dem erreichten Ergebnis, und ist damit ein Mass für die Wirtschaftlichkeit des Ressourceneinsatzes.
>
> FER 21 adressiert die oben genannten Aspekte durch (i) Empfehlungen zur Beschreibung der Leistungen, (ii) Messung der Zufriedenheit der Leistungsempfänger, (iii) Messung und Beurteilung qualitativer Ziele sowie (iv) Kennzahlen der quantitativen Zielerreichung. Aufgrund der hohen Heterogenität sozialer NPO (z.B. Branche, Grösse, Geschäftsmodell) wird die konkrete Ausgestaltung der jeweiligen Organisation selbst überlassen.
>
> Grundlegendes Ziel des Performance Measurement bei NPO ist es, privaten und öffentlichen Zuwendern Rechenschaft über den zweckmässigen und wirtschaftlichen Einsatz der Ressourcen abzulegen. Eine solche Erfolgsmessung im Sinne einer Wirkungszielerreichung setzt allerdings voraus, dass klare und überprüfbare Ziele formuliert werden. Dies führt in der Praxis häufig zur Annahme, dass der eigentliche «Erfolg» von NPO nicht messbar sei. Das ist in der Tat auch schwierig, da sich die tatsächliche Wirkung in der Regel nur mit Hilfe von Indikatoren schätzen lässt, die wiederum durch komplexe Wirkungszusammenhänge bestimmt wird (Bauer/Sander/von Arx, 2010:54).
>
> Trotzdem sollte die Messung der Wirkungszielerreichung sozialer NPO im Sinne eines Performance Measurement erfolgen. Die Existenzberechtigung einer solchen Institution ist es letztendlich, den seitens verschiedener Anspruchsgruppen erwarteten Nutzen zu erfüllen. Dieser Zusammenhang kann aus prozessualer Sicht folgendermassen dargestellt werden:

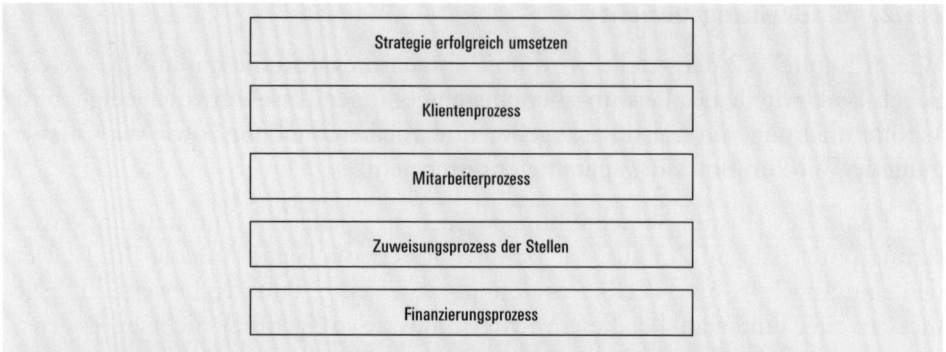

```
                    ┌─────────────────────────────────┐
                    │  Strategie erfolgreich umsetzen │
                    └─────────────────────────────────┘

                    ┌─────────────────────────────────┐
                    │         Klientenprozess         │
                    └─────────────────────────────────┘

                    ┌─────────────────────────────────┐
                    │        Mitarbeiterprozess       │
                    └─────────────────────────────────┘

                    ┌─────────────────────────────────┐
                    │   Zuweisungsprozess der Stellen │
                    └─────────────────────────────────┘

                    ┌─────────────────────────────────┐
                    │       Finanzierungsprozess      │
                    └─────────────────────────────────┘
```

Abbildung 46: Perspektiven Nutzenerwartung, entnommen aus Bauer/Sander/von Arx (2010:87).

Nachfolgend wird ausschliesslich der Klientenprozess besprochen, da diese Perspektive der Nutzenerwartung aus dem Blickwinkel der Wirkungsmessung zentral ist. Die Gestaltung und auch die Messung haben entlang der klassischen Prozessschritte Input, Throughput, Output und Outcome zu erfolgen. Nachfolgend wird exemplarisch ein Programm für obdachlose schwangere Frauen dargestellt:

	Input	Throughput	Output	Outcome
Allgemein	Ressource/Defizit Klient	Beiträge der Klienten	Erbrachte Leistung für die Klienten	Wirkung auf die Klienten
	Klientenbezogene Konzepte	Einhaltung professioneller Standards		Wirkung auf das soziale Umfeld/ Gemeinwesen
		Zufriedenheit mit den Serviceleistungen		
Beispiel	Obdachlose schwangere Frauen Empowerment und Beratung	Anteil der Frauen, die am Programm teilnehmen	Bestimmte Anzahl Gruppensitzungen Einzelberatung	Anteil der Frauen mit Erwerbsarbeit
				Anteil der Frauen mit Wohnungen
				Anteil der Frauen mit Sorgerecht

Abbildung 47: Aspekte Modellierung Klientenprozess, entnommen aus Bauer/Sander/von Arx (2010:127).

In der Praxis lässt sich häufig beobachten, dass im Rahmen einer Einführung der Wirkungszielmessung in einer ersten Phase nur Input und Outcome betrachtet werden. Basierend auf der strategischen Ausrichtung werden zuerst die erwünschte Wirkung und die dazu gehörigen Wirkungsziele (Outcome) definiert. In der Regel wird dabei eine zeitliche Staffelung (z.B. kurz-/mittel-/langfristig) vorgenommen. Anschliessend werden Inputfaktoren und fachspezifische Konzepte bestimmt. In einem weiteren Schritt werden die Faktoren zueinander in Beziehung gesetzt und gegebenenfalls durch wichtige externe Faktoren (z.B. Erwerbslosenquote) ergänzt.

Bei den im Leistungsbericht oder an anderer Stelle offenzulegenden Messinstrumenten und Indikatoren hinsichtlich des tatsächlich erzielten Outcome (Wirkungszielerreichung) werden durchschnittlich 1.4 von insgesamt 4 Punkten erreicht. Dabei wird die Einschätzung durch Nutzer und Professionals (mindestens ein Kreuz) respektive durch Mitarbeiter mit jeweils 2 Punkten bewertet. Allerdings werden rund zwei Drittel dieser Informationen nicht ausgewiesen. Gründe hierfür können sein, dass die entsprechenden Daten nur schwierig zu beschaffen sind oder aber dass es im karitativen Bereich an geeigneten Messinstrumenten sowie dem dafür nötigen Knowhow fehlt.

Die Mehrheit der untersuchten Förderorganisationen, Entwicklungshilfeorganisationen und übrigen privat finanzierten NPO verfügen im Rechnungsabschluss über einen Leistungsbericht. Allerdings steht diese Beobachtung im Gegensatz zu den Jugend- und Behindertenheimen, die nur in 15% der Fälle einen Leistungsbericht ausweisen. Diese Tatsache dürfte darauf zurückzuführen sein, dass Jugend- und Behindertenheime überwiegend nur Gesetzesnormen anwenden und deshalb keinen Leistungsbericht vorlegen müssen oder diesen z.B. aus politischen Überlegungen nicht offenlegen wollen.

Im Ergebnis lässt sich feststellen, dass sich NPO im Leistungsbericht auf die von FER 21 eingeforderten Angaben fokussieren. Beispielsweise finden sich in 54% der untersuchten Geschäftsberichte Angebotsbeschreibungen. Hingegen werden bei den fakultativen Angaben deutlich tiefere Werte erreicht. So enthalten nur 28% der Geschäftsberichte Zielsetzungen, und nur in 9% der Fälle wird überhaupt eine Messung der Wirkungszielerreichung vorgenommen. Diese Tatsache dürfte darauf zurückzuführen sein, dass FER diesbezüglich nur Empfehlungen abgibt, und dass es dafür noch keine anerkannten Berechnungs- und Darstellungsmodelle gibt.

Bei den im Leistungsbericht oder an anderer Stelle offenzulegenden Messinstrumenten hinsichtlich des tatsächlich erzielten Outcome (Wirkungszielerreichung) beträgt das Optimierungspotenzial 2.6 Punkte, erzielt werden also 1.4 Punkte. Dabei wird die Einschätzung durch Nutzer und Professionals (mindestens ein Kreuz) respektive durch Mitarbeiter (ein Kreuz) mit jeweils 2 Punkten bewertet. Allerdings weisen rund zwei Drittel der NPO diese Informationen nicht aus. Gründe hierfür können sein, dass solche Informationen nur schwierig zu beschaffen sind, oder aber dass die Grundlagen dafür fehlen.

4.3.3. Bilanzierungs- und Bewertungsgrundsätze

Bei den im Anhang zur Jahresrechnung offenzulegenden Bilanzierungs- und Bewertungsgrundsätzen kann ein Verbesserungspotenzial von 2.9 Punkten festgestellt werden. So werden als Bewertung für deren Offenlegung 2 Punkte vergeben. Bei zusätzlich genannter «Best Practice» (ein Kreuz) für die Art der Darstellung wird das Punktemaximum von 4 erreicht. Möglicherweise fehlt es den verantwortlichen Organen an Sensibilisierung, dass die Offenlegung dieser Grundsätze durchaus wichtig ist.

Bei der Aktivierungsgrenze liegt das Optimierungspotenzial bei 3.6 Punkten, d.h., es wird durchschnittlich nur ein Zehntel des Punktemaximums erreicht. Das angewandte Bewertungsschema (siehe Anhang 8.1.1.) ist streng, da eine betragsmässige

Angabe der Aktivierungsgrenze nur 2 Punkte ergibt, für die volle Punktzahl (4) ist eine Differenzierung der Aktivierungsbeträge nach Anlagekategorien nötig. Allerdings kann das schlechte Abschneiden nur beschränkt auf das Bewertungsschema zurückgeführt werden, da nur bei 58 der insgesamt 331 untersuchten Organisationen eine Angabe vorhanden ist. Diese Tatsache überrascht, da die Aktivierungsuntergrenze unabhängig von den im betreffenden Geschäftsjahr zu tätigenden Investitionen festgelegt werden kann. Zudem lässt sich diese Information mit verhältnismässig geringem Aufwand darstellen.

Textbox 13: Bilanzierungs- und Bewertungsgrundsätze – Grundlagen und Umsetzungsempfehlungen

FER schreibt im Gegensatz zu zivil- und obligationenrechtlichen Buchführungsvorschriften die Offenlegung der Bilanzierungs- und Bewertungsgrundsätze vor. Hingegen kann die Offenlegung der Aktivierungslimite auf freiwilliger Basis vorgenommen werden. Allerdings handelt es sich bei dieser Kennzahl um eine für die Adressaten der Bilanz durchaus wichtige Grösse.

Nachfolgend wird ein Überblick über die nach FER üblichen Bewertungsnormen häufig vorhandener Aktivpositionen gegeben:

Aktivposition	Bilanzierungs- und Bewertungsgrundsatz
Flüssige Mittel	Nominalwert
Fremdwährungen	Devisenkurs per Bilanzstichtag
Börsenkotierte Wertschriften	Börsenkurs per Bilanzstichtag abzüglich betriebswirtschaftlich notwendiger Wertberichtigungen
Nicht börsenkotierte Wertschriften	Anschaffungswert abzüglich betriebswirtschaftlich notwendiger Wertberichtigungen
Forderungen, Finanzierungszusagen, Darlehen	Nominalwert abzüglich betriebswirtschaftlich notwendiger Wertberichtigungen
Vorräte	Anschaffungswert oder Herstellkosten oder – falls dieser tiefer ist – zum Nettomarktwert
Beteiligungen	Anschaffungswert abzüglich betriebswirtschaftlich notwendiger Wertberichtigungen
Mobiliar, IT, Maschinen	Anschaffungswert abzüglich planmässig vorgenommener Wertberichtigungen, Nutzungsdauer: Mobiliar: X Jahre, IT: Y Jahre, Maschinen: Z Jahre, Aktivierungsgrenze: CHF n
Betriebliche Immobilien	Anschaffungswert abzüglich planmässig vorgenommener Wertberichtigungen, Nutzungsdauer: U Jahre, Aktivierungsgrenze: CHF m
Nicht betriebliche Immobilien	Marktwert oder Anschaffungswert abzüglich betriebswirtschaftlich notwendiger Wertberichtigungen, Aktivierungsgrenze: CHF m

Abbildung 48: Bilanzierungs- und Bewertungsgrundsätze.

Das Thema Rückstellungen und Fonds wird in Kapitel 5.2 erläutert.

4.3.4. Offenlegung Verwaltungsaufwand

Bei der Erhebung der Offenlegung des direkt produktiven (FER 21: Projektaufwand) und indirekt produktiven Aufwands (FER 21: administrativer Aufwand) in der Erfolgsrechnung respektive im Anhang werden durchschnittlich 1.8 von maximal 4 Punkten erreicht. Die Unterscheidung im Anhang wird mit 2, diejenige in der Erfolgsrechnung mit 4 Punkten bewertet. Die Tatsache, dass hier nicht immer die nötigen betragsmässigen Unterscheidungen gemacht werden, kann häufig auf eine fehlende Kostenrechnung zurückzuführen sein. Insbesondere bei Spenden sammelnden Organisationen spielen bei der Berechnung und Offenlegung häufig «politische» Aspekte eine Rolle, und das Thema wird kontrovers diskutiert.

Textbox 14: Offenlegung administrativer Aufwand – Grundlagen und Umsetzungsempfehlungen

In der Regel benötigt jede NPO eine gewisse Verwaltung mit entsprechenden Ressourcen. In diesem Zusammenhang ist es wichtig, dass sich Spender ein Bild über die Höhe des administrativen Aufwands machen können. Und so ist es nur folgerichtig, dass FER 21 (FER 2010/11:120) fordert, den administrativen Aufwand in der Erfolgsrechnung gesondert auszuweisen. Beim Umsatzkostenverfahren kann der Ausweis entweder in der Erfolgsrechnung oder im Anhang erfolgen (FER 2010/11:122).

Allerdings unterscheidet FER nicht nach administrativem oder direkt produktivem Aufwand, d.h., eine klare Abgrenzung fehlt. Vor diesem Hintergrund wurde von ZEWO eine Studie durchgeführt, die 2008 als Leitfaden unter dem Titel «Methodik zur Berechnung des administrativen Aufwands» veröffentlicht wurde. ZEWO-zertifizierten Einrichtungen wird deren Einhaltung empfohlen, jedoch nicht verbindlich auferlegt.

In nachfolgender Abbildung sind wesentliche Merkmale der entsprechenden Definitionen dieses Leitfadens dargestellt.

	Administrativer Aufwand	Projekt- bzw. Dienstleistungsbegleitungsaufwand	Direkter Projekt- bzw. Dienstleistungsaufwand
Ressourceneinsatz für statutarische Zielerreichung	Indirekter Beitrag	Direkter führungsmässiger Beitrag (z.B. Planung, Auswahl, Begleitung und Kontrolle von Projekten)	Direkter produktiver Beitrag
Wegfall Ressourceneinsatz bei Wegfall Projekt bzw. Dienstleistung	Nicht gegeben	Teilweise gegeben	Gegeben

Abbildung 49: Abgrenzungskriterien Aufwandsarten, anlehnend an Stiftung ZEWO (2008:23f.).

Die im Leitfaden verwendete Terminologie bezieht sich vornehmlich auf projektbezogene Organisationen (z.B. Entwicklungshilfeorganisationen). So sind die Begriffe für andere Branchen (z.B. Heime) nur beschränkt zutreffend und deshalb nicht immer direkt anwendbar.

In der Regel gilt in der Praxis die Datenverfügbarkeit als grösstes Hindernis für den Ausweis des administrativen Aufwands. Denn die dafür notwendige Kostenrechnung – z.B. Tabellenkalkulation oder Softwaremodul – ist in kleineren und mittleren Organisationen häufig nicht vorhanden. So ist eine entsprechende Softwareimplementierung meistens mit einem beträchtlichen Ressourceneinsatz verbunden und somit oft nur mittelfristig realisierbar. Eine Alternative kann deshalb sein, auf einen betragsmässigen Ausweis des administrativen Aufwands zu verzichten und stattdessen den nach dem Herstellungsprozess gruppierten Stellenplan auszuweisen. Ein solcher Ausweis für ein Behindertenheim mit Werkstatt und Restaurant zum Zweck der Beschäftigung und Ausbildung IV-beziehender Personen wird nachfolgend beispielhaft dargestellt:

Jahr 20XY	Indirekt produktiv	Direkt produktiv	Total Vollzeitstellen	Outsourcing (in CHF)	Anmerkung
Leistungsermöglichung					
Gesamtleitung	a	–	a + b		
Werkstatt	a	b	a + b		
Hauswirtschaft/Restaurant	a	b	a + b		
Pflegedienst	a	b	a + b		
Contolling/Finanzen	a	b	a + b	z	
Personalwesen/Ausbildung	a	b	a + b		
Total Jahresdurchschnitt	$\sum a$	$\sum b$	$\sum a+b$	$\sum z$	
Davon Ausbildungsplätze			c		
Leistungsangebot					
Geschützte Arbeitsplätze			m		Behinderte Angestellte
Davon IV-Ausbildungsplätze			o		
Pensionierte Arbeitskräfte			p		

Abbildung 50: Alternative Offenlegung administrativer und produktiver Aufwand.

4.3.5. Weitere Offenlegung Anhang

Vorliegendes Kapitel beschäftigt sich mit der Frage, welche Informationen im Anhang offengelegt werden sollen. Gewisse Aspekte wie die Offenlegung der Bewertungs- und Bilanzierungsgrundsätze oder die Offenlegung des Verwaltungsaufwands wurden weiter oben erläutert (siehe Kapitel 4.3.3 und 4.3.4).

Damit das bereits bei Gesamtsicht I (siehe Kapitel 3.4) eingesetzte dreistufige Bewertungsschema verwendet werden kann, werden jeweils zwei Aspekte der Offenlegung (z.B. Eventualverpflichtungen und Ereignisse nach dem Bilanzstichtag) zusammengefasst. In der Praxis kommt es häufig vor, dass der abgefragte Sachverhalt (z.B. Existenz von Eventualverpflichtungen) nicht zutrifft. Darauf sollte im Anhang mit einer entsprechenden Negativbestätigung hingewiesen werden (z.B. «Es liegen per Bilanzstichtag keine Eventualverbindlichkeiten vor»). Die Untersuchung hat gezeigt, dass bezüglich Negativbestätigungen ein grosses Optimierungspotenzial besteht.

Einer der beiden tiefsten erhobenen Mittelwerte kann mit 0.3 Punkten beim Ausweis der Kategorie «Eventualverbindlichkeiten/Ereignisse nach dem Bilanzstichtag» beobachtet werden. Im konkreten Fall werden nur selten Angaben zu diesen beiden Kriterien gemacht. Deren Nennung oder eine Negativbestätigung wird mit jeweils 2 Punkten bewertet. Die entsprechenden Sachverhalte dürften in der NPO-Praxis vermutlich relativ selten sein. Die Nichtexistenz sollte jedoch durch Negativbestätigungen (siehe Textbox 16) klar zum Ausdruck gebracht werden, was jedoch kaum gemacht wird.

Der andere der beiden tiefsten Mittelwerte der Gesamtsicht II (0.3 Punkte) wird beim Ausweis des Buchführungs- respektive Revisionsaufwands in der Erfolgsrechnung bzw. im Anhang festgestellt. Die Nennung eines Betrags grösser Null sowie die Abgabe einer Negativbestätigung wird mit jeweils 2 Punkten bewertet. Letzteres ist allerdings bei keiner der untersuchten Nonprofit-Organisationen vorhanden. Grundsätzlich ist davon auszugehen, dass die bei NPO anfallenden Kosten für Buchführung und Jahresabschlusserstellung relativ einfach ermittelt werden können. Falls diese Dienstleistung in-house erbracht wird, wird in der Regel ein Kostenrechnungssystem eingesetzt. Der Fall, dass eine NPO keine kostenpflichtige Abschlussprüfung durchführt, kommt in der Praxis selten vor. Ein Revisionsaufwand von Null lässt auf eine ehrenamtliche Tätigkeit des Revisors schliessen oder es wird gar keine Revision durchgeführt. In beiden Fällen wäre ein entsprechender Ausweis im Anhang wünschenswert.

Beim Fragenpaar «Angabe entgeltlicher Arbeit in Vollzeitstellen» sowie «Angabe unentgeltlicher Leistungen» wird ein Mittelwert von 1.0 Punkten erzielt, was 25% der maximal erreichbaren Punktzahl entspricht. In Bezug auf die NPO-Grösse wird eine Anzahl von grösser gleich null Vollzeitstellen mit 2 Punkten bewertet. Bei den im Anhang zu suchenden unentgeltlichen Leistungen wird eine Stundenzahl bzw. die Angabe eines Kostensatzes mit einem Betrag von grösser oder gleich Null mit jeweils 2 Punkten gutgeschrieben. Negativbestätigungen im Anhang gibt es für Vollzeitstellen keine und bei den unentgeltlichen Leistungen lediglich bei sieben NPO.

Textbox 15: Offenlegung im Anhang – Grundlagen und Umsetzungsempfehlungen

Neben Bilanz und Erfolgsrechnung ist der Anhang ein weiterer wichtiger Bestandteil der Jahresrechnung. Der Anhang sollte Erklärungen und Ergänzungen zu einzelnen Positionen enthalten, sodass man sich ein vollständiges Bild über die wirtschaftliche Lage der Organisation machen kann.

In Art. 663b OR sehen die aktienrechtlichen Vorschriften den Ausweis weniger Angaben in Form eines Anhangs vor. Insofern besteht nur für Stiftungen mit kaufmännischem Gewerbe eine gesetzliche Offenlegungspflicht. Hingegen wird bei Swiss GAAP FER ein Anhang vorgeschrieben, der nach FER 6.2 (2010/11:47) folgende Informationen enthalten sollte:

- Angewendete Rechnungslegungsgrundsätze, insbesondere Bewertungs- und Bilanzierungsgrundsätze (siehe Textbox 13)
- Erläuterungen zu anderen Bestandteilen der Jahresrechnung
- Weitere, in anderen Teilen der Jahresrechnung nicht berücksichtigte Angaben

Vonseiten des Gesetzes gibt es hinsichtlich Gliederung und Darstellung des Anhangs keine konkreten Vorschriften. Die durchgeführte Studie kann die allgemeine Branchenerfahrung (Treuhand-Kammer, 2009:278) bestätigen, dass in der Praxis grosse Unterschiede hinsichtlich der Ausgestaltung des Anhangs bestehen.

Bemerkenswert ist, dass mit der Veröffentlichung eines aussagekräftigen Anhangs die Transparenz und damit die Aussagekraft der Rechnungslegung unmittelbar gesteigert werden können. Und das selbst dann, wenn keine integrale Anwendung eines Rechnungslegungsstandards erfolgt. Im Anhang findet sich eine von PwC publizierte Mustercheckliste für die erfolgreiche Einführung von FER. Die Frage nach der Offenlegung im Anhang wird dort ebenfalls thematisiert.

In vorhergehenden Kapiteln wurde das Thema Negativbestätigungen anlässlich der empirischen Auswertungen behandelt. Nachfolgende Textbox enthält zusätzliche Hintergrundinformationen:

Textbox 16: Negativbestätigungen im Anhang – Grundlagen und Umsetzungsempfehlungen

Mit einer Negativbestätigung bestätigt der Ersteller des Jahresabschlusses, dass ein bestimmter Sachverhalt (z.B. Eventualverbindlichkeiten, Ereignisse nach dem Bilanzstichtag) nicht vorliegt.

Aktienrecht und FER verlangen keine Negativbestätigungen, so wie auch andere Rechnungslegungsnormen dies nicht tun. Die Vermutung liegt nahe, dass diese Art von Bestätigungen deshalb in der Praxis selten vorkommt. Bei den insgesamt 331 untersuchten Geschäfts- und Revisionsberichten sind folgende Negativbestätigungen vorhanden: Ereignisse nach dem Bilanzstichtag (58), Entschädigung des Leitungsorgans (35), Eventualverpflichtungen (28), Transaktionen mit Nahestehenden (25), unentgeltliche Arbeit (7).

HWP 2009 macht keine Angaben zu Negativbestätigungen. Hingegen findet sich in der älteren Auflage des HWP (Treuhand-Kammer, 1998:88) folgende Formulierung: «Sind bestimmte, gesetzlich verlangte Angaben im Berichts- und im Vorjahr nicht anwendbar, sind nicht notwendigerweise Negativbestätigungen vorzunehmen, denn würden notwendige Angaben fehlen, wäre dies eine Abweichung vom Grundsatz der Vollständigkeit der Jahresrechnung. Bestätigt die Revisionsstelle die Gesetzmässigkeit der Jahresrechnung uneingeschränkt, darf der Adressat der Jahresrechnung annehmen, dass keine wesentlichen Angaben fälschlicherweise weggelassen worden sind.»

Diese Überlegungen sind in der Tat überzeugend. Wie jedoch nachfolgend dargelegt wird, ist die Abgabe von Negativbestätigungen aufgrund der Besonderheiten sozialer NPO sowie der Änderungen im Revisionsrecht durchaus sinnvoll. Die Mehrheit der Gesetzesanwender dürfte nicht den aktienrechtlichen Vorschriften unterliegen und braucht somit auch keinen Anhang zu erstellen. Dennoch ist die freiwillige Offenlegung im Anhang gemäss Art. 662 OR empfehlenswert. Obwohl in solchen Fällen keine gesetzlichen Mindestangaben verlangt werden, sind die Negativbestätigungen im Sinn einer transparenten Berichterstattung zu empfehlen. Die Offenlegung kann im Anhang auch als Marketinginstrument genutzt werden, wie nachfolgendes Beispiel zeigt:

«Die Buchführung wird von der Treuhandfirma X vorgenommen, die jährlichen Kosten betragen CHF x. Der Verein, der keiner gesetzlichen Revisionspflicht unterliegt, sieht in den Statuten im Sinne einer Good Governance eine Revision vor, die von Y unentgeltlich durchgeführt wird.

Die Mitglieder des leitenden Organs haben auf die Ausrichtung der statutarisch vorgesehenen Spesenentschädigungen in Höhe von CHF z verzichtet. Es sind keine weiteren Entschädigungen vorgesehen. Die Nennungen der unentgeltlich geleisteten Arbeit sind vollständig.»

Die beiden Fragen zur Entschädigung leitender Organe respektive zum Ausweis von Transaktionen und Beziehungen zu nahestehenden Personen und Organisationen liegt mit einen Optimierungspotenzial von 2.5 Punkten im Mittelfeld der festgestellten Verbesserungsmöglichkeiten. Informationen bezüglich Entschädigungen an leitende Organe (Honorare, Spesen, Mandate oder anderes) respektive die Offenlegung mit Verneinung ergibt zwei Punkte. Die Offenlegung von Transaktionen mit Nahestehenden ergibt wiederum zwei Punkte. Explizite Negativbestätigungen finden sich in 35 (Entschädigung an leitende Organe) respektive 25 (Transaktionen mit Nahestehenden) Anhängen. Da diese Informationen vorhanden und aus Sicht des Spenders wichtig sind, wäre eine freiwillige Offenlegung durch die Anwender der gesetzlichen Vorschriften begrüssenswert.

4.3.6. Übersichtlichkeit Erfolgsrechnung

Die Übersichtlichkeit der Jahresrechnung ist ein wichtiger Aspekt, der sich unter anderem anhand der Anzahl der in der Erfolgsrechnung aufgeführten Positionen beurteilen lässt. Alle untersuchten NPO verfügen über eine Erfolgsrechnung, die durchschnittlich 27 Positionen umfasst. Die Anzahl der Positionen umfasst bei Jugend- und Behindertenheimen Werte zwischen 1 und 160, bei Förderorganisationen von 7 bis 111. Hohe Werte sind ein Hinweis darauf, dass bei einigen Organisationen bezüglich Übersichtlichkeit ein Optimierungsbedarf besteht.

Die Zusammenfassung einzelner Positionen zu übersichtlichen Gruppen erfordert zusätzliche Ressourcen. Allerdings nehmen fast alle der hier untersuchten Organisationen (97%) einen gewissen Mehraufwand in Kauf, indem die Jahresrechnung in geeigneter Form aufbereitet und nicht bloss aus der Buchhaltungssoftware ausgedruckt wird. Somit stellt sich die Frage, was mit diesem zusätzlichen Ressourcenaufwand für eine bessere Übersichtlichkeit getan werden kann.

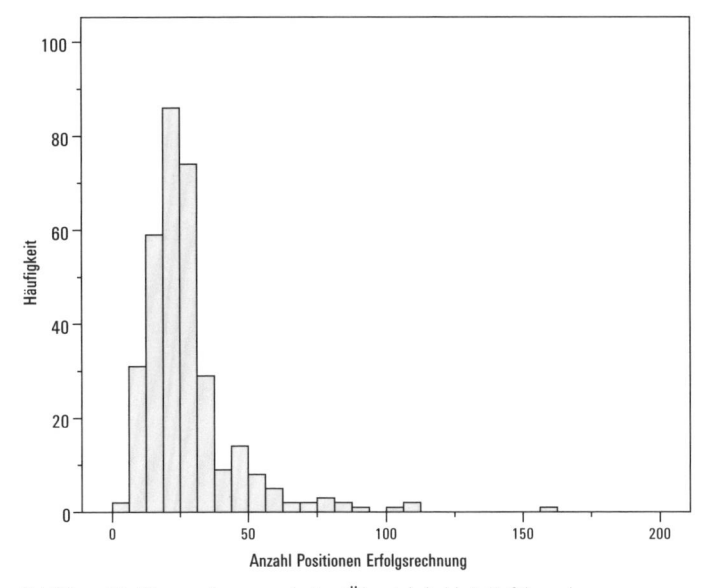

Abbildung 51: Untersuchungsergebnisse Übersichtlichkeit Erfolgsrechnung.

Ein Ausweis von 5 bis 9 Positionen wird mit 2 Punkten bewertet, 10 bis 29 ergeben das Maximum (4 Punkte). Obschon es sich dabei um eine willkürliche Einteilung handelt, dürfte unbestritten sein, dass ganz wenige (bis 4) oder sehr viele (mehr als 30) Positionen nicht unbedingt besonders aussagekräftig sind. Mit 3.0 Punkten (75%) wird hier der höchste Mittelwert bei den insgesamt 13 untersuchten Fragen festgestellt. Aufgrund fehlender qualitativer Erfassung lassen sich darauf basierend nur eingeschränkt Rückschlüsse auf eine übersichtliche Darstellung der Jahresrechnung ziehen.

4.3.7. Vergleichsmöglichkeiten Erfolgsrechnung

Vorjahres- und Budgetzahlen sind wichtige Grundlagen zur Beurteilung der Organisations- und Geschäftsentwicklung. Das Aktienrecht sowie Swiss GAAP FER schreiben in Übereinstimmung mit IFRS und IPSAS die Angabe der Vorjahreswerte in der Jahresrechnung vor. Die Angabe von Budgetwerten wird jedoch nur von IPSAS, die die Rechnungslegung des öffentlichen Sektors regelt, vorgegeben (KPMG, 2009:30). Dieser Sektor hat mit sozialen Nonprofit-Organisationen gemein, dass gegenüber Geldgebern eine erhöhte Transparenzverpflichtung besteht. Vor diesem Hintergrund ist es durchaus angemessen, auch im NPO-Bereich den Ausweis von Budgetwerten zu fordern, um einen Soll-Ist-Vergleich zu ermöglichen.

Von den hier untersuchten NPO weisen 92% Vorjahreszahlen aus, was einen Vergleich der letzten beiden Geschäftsjahre ermöglicht. Nur 13% nennen zusätzlich die budgetierten Zahlen, wobei die Spannweite zwischen den einzelnen Branchen gross ist: So sind es bei den staatlich subventionierten Organisationen 17%, bei den Entwicklungshilfeorganisationen hingegen nur 4%.

Die Angabe der Vorjahreszahlen wird mit 2 Punkten bewertet. Das Punktemaximum von 4 kann erreicht werden, wenn zusätzlich die Budgetzahlen angegeben werden. Das tiefe Optimierungspotenzial von 1.0 Punkten deckt sich mit der Erfahrung, dass Vorjahreszahlen fast immer vorhanden sind. Budgetzahlen hingegen sind selten. Dies kann ein Hinweis darauf sein, dass sich die Verantwortlichen nicht von Vorherein einer publik gemachten Budgetdisziplin verpflichten und öffentlich rechtfertigen wollen.

4.3.8. Offenlegung Jahresrechnung Webseite

Die gesetzlichen Normen verpflichten NPO nicht, den Jahresbericht zu publizieren. Hingegen beinhaltet eine ZEWO-Mitgliedschaft die Pflicht, den Jahresabschluss zu veröffentlichen.

Es kann festgestellt werden, dass 71% der untersuchten Institutionen die Jahresrechnung vollständig oder auszugsweise auf der Webseite zur Verfügung stellen. Insgesamt liegt der Geschäftsbericht sogar in 61% der Fälle in vollständiger Form vor. Beim Quervergleich der vier Branchen sind Unterschiede festzustellen. Branche 4 besteht ausschliesslich aus ZEWO-Mitgliedern, die die Jahresrechnung ohnehin zur Verfügung stellen müssen. Die Entwicklungshilfeorganisationen belegen bei der Offenlegung mit 89% Platz zwei, wohingegen die Jugend- und Behindertenheime respektive Förderorganisationen mit 62% und 57% im Vergleich dazu tiefere Werte erzielen.

Bei der erhobenen Frage nach Offenlegung der Jahresrechnung auf der Webseite der entsprechenden NPO werden für einen Zusammenzug respektive einen Kommentar zur Jahresrechnung 2 Punkte vergeben. Ist hingegen die vollständige Jahresrechnung auf der Webseite verfügbar, wird das mit der maximalen Punktzahl von 4 bewertet. Im Schnitt werden hier 2.7 Punkte (68% des Maximums) erreicht. Anzumerken bleibt, dass manche NPO den Jahresbericht gar nicht veröffentlichten, was nachvollziehbar (siehe Textbox 8) sein kann. Dennoch sollte die Diskussion über Vor- und Nachteile einer Veröffentlichung des Geschäftsberichts (z.B. auf Stufe NPO, Branchenverband, öffentliche Geldgeber, Kantone) geführt werden.

4.3.9. Zeitlicher Aspekt Berichterstattung

Bei der Beurteilung der Berichterstattung ist zu berücksichtigen, zu welchem Zeitpunkt der Geschäftsbericht veröffentlicht wird. Allerdings kann diese Frage nicht beantwortet werden, ohne weitere Informationen einzuholen. Hier werden nur die im Geschäfts- und Revisionsbericht verfügbaren Informationen berücksichtigt, sodass die Frage nach der Aktualität der Berichterstattung mittels eines Indikators beantwortet werden muss. Falls eine NPO revisionspflichtig ist oder sich freiwillig zu einer Revision verpflichtet, ist das rechtzeitige Vorliegen des Revisionsberichts eine wichtige Voraussetzung zur Rechenschaftsablage, beispielsweise gegenüber dem Stiftungsrat oder den Vereinsmitgliedern. In der durchgeführten Erhebung wird deshalb die Zeitdauer zwischen Geschäftsjahresende und Erscheinungsdatum des Revisionsberichts in Tagen gemessen. Diese Differenz dient als Mass für die Zeitnähe der Rechenschaftsablage.

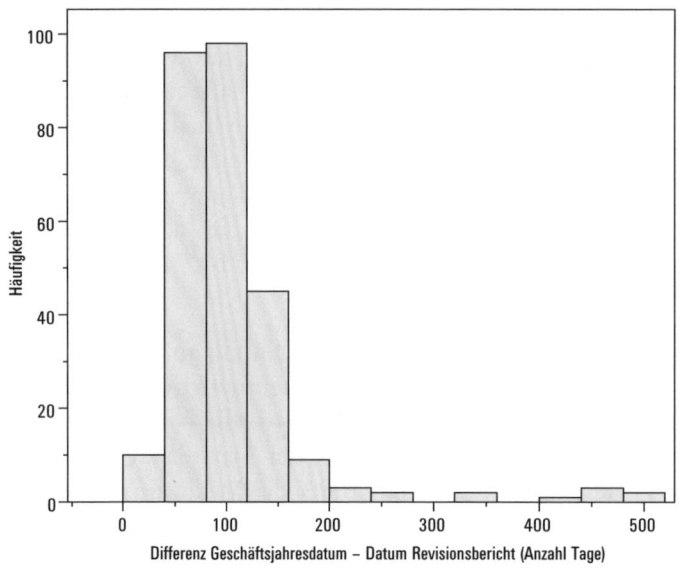

Abbildung 52: Untersuchungsergebnisse zeitliche Aspekte Berichterstattung.

271 (95%) von insgesamt 287 vorliegenden Revisionstestaten sind datiert, sodass eine aussagekräftige Datenmenge ausgewertet werden kann. Es kann festgestellt werden, dass der Revisionsbericht im Schnitt 104 Tage nach Geschäftsjahresende vorliegt. Bei der Hälfte der untersuchten NPO ist dies innerhalb von 89 Tagen der Fall. Da es in Bezug auf das Erscheinungsdatum keine spezifischen Regelungen gibt, wird die gemäss aktienrechtlichen Vorschriften vorgegebene Maximaldauer von 180 Tagen als Benchmark verwendet. Allerdings sei angemerkt, dass die Generalversammlung, insbesondere bei kleineren Aktiengesellschaften, nicht immer innerhalb dieser sechs Monate durchgeführt wird und teilweise sogar deutlich zeitverzögert stattfindet. Insofern kann das vorliegende Resultat dahingehend interpretiert werden, dass NPO um eine zeitnahe Rechenschaftsablage bemüht sind. Die in obiger Abbildung beobachteten wenigen Extremwerte dürften aller Wahrscheinlichkeit nach auf besondere Umstände zurückzuführen sein.

4.4. Aussagekraft Rechnungslegung Branche

Die einzelnen Themengebiete wurden bereits im vorangehenden Kapitel besprochen. Nun wird nachfolgend die Gesamtsicht thematisiert; dabei steht die Frage im Vordergrund, inwiefern die erzielten Werte von verschiedenen Einflussfaktoren wie Branche, Organisationsgrösse oder Spendenertrag abhängig sind. Weitere Zahlen sind im Anhang verfügbar (siehe Anhang 8.3). In dieser Erhebung steht unter anderem der Erkenntnisgewinn für die vier Branchen im Fokus des Interesses. Deshalb sind die Unterschiede bezüglich Aussagekraft der Rechnungslegung besonders interessant.

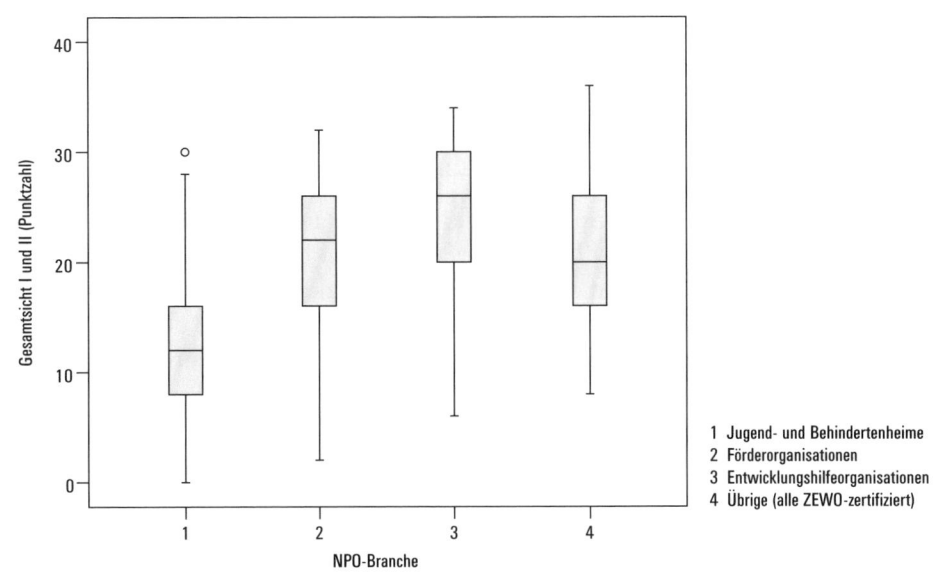

Abbildung 53: Gesamtsicht I und II – Branche.

Ein Blick auf die obige Abbildung zeigt, dass erhebliche branchenspezifische Unterschiede bestehen. Unter Berücksichtigung der bereits gewonnenen Erkenntnisse sollen nachfolgend die wichtigsten Besonderheiten diskutiert werden. Die von den einzelnen Branchen erzielten Resultate werden nach erreichter Punktzahl in absteigender Reihenfolge behandelt.

«Klassenprimus» ist Branche 3, die sowohl beim Median (26 Punkte) als auch beim 25-/75%-Quantil (20 respektive 30 Punkte) die höchste Punktzahl erreicht. Dieses Resultat ist nicht überraschend, wenn man bedenkt, dass es sich bei den zugrunde liegenden NPO um Entwicklungshilfeorganisationen handelt, die sich hauptsächlich über Spendengelder finanzieren und FER anwenden. Zudem haben jene NGO, die staatliche Subventionen erhalten, meist verschärfte Offenlegungsbestimmungen einzuhalten (z.B. von DEZA oder SECO). Diese Faktoren führen gemäss den untersuchten Kriterien in der Tat zu einer deutlich verbesserten Aussagekraft der Rechnungslegung.

An zweiter Stelle stehen Förderorganisationen (Median 22, 25-/75%-Quantil 16 respektive 26 Punkte). Bei der Interpretation dieses Resultats ist zu berücksichtigen, dass es sich hier um ein bestimmtes Segment (Mitglieder Swissfoundations) handelt, welches tendenziell grosse und professionell geführte Institutionen umfasst. Zudem weist Branche 2 mit 75% (Durchschnitt 53%) einen hohen Anteil an Stiftungen auf. Allerdings wird die naheliegende Vermutung widerlegt, dass Stiftungen eine höhere Aussagekraft der Rechnungslegung als Vereine besitzen (siehe Kapitel 4.5).

Branche 4 umfasst ausschliesslich soziale Einrichtungen, deren ZEWO-Mitgliedschaft zur Einhaltung von FER 21 verpflichtet. Insofern entsprechen die beobachteten Ergebnisse (Median 20 Punkte, Quartile 15 respektive 26 Punkte) nicht den Erwartungen, denn sie sind leicht schlechter als diejenigen aller FER-Anwender (Median 24 Punkte, Quartile 18 und 28 Punkte).

Zu erwarten ist, dass Jugend- und Behindertenheime am schlechtesten abschneiden, was auch zutrifft (Median 12, Quartile 8 respektive 16 Punkte). Insofern deckt sich dieses Ergebnis weitgehend mit den bisherigen Erkenntnissen. Denn wie bereits erläutert (siehe Kapitel 4.2), führt eine FER-Anwendung in der Regel auch zu einer höheren Aussagekraft der Rechnungslegung. Der Anteil von FER-anwendenden NPO ist in Branche 1 mit 20% vergleichsweise gering – der Durchschnitt über alle untersuchten Organisationen beträgt immerhin 50%. Zudem wird diese Branche hauptsächlich von den Kantonen finanziert, die meistens Weisungen zur Rechnungslegung (z.B. im Rahmen eines umfassenden Leistungsvereinbarungs-Controllings) erlassen, welche häufig unterschiedlich sind. Im Rahmen der Studie wird dieser Sachverhalt als hohe Regulierungsdichte gewertet (siehe Kapitel 4.8). Zudem sind die organisatorischen Strukturen in dieser Branche komplex und die Mitarbeiteranzahl ist hoch. Dies kann dazu führen, dass in einem solchen Umfeld eine höhere Aussagekraft der Rechnungslegung schwieriger und nur mit entsprechend höheren Kosten erreicht werden kann. Falls dem tatsächlich so ist, müssten FER-Anwender von Branche 1 in der Konsequenz prinzipiell schlechtere Resultate aufweisen als diejenigen der anderen Branchen, was nachfolgend untersucht wird:

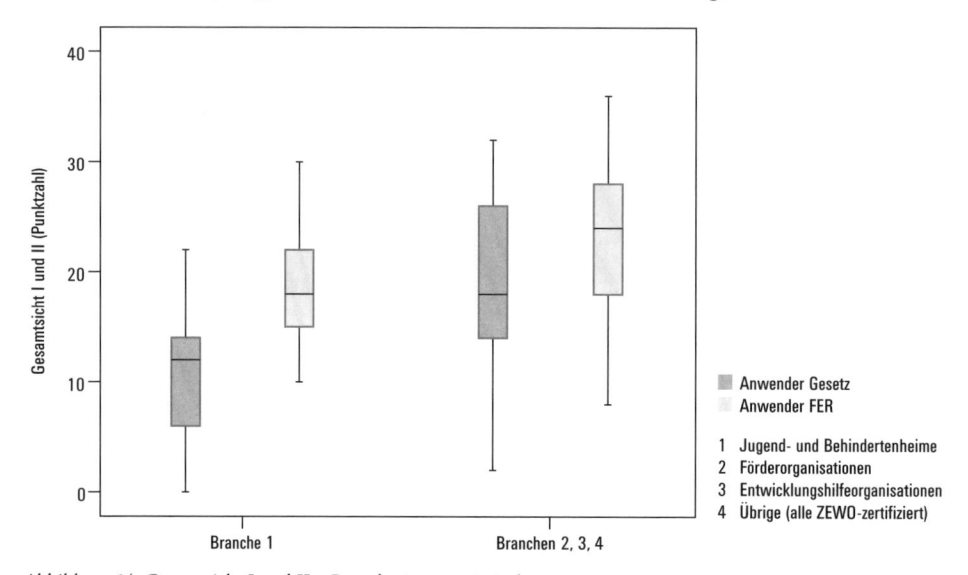

Abbildung 54: Gesamtsicht I und II – Branche 1 versus 2, 3, 4.

Die obige Abbildung bestätigt diese Vermutung: FER-Anwender bei Jugend- und Behindertenheimen sind signifikant schlechter (p[44] < 0.01)[45] als diejenigen der Branchen 2, 3 und 4.

4.5. Aussagekraft Rechnungslegung Rechtsform

Von den untersuchten NPO sind 53% in Form von Stiftungen organisiert, 41% sind Vereine. Weitere Rechtsformen sind hier unbedeutend und werden deshalb nicht berücksichtigt. Auf die Unterschiede der gesetzlichen Rechnungslegung wurde bereits (siehe Kapitel 1.5) eingegangen. Im Ergebnis wurde festgestellt, dass für Aufbauorganisation, Rechnungslegung und Revision bei Stiftungen im Vergleich zu Vereinen strengere Vorschriften gelten. Damit soll das verselbständigte Stiftungsvermögen in einem gewissen Mindestmass geschützt werden. Darauf aufbauend soll die Frage beantwortet werden, ob Stiftungen über eine höhere Aussagekraft der Rechnungslegung verfügen als Vereine.

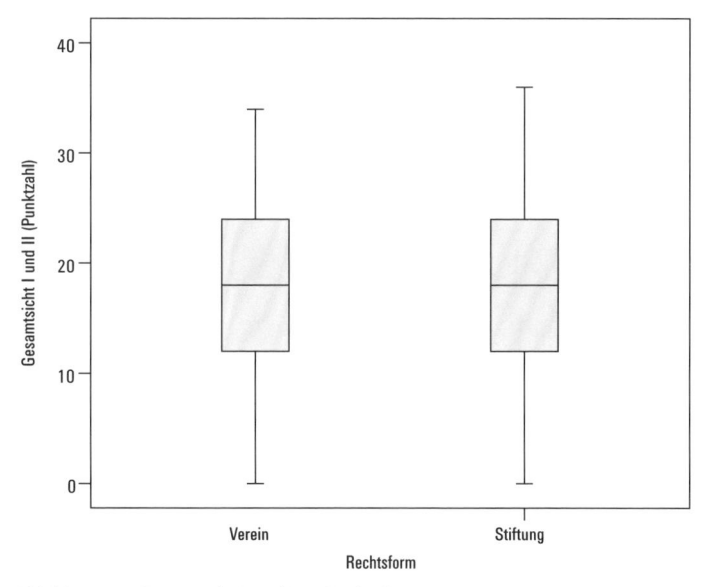

Abbildung 55: Gesamtsicht I und II – Rechtsform.

Es sind keine wesentlichen Unterschiede zwischen beiden Rechtsformen feststellbar. Zu erwarten wäre gewesen, dass aufgrund der strengen Vorschriften bei Stiftungen eine höhere Aussagekraft der Rechnungslegung erreicht wird. Wider Erwarten erzielen Vereine die gleichen Werte (Median 18 versus 18 Punkte).

---

44 Siehe Anhang 8.4.
45 Überdies zeigt die zweifaktorielle Varianzanalyse, dass eine signifikante Interaktion (p = 0.03) zwischen der Branchenzugehörigkeit und der Anwendergruppe (Gesetz/FER) besteht.

4.6. Aussagekraft Rechnungslegung Organisationsgrösse

Die Gültigkeit bestimmter FER 21-Normen (z.B. Obligatorium von Geldflussrechnung oder Rechnungsabgrenzung) bzw. zivilgesetzlicher Revisionsvorschriften (eingeschränkte/ordentliche Revision) hängt teilweise von der Organisationsgrösse ab. Da es sich um punktuelle Vorschriften handelt, dürfte der Einfluss auf die Qualität der Rechnungslegung aber eher gering sein. Dennoch soll im Folgenden der Zusammenhang zwischen Organisationsgrösse und Aussagekraft der Rechnungslegung untersucht werden, denn es ist zu vermuten, dass die Professionalität einer Einrichtung mit der Organisationsgrösse positiv korreliert. Somit ist zu erwarten, dass eine zunehmende Organisationsgrösse tendenziell mit einer besseren Transparenz einhergeht.

Es wurde festgestellt (siehe Kapitel 3.6.3), dass von den hier erhobenen Kriterien der Personalaufwand die Organisationsgrösse am besten widerspiegelt. Zudem bedeutet ein hoher Personalaufwand in aller Regel auch einen höheren Grad an Professionalisierung. Auch wurde bereits konstatiert, dass die Organisationsgrösse zwischen den Branchen unterschiedlich ist – Gleiches gilt für die durchschnittliche Aussagekraft der Rechnungslegung. Deshalb werden neben der Organisationsgrösse auch die einzelnen Branchen näher untersucht.

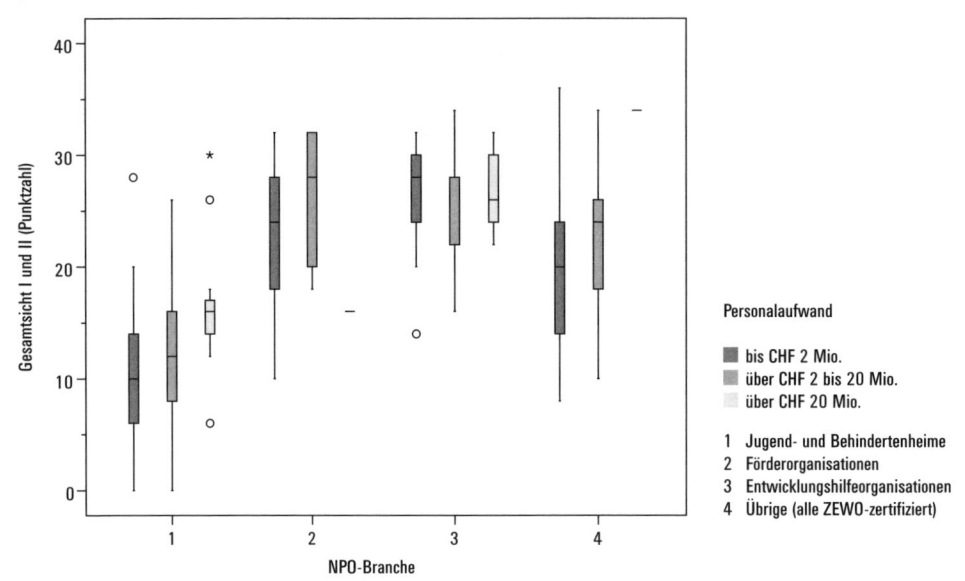

Abbildung 56: Gesamtsicht I und II – Personalaufwand (kategorisiert).

Aufgrund der hohen Differenzierung (vier Branchen und drei Grössenkategorien) ist die Anzahl der Untersuchungsobjekte pro Kategorie teilweise sehr gering. Beispielsweise ist in Branche 2 und 4 nur eine einzige grosse Organisation (über CHF

20 Mio. Personalaufwand) vorhanden. Die teilweise geringe Anzahl an Werten führt dazu, dass Einzelfälle auftreten, die nicht mehr repräsentativ sind. Die wichtigsten Erkenntnisse werden nachfolgend unter dieser Einschränkung thematisiert. Die Erwartung, dass grosse Organisationen über eine höhere Aussagekraft der Rechnungslegung verfügen, kann gemäss obiger Abbildung für die Branchen 1 und 4 bestätigt werden. Hingegen ist der bei Branche 2 von der grössten Institution erzielte Wert am tiefsten. Obwohl bei Branche 3 die grössten Organisationen den tiefsten Median aufweisen, sind die Abweichungen zwischen den einzelnen Medianen innerhalb dieser Branche vergleichsweise gering.

4.7. Aussagekraft Rechnungslegung Bedeutung Spendenertrag

Bereits mehrfach wurde aufgezeigt, dass ein transparenter Geschäftsbericht vor allem für den privaten Spender ein wichtiges Informationsinstrument darstellt (siehe Kapitel 2.1). Somit ist zu vermuten, dass Organisationen mit einem hohen Finanzierungsanteil durch Spenden darum besorgt sind, ihre externe Rechenschaftsablage besonders aussagekräftig zu gestalten. Da die Bedeutung von Spendenerträgen zwischen den Branchen unterschiedlich (siehe Kapitel 3.6.4) ist, und die Branchen bezüglich Transparenz unterschiedlich abgeschlossen haben, wird die Aussagekraft nach diesen beiden Kriterien differenziert betrachtet.

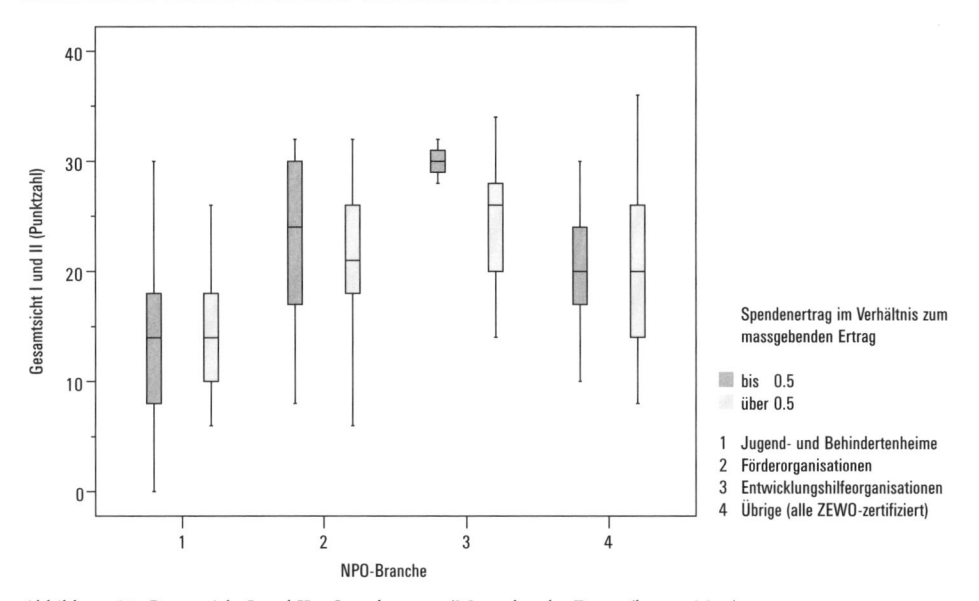

Abbildung 57: Gesamtsicht I und II – Spendenertrag/Massgebender Ertrag (kategorisiert).

Zu erwarten wäre, dass ein hoher Spendenanteil sich grundsätzlich in einer aussagekräftigen Rechnungslegung auswirkt. Diese Erwartung trifft aber nicht zu, da innerhalb der Branchen keine Unterschiede bezüglich Abhängigkeit vom Spendenertrag bestehen. Selbst in Branche 3 besteht kein signifikanter Unterschied[46] (p = 0.13). Hingegen zeigt sich, dass die Aussagekraft der Rechnungslegung branchenspezifisch ist: So weist die überwiegend durch öffentliche Gelder finanzierte Branche 1 bei beiden Kategorien die tiefsten Werte, die Entwicklungshilfeorganisationen die höchsten auf.

4.8. Verbesserung Aussagekraft Rechnungslegung

In den vorhergehenden Kapiteln wurden die Untersuchungsresultate zur Aussagekraft der Rechnungslegung dargestellt. Neben dieser Bestandsaufnahme ist es ein Ziel, der Praktikerin und dem Praktiker ein Instrumentarium zur Erhöhung der Aussagekraft der eigenen Rechnungslegung zur Verfügung zu stellen. Die daraus resultierenden Handlungsempfehlungen können in den meisten Fällen vergleichsweise kostengünstig und unmittelbar umgesetzt werden. Zweifellos ermöglicht eine aussagekräftige Rechnungslegung bessere Führungsinformationen innerhalb der NPO und ist gleichzeitig Voraussetzung dafür, dass externen Anspruchsgruppen relevante Informationen zur Verfügung gestellt werden können. Im Ergebnis sollte dadurch das Vertrauen aller Stakeholder nachhaltig gestärkt werden. Insbesondere im NPO-Bereich gilt Vertrauen als Grundvoraussetzung, um die Gunst von Anspruchsgruppen zu gewinnen.

Das im Rahmen der Studie entwickelte Instrumentarium zur Erhöhung der Aussagekraft der Rechnungslegung besteht aus (i) Self-Assessment-Tool, (ii) Handlungsmatrizen und (iii) Optimierungsmatrix. Das entsprechende Ablaufschema für Selbsteinschätzung und Optimierung der eigenen NPO ist nachfolgend dargestellt:

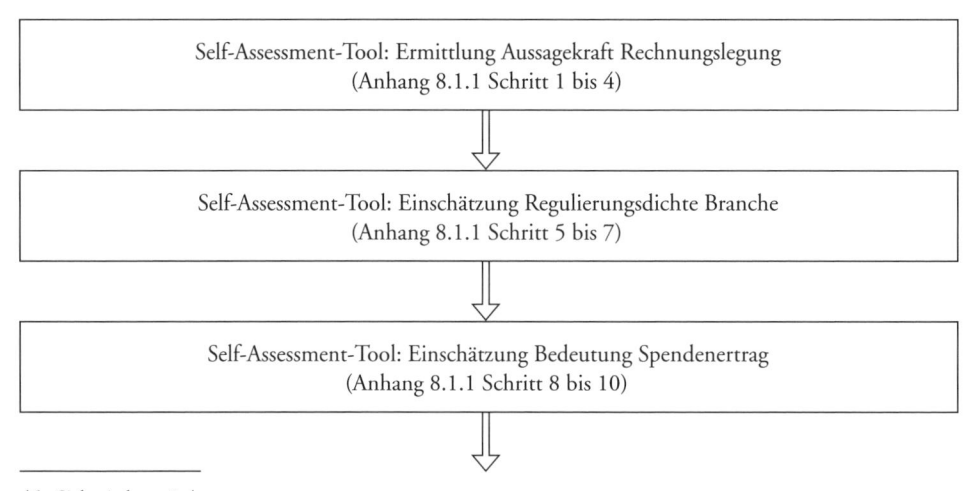

Self-Assessment-Tool: Ermittlung Aussagekraft Rechnungslegung
(Anhang 8.1.1 Schritt 1 bis 4)

⇩

Self-Assessment-Tool: Einschätzung Regulierungsdichte Branche
(Anhang 8.1.1 Schritt 5 bis 7)

⇩

Self-Assessment-Tool: Einschätzung Bedeutung Spendenertrag
(Anhang 8.1.1 Schritt 8 bis 10)

⇩

---

46 Siehe Anhang 8.4.

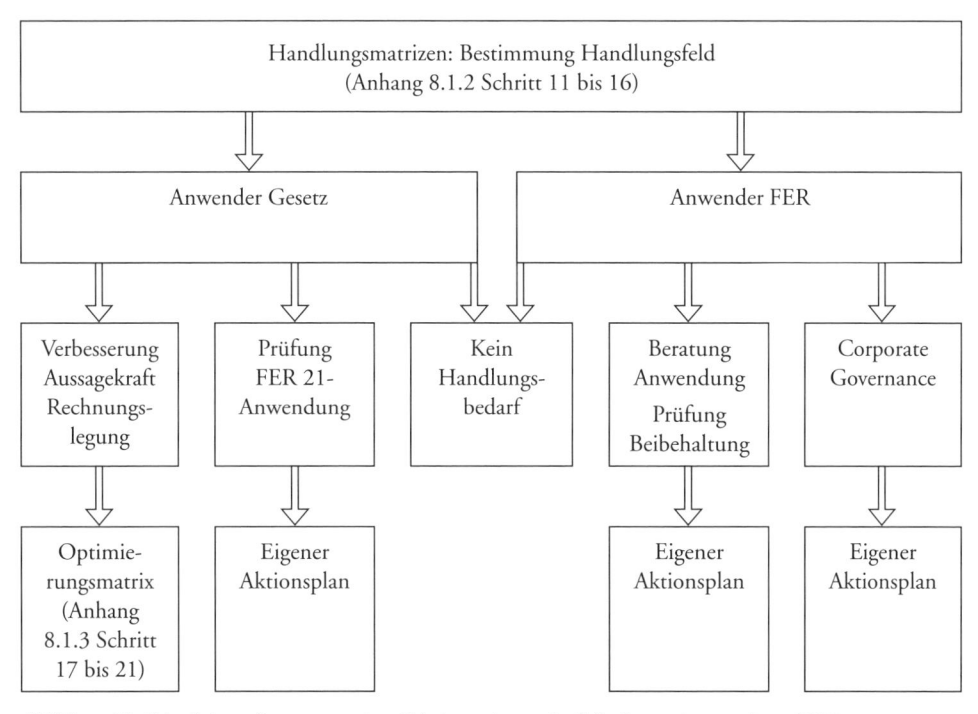

```
┌─────────────────────────────────────────────────────────────┐
│           Handlungsmatrizen: Bestimmung Handlungsfeld       │
│              (Anhang 8.1.2 Schritt 11 bis 16)               │
└─────────────────────────────────────────────────────────────┘
              ↓                                    ↓
┌───────────────────────────┐      ┌───────────────────────────┐
│      Anwender Gesetz      │      │       Anwender FER        │
└───────────────────────────┘      └───────────────────────────┘
      ↓           ↓         ↓            ↓              ↓
┌──────────┐ ┌──────────┐ ┌──────┐ ┌──────────┐ ┌──────────┐
│Verbesse- │ │ Prüfung  │ │ Kein │ │ Beratung │ │Corporate │
│  rung    │ │  FER 21- │ │Hand- │ │Anwendung │ │Governance│
│Aussage-  │ │Anwendung │ │lungs-│ │ Prüfung  │ │          │
│ kraft    │ │          │ │bedarf│ │Beibehal- │ │          │
│Rechnungs-│ │          │ │      │ │  tung    │ │          │
│ legung   │ │          │ │      │ │          │ │          │
└──────────┘ └──────────┘ └──────┘ └──────────┘ └──────────┘
      ↓           ↓                     ↓              ↓
┌──────────┐ ┌──────────┐          ┌──────────┐ ┌──────────┐
│Optimie-  │ │ Eigener  │          │ Eigener  │ │ Eigener  │
│rungsmatrix│ │Aktionsplan│         │Aktionsplan│ │Aktionsplan│
│(Anhang   │ │          │          │          │ │          │
│8.1.3 Schritt│          │          │          │ │          │
│17 bis 21)│ │          │          │          │ │          │
└──────────┘ └──────────┘          └──────────┘ └──────────┘
```

Abbildung 58: Ablaufschema Instrumentarium Erhöhung Aussagekraft Rechnungslegung eigene NPO.

Zuerst wird mit Hilfe des Self-Assessment-Tool der Status quo der eigenen NPO bezüglich Aussagekraft der Rechnungslegung anhand einer Punktzahl ermittelt und in die Kategorien «Hoch» und «Tief» eingestuft. Zusammen mit der Höhe der Regulierungsdichte und der Bedeutung des Spendenertrags für die Organisation wird ein Handlungsfeld in der dazugehörigen Handlungsmatrix bestimmt.

Die Bestimmung der Regulierungsdichte (Kategorien «Hoch» und «Tief») erfolgt durch eine Einschätzung gemäss Self-Assessment-Tool, wobei vor allem relevant ist, ob (i) mit der öffentlichen Hand eine Leistungsvereinbarung geschlossen wurde, (ii) die öffentliche Hand Weisungen zur Rechnungslegung und/oder Kostenrechnung erlassen hat und (iii) ein Reporting einfordert. Unbestritten dürfte sein, dass solche Weisungen bei sachgemässer Berücksichtigung die Aussagekraft verfügbarer Zahlen erhöhen und damit die Vergleichbarkeit von NPO untereinander verbessern können. Das bedeutet, dass dadurch auch die Transparenz gegenüber internen und externen Stakeholdern mit vergleichsweise geringem Kostenaufwand unmittelbar erhöht werden kann.

Die Veröffentlichung eines umfassenden und transparenten Geschäftsberichts ist insbesondere dann wichtig, wenn Spenden für die NPO eine hohe Bedeutung haben. Die Einordnung erfolgt im Rahmen des Self-Assessment-Tool anhand eigener Einschätzung in die Kategorien «Tief», «Mittel» und «Hoch», wobei neben objektiven (z.B. hoher Anteil Spendenertrag) auch subjektive Kriterien (z.B. alternative Finanzierungsmöglichkeiten, Liquiditätsreserven, liquidierbare Vermögensbestandteile, Reputation) eine wichtige Rolle spielen. Nicht zu vernachlässigen sind auch Spenden als Finanzierungsquelle für ansonsten nicht durchführbare Projekte oder Vorhaben.

Ein tiefer Wert der Aussagekraft der Rechnungslegung bei Gesetzesanwendern kann darauf zurückgeführt werden, dass (i) die zugrunde liegenden Normen rudimentär ausgestaltet sind, dass (ii) deren Umsetzung nicht sachgerecht vorgenommen wird oder (iii) keine weitergehende freiwillige Offenlegung stattfindet. Bei FER-anwendenden NPO ist die Ausgangslage eine andere, denn die Norm an sich sollte in der Regel zu einer hohen Aussagekraft der Rechnungslegung führen. Wenn dies nicht der Fall ist, liegt eindeutig ein Umsetzungsproblem vor. Dann sollte man sich die Frage stellen, ob durch zusätzliche Ressourcen die Qualität verbessert werden kann. Ansonsten ist gegebenenfalls zu prüfen, ob eine FER-Anwendung überhaupt notwendig ist und beibehalten werden soll.

Aufgrund der Tatsache, dass die Ausgangslage bei Gesetzes- und FER-Anwendern unterschiedlich ist, werden deshalb für beide Gruppen jeweils proprietäre Handlungsmatrizen (Gesetz: I und II, FER: III und IV) verwendet, deren Handhabung nachfolgend beschrieben wird.

4.8.1. Handlungsmatrizen Anwender Gesetz

Bei ausschliesslicher Anwendung der gesetzlichen Rechnungslegungsnormen sind nach der Ermittlung der Ergebnisse aus dem Self-Assessment-Tool (Aussagekraft, Regulierungsdichte, Spendenbedeutung) folgende Handlungsmatrizen anzuwenden.

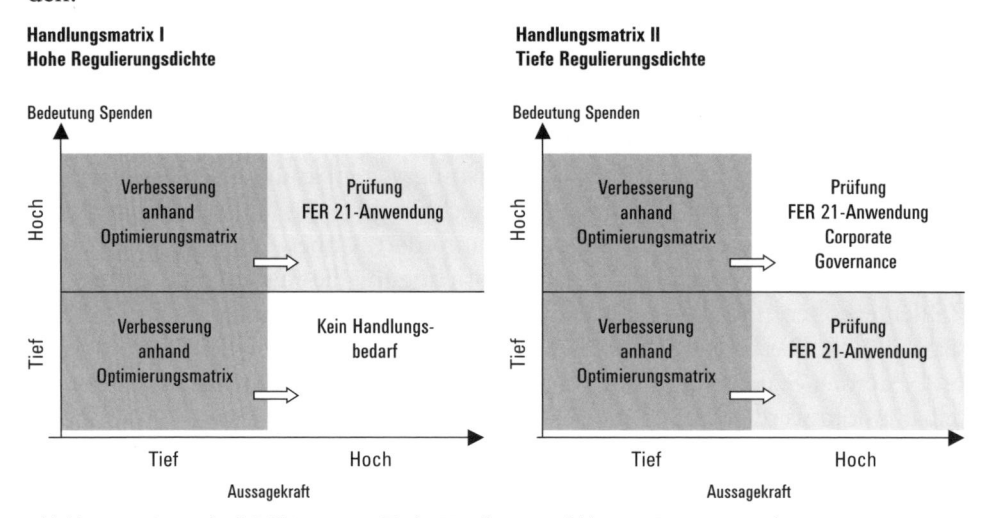

Abbildung 59: Aussagekraft Self-Assessment-Tool – Handlungsempfehlungen Gesetzesanwender.

Bei hoher als auch tiefer Regulierungsdichte ist bei einer tiefen Aussagekraft der Rechnungslegung (Handlungsmatrizen I und II, dunkelgraue Felder) ungeachtet der Wichtigkeit der Spenden eine Verbesserung anzustreben. In diesen Fällen ist die Aussagekraft der Rechnungslegung mit Hilfe der Optimierungsmatrix zu erhöhen. Um dies zu erreichen, sind die Fragen des Self-Assessment-Tool mit Verbesserungspotenzial[47] in die Optimierungsmatrix einzutragen. Als Nächstes ist die Ursache für das schlechte Abschneiden des jeweiligen Kriteriums zu bestimmen, da der dafür notwendige Ressourceneinsatz und Zeithorizont massgeblich davon abhängt. Mit vergleichsweise geringem Ressourceneinsatz und innerhalb kurzer Frist können folgende Ursachen behoben werden: (i) Fehlendes Wissen, (ii) mangelnde Sensibilisierung, (iii) vorhandener Missstand oder (iv) nicht vorhandene Negativbestätigungen. Anders verhält es sich, wenn die Datenlage die Ursache für eine wenig aussagekräftige Rechnungslegung ist, da dann in der Regel deutlich grössere Anstrengungen zur Beseitigung eines solchen Defizits notwendig sind.

Falls eine NPO mit einer aussagekräftigen Rechnungslegung in einem hoch regulierten Umfeld tätig und gleichzeitig von Spenden abhängig ist (Matrix I, hellgraues Feld), dann ist die weitere Anwendung von FER 21 zu prüfen. Besteht hingegen bei hoher Aussagekraft eine geringe Abhängigkeit von Spenden (Matrix I, weisses Feld), ist kein Handlungsbedarf angezeigt.

Bei einer tiefen Regulierungsdichte ist es wichtig, dass die notwendigen Informationen zur Verfügung stehen, da diese häufig auch für Führungszwecke benötigt werden. Falls die Aussagekraft hoch ist (Matrix II, hellgraues und weisses Feld), sollte dennoch die Anwendung von FER 21 geprüft werden. Falls Spenden zudem eine wichtige Rolle spielen (Matrix II, weisses Feld), ist zusätzlich zu prüfen, ob gegebenenfalls die Corporate Governance zu stärken ist.

4.8.2. Handlungsmatrizen Anwender FER

Die Erzielung von tiefen Werten bei der Aussagekraft der Rechnungslegung im Self-Assessment-Tool ist bei FER-Anwendern hauptsächlich auf eine unvollständige oder nicht sachgerechte Normumsetzung zurückzuführen. Die Frage, welche Massnahmen in solchen Fällen zu ergreifen sind, ist so wie bei Anwendern der gesetzlichen Norm von folgenden Einflussgrössen abhängig: Aussagekraft, Regulierungsdichte und Spendenbedeutung. Dieser Zusammenhang wird in nachfolgender Abbildung dargestellt.

---

47 Das Optimierungspotenzial pro Frage wird im Self-Assessment-Tool (siehe Anhang 8.1.1) bestimmt und kann die Werte 4 oder 2 Punkte haben. Es berechnet sich als Differenz zwischen maximaler Punktzahl 4 abzüglich tatsächlich erreichter Punkte (0 oder 2 Punkte). Falls in einer Frage 4 Punkte erzielt werden, ist das Optimierungspotenzial Null.

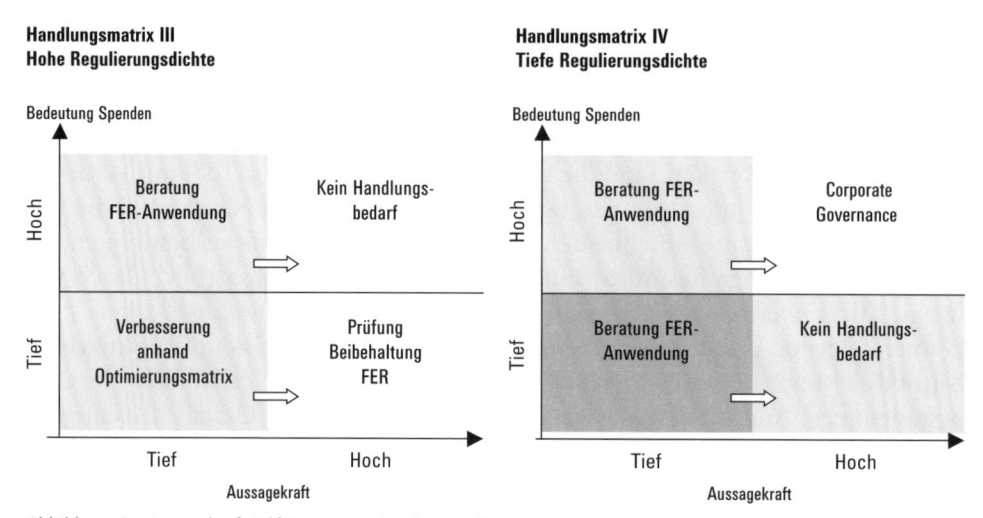

Abbildung 60: Aussagekraft Self-Assessment-Tool – Handlungsempfehlungen für FER-Anwender.

Der ungünstigste Fall liegt vor, wenn trotz Anwendung einer eigentlich aussagekräftigen Norm dennoch nur eine geringe Aussagekraft erreicht wird und dieses Defizit nicht durch die Rechnungslegung regulierende Vorschriften der öffentlichen Hand kompensiert werden kann (Matrix IV, dunkelgraues Feld). Es liegt eine gewisse Dringlichkeit vor, sodass geeignete Sofortmassnahmen (z.B. Verbesserung mittels Optimierungsmatrix mit anschliessender externer Beratung FER-Anwendung) zu ergreifen sind.

Anders ist die Situation zu beurteilen, wenn der gleiche Fall (tiefe Aussagekraft, tiefe Bedeutung von Spenden) in einem Umfeld mit hoher Regulierungsdichte (Matrix III, hellgraues Feld unten) auftritt, da aufgrund der Weisungen der öffentlichen Hand meist bessere Führungsinformationen zur Verfügung stehen. Auch wenn hier keine hohe Dringlichkeit einer Veränderung besteht, sollte eine Verbesserung mittels Optimierungsmatrix vorgenommen werden. Dazu sind die Fragen des Self-Assessment-Tool mit Optimierungspotenzial[48] in die Optimierungsmatrix einzutragen (siehe Anhang 8.1.3). Als Nächstes ist die Ursache für das schlechte Abschneiden des jeweiligen Kriteriums zu bestimmen, da der dafür notwendige Ressourceneinsatz und Zeithorizont massgeblich davon abhängt. Mit vergleichsweise geringem Ressourceneinsatz und innerhalb kurzer Frist können folgende Ursachen behoben werden: (i) Fehlendes Wissen, (ii) mangelnde Sensibilisierung, (iii) vorhandener Missstand oder (iv) nicht vorhandene Negativbestätigungen.

Falls eine NPO mit tiefer Aussagekraft in einem hoch regulierten Umfeld tätig ist und eine hohe Abhängigkeit von Spenden (Matrix III, hellgraues Feld oben) be-

---

48 Das Optimierungspotenzial pro Frage wird im Self-Assessment-Tool (siehe Anhang 8.1.1) bestimmt und kann die Werte 4 oder 2 Punkte haben. Es berechnet sich als Differenz zwischen maximaler Punktzahl 4 abzüglich tatsächlich erreichter Punkte (0 oder 2 Punkte). Falls in einer Frage 4 Punkte erzielt werden, ist das Optimierungspotenzial Null.

steht, dann sollte der Beizug von Beratern erwogen werden. Ziel ist, die Umsetzungsqualität von FER zu erhöhen, sodass den Spendern die notwendigen Informationen innerhalb nützlicher Frist zur Verfügung gestellt werden können. Im Hinblick auf die Tatsache, dass Führungskräfte bei hoher Regulierungsdichte in der Regel über ausreichende Informationen verfügen, ist eine solche Massnahme als nicht dringlich einzustufen.

Hingegen bedeutet die Erzielung einer hohen Aussagekraft in einem hoch regulierten Umfeld, dass sowohl die freiwilligen als auch die vom Geldgeber eingeforderten Informationen bei der NPO zu einer aussagekräftigen Rechnungslegung beitragen. Der dafür notwendige Ressourceneinsatz (Matrix III, weisses Feld oben) scheint bei hoher Bedeutung des Spendenertrags gerechtfertigt zu sein, um Finanzierer mit relevanten Informationen versorgen zu können. Falls diese Stakeholdergruppe jedoch unbedeutend ist (Matrix III, weisses Feld unten), ist die Anwendung einer Accounting-Norm wie FER einer vertieften und umfassenden Neuprüfung zu unterziehen, da die für einen aussagekräftigen Geschäftsbericht eingesetzten Ressourcen dem dadurch erzielbaren Nutzen zu entsprechen haben.

Eine tiefe Regulierungsdichte bedeutet in der Regel, dass der Geschäftsbericht auch für Führungskräfte eine wichtige Informationsquelle darstellt, sodass eine hohe Aussagekraft der Rechnungslegung angestrebt werden sollte, die sich in einer hohen Punktzahl widerspiegelt. Tiefe Werte in der Aussagekraft sind wieder ein Hinweis darauf, dass ein Umsetzungsproblem vorliegt. Es ist zu unterscheiden, ob Spenden eine tiefe (Matrix IV, dunkelgraues Feld, siehe zweiter Abschnitt dieses Kapitels) oder eine hohe Bedeutung (Matrix IV, hellgraues Feld) haben. In letzterem Fall ist die Umsetzung durch geeignete Massnahmen (z.B. Beratung) zu verbessern, wobei eine gewisse zeitliche Dringlichkeit besteht.

In einer nicht regulierten Branche ist die Erzielung hoher Werte in der Aussagekraft unabdingbar, da diese Informationen häufig auch für Führungszwecke genutzt werden. Der für die Umsetzung von FER 21 notwendige Ressourceneinsatz lohnt sich unabhängig von der Spendenwichtigkeit (Matrix IV, weisse Felder). Falls die Generierung von Spenden eine wichtige Rolle spielt, ist zudem zu prüfen, ob die Corporate Governance gestärkt werden soll.

5. Untersuchungsergebnisse Einzelthemen

5.1. Aktivseite

Die Aktivseite der Bilanz einer NPO unterscheidet sich in Darstellung und Bewertung grundsätzlich nicht von derjenigen eines kommerziellen Unternehmens. Für die Bewertung ist ausschlaggebend, dass die bilanzierten Positionen wesentlich und quantifizierbar sind, und dass daraus ein Nutzen[49] für die Organisation generiert wird. Bei Führung eines kaufmännischen Gewerbes durch eine Stiftung sind die aktienrechtlichen Gliederungsvorschriften entsprechend anzuwenden. Deren Einhaltung ist jedoch erfahrungsgemäss problemlos möglich, da diese kaum ins Detail gehen. Gleiches gilt für FER 21-Anwender, wobei als einzige Besonderheit «Zuwendungen mit einschränkender Zweckbindung in Form von unveräusserbaren Sach- oder Finanzanlagen» (FER 2010/11:119) im Anlagevermögen auszuweisen sind. Innerhalb der untersuchten Grundgesamtheit von 331 NPO gibt es immerhin 43 Organisationen (13%), die solche Positionen entweder im Anhang oder in der Bilanz ausweisen.

Die Problematik stiller Willkürreserven gibt es auch beim NPO-Abschluss. Aufgrund der üblichen Steuerbefreiung ist die Ursache dafür allerdings nicht fiskalisch bedingt, sondern beruht teilweise auf Bewertungsunsicherheiten[50] oder resultiert aus Überlegungen hinsichtlich des gewünschten Ergebnisausweises[51]. Dementsprechend ist der Vermögensausweis in absoluten Zahlen mit der nötigen Distanz zu interpretieren.

Die durchgeführte Analyse der Bilanzsumme (siehe Kapitel 3.6.3) bringt branchentypische Besonderheiten zum Vorschein, die in den beiden nachfolgenden Abbildungen deutlich zu erkennen sind.

---

49 Dies wäre sinngemäss der Geschäftswert nach Art. 959 OR als bilanzieller Höchstwert.
50 Z.B. bei Kunstgegenständen oder Liegenschaften, die als Schenkung oder Legat erworben werden, und bei denen der interne Nutzwert in der Regel besonders schwierig zu ermitteln ist.
51 Z.B. ein möglichst tiefer Gewinnausweis durch hohe Ansetzung der Aktivierungsgrenze, eine kurze Abschreibungsdauer oder überhöhte Wertberichtigungen.

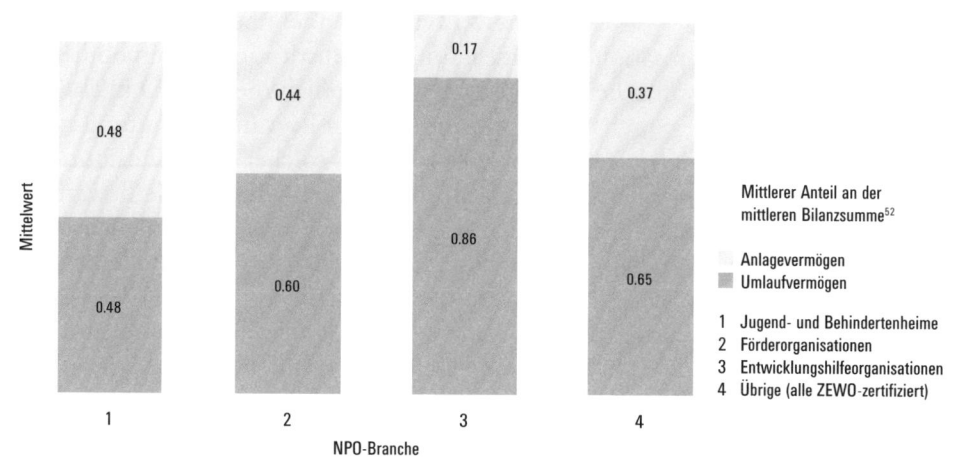

Abbildung 61: Untersuchungsergebnisse Vermögensstruktur – Umlauf- und Anlagevermögen.

Beim Vergleich der vier Branchen fällt vor allem das unterschiedliche Verhältnis von Umlauf- und Anlagevermögen auf. Erstaunlicherweise scheinen die operativ tätigen und damit personalintensiven Entwicklungshilfeorganisationen den geringsten Bedarf an betrieblichem Equipment zu haben, was sich hier im tiefsten Wert von 0.17 als Verhältnis zwischen Anlagevermögen und Bilanzsumme widerspiegelt. Demgegenüber weisen Förderorganisationen mit 0.44 einen relativ hohen Wert aus, obwohl bei dieser Branche eigentlich mit einem weit geringeren Bedarf an Personal und damit Geschäftsräumlichkeiten zu rechnen wäre. Eine Erklärung für diesen vermeintlichen Widerspruch kann sein, dass einige Förderorganisationen im Anlagevermögen wohl sehr grosse Bestände an Renditeliegenschaften ausweisen. Der höchste Anteil des Anlagevermögens (0.48) lässt sich bei vornehmlich staatlich subventionierten NPO (Branche 1) beobachten, welche in der Regel über hohe Werte bei den Betriebsliegenschaften (z.B. teure Bauten und Installationen im Heimbereich) und Mobilien (z.B. Fahrzeuge oder teure Spezialeinrichtungen) verfügen.

Darüber hinaus ist eine relativ hohe Ungleichverteilung bei Immobilien festzustellen, die in 44% der Fälle ausgewiesen werden: Ein durchschnittlicher Bestand an Liegenschaften von CHF 10.6 Mio. steht dort einem Median von CHF 3.7 Mio. gegenüber. Grösster Ausreisser ist eine Stiftung, bei der die bilanzierten Immobilien mit über CHF 220 Mio. angegeben werden. Keinen signifikanten Einfluss auf die ausgewiesene Intensität der Anlagen dürfte das gemäss FER (2010/11:30) zulässige Wahlrecht haben, nach dem Renditeliegenschaften entweder zu Marktprei-

---

52 Die Bilanzsumme wird als eigenständiger Wert erhoben. Um eine Konsistenz zu weiteren Darstellungen herzustellen, basiert auch diese Grafik darauf. Die Darstellung erfolgt indessen unter der Voraussetzung folgender Identität: Anlagevermögen + Umlaufvermögen = Bilanzsumme. Diese Idendität ist in der vorliegenden Untersuchung aufgrund von Unzulänglichkeiten (Geschäftsbericht oder Erhebung) nicht in jedem Fall gegeben. Dies führt dazu, dass die Addition der dargestellten mittleren Anteile nur annährungsweise 1 ergibt.

sen oder zu historischen Werten eingesetzt werden können: So bewerten von den 331 untersuchten Organisationen gerade einmal vier Institutionen Immobilien zu Marktpreisen. Höchstwahrscheinlich dürften aber deutlich mehr NPO über nicht betrieblich genutzte Liegenschaften verfügen. Insofern liegt die Vermutung nahe, dass nicht in allen Fällen ein fairer Vermögensausweis solcher meist substanzieller Bilanzpositionen erfolgt. Allerdings muss auch gesagt werden, dass die Bewertung von Liegenschaften sozialer Einrichtungen sich in der Praxis häufig als schwierig darstellt, beispielsweise dann, wenn es sich um renovierungsbedürftige oder speziell umgebaute Immobilien handelt. Bei Liebhaberobjekten, historischen Gebäuden oder Liegenschaften in Krisengebieten kann sich dieses Bewertungsproblem noch akzentuieren. Insbesondere bei Schenkungen und Legaten fehlt oftmals ein objektiver Bilanzwert. Dies gilt umso mehr, wenn nicht frei über die betreffende Immobilie verfügt werden kann (z.B. bei einer Beschränkung auf Nutzniessung oder einem Verkaufsverbot).

Ein weiterer Erklärungsansatz für den überdurchschnittlich hohen Anteil des Anlagevermögens bei Branche 1 und 2 könnte die Bilanzierung von Finanzanlagen als langfristiges Vermögen sein. Dementsprechend werden bei 110 der 331 untersuchten Organisationen Finanzprodukte im Anlagevermögen ausgewiesen, wobei Förderorganisationen und Jugend- und Behindertenheime mit 49% beziehungsweise 29% den höchsten Anteil haben. Da es sich in der Regel um relativ liquide Anlagen (z.B. Festgelder, börsenkotierte Wertschriften) handelt, widerspricht die Bilanzierung im Anlagevermögen eigentlich den aktienrechtlichen Bestimmungen und FER. Dennoch wird diese Bilanzierungsmethode häufig offenbar bewusst angewendet, um dem auf der Passivseite bilanzierten Fondskapital die notwendigen finanziellen Mittel zuordnen zu können.

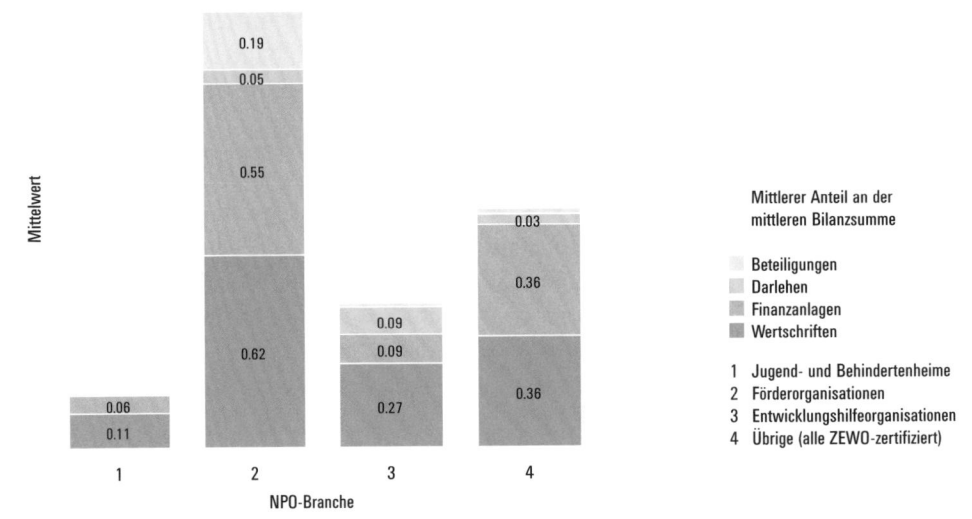

Abbildung 62: Untersuchungsergebnisse Vermögensstruktur – Wichtige Positionen.

Bei 197 NPO (60%) werden Wertschriften bilanziert, wobei lediglich in 76 Fällen auch die zugrunde liegende Anlagestrategie (Anlagereglement siehe Textbox 17) ausgewiesen wird. Erwartungsgemäss verfügen Förderorganisationen über den grössten Bestand an Wertschriften, denn deren operatives Geschäft wird üblicherweise aus dem Vermögen und den daraus erwirtschafteten Erträgen finanziert. Der Bestand an Wertschriften beträgt in dieser Branche durchschnittlich CHF 35.0 Mio. (Durchschnitt über alle Branchen CHF 13.3 Mio.), wobei der deutlich tiefere Median (CHF 8.4 Mio.) belegt, dass die betragsmässige Bandbreite der Wertschriften recht gross ist.

Zusammenfassend kann festgestellt werden, dass Wertschriften und Immobilien bei gemeinnützigen Organisationen oftmals die grössten Bilanzpositionen darstellen. Allerdings ist die Finanz- und Wirtschaftskrise auch am Nonprofit-Sektor nicht spurlos vorübergegangen, sodass zahlreiche Organisationen substanzielle Verluste auf Wertanlagen erlitten haben. Dementsprechend bewegen sich im Geschäftsjahr 2008 die Verluste bei Wertschriften grösserer Förderorganisationen im Bereich zwischen 5 und 20% (Schnurbein/Timmer, 2010:1ff.).

Textbox 17: Anlagereglement – Grundlagen und Umsetzungsempfehlungen

Manche NPO verfügen über erhebliche Vermögenswerte in Form von Wertschriftenbeständen (z.B. Aktien, Obligationen), welche langfristig an den Finanzmärkten angelegt werden, um höhere Erträge als kurzfristige Anlagen zu erbringen. Dies dürfte insbesondere auf Förderorganisationen zutreffen.

In diesem Zusammenhang sollte eine NPO ein Anlagereglement verfassen, welches folgende Punkte regelt: Grundsätze, Richtlinien, Aufgaben und Kompetenzen bei der Vermögensbewirtschaftung. Gemäss PwC (2011) haben NPO mit «einer transparenten Anlagestrategie überzeugende Argumente in der Kommunikation mit ihren Anspruchsgruppen. Sie können möglicherweise erhobene Vorwürfe, es werde Geld gehortet oder zweckentfremdet eingesetzt, wirksam entkräften.»

Im Folgenden findet sich ein Muster-Anlagereglement der BDO für Vorsorgeeinrichtungen. Eine Adaptierung auf soziale NPO ist bereits erfolgt, eine weitere Individualisierung ist jedoch noch vorzunehmen.

1 Grundsätze

Dieses Reglement legt die Ziele und Grundsätze, die Organisation und das Verfahren für die Vermögensanlage fest. Die Risikofähigkeit ist insbesondere von der finanziellen Lage abhängig. Diese bildet eine wesentliche Grundlage bei der Festlegung der Anlagestrategie. Die Vermögensanlagen erfolgen schwergewichtig in liquide und gut handelbare Anlagen, werden auf verschiedene Anlagekategorien, Märkte, Währungen, Branchen und Sektoren verteilt und erfolgen in Anlagen, die eine marktkonforme Gesamtrendite gewährleisten.

2 Anlagerichtlinien

Die NPO erlässt die in diesem Reglement enthaltenen strategischen Vorgaben, die auf ihre spezifischen Bedürfnisse und insbesondere ihre Risikofähigkeit zugeschnitten sind. Diese Vorgaben werden in Form einer Anlagestrategie konkretisiert. Die Anlagestrategie definiert pro Anlagekategorie eine strategische Normalposition sowie taktische Bandbreiten. Für die Festlegung der strategischen Vermögensstruktur sind die anlagepolitische Risikofähigkeit der NPO sowie die langfristigen Rendite- und Risikoeigenschaften der verschiedenen Anlagekategorien zu berücksichtigen. Die Erwirtschaftung kurzfristiger Gewinne steht nicht im Vordergrund. Die taktische Vermögensstruktur ist auf mittelfristige Markttrends auszurichten. Dadurch soll langfristig eine nachhaltige Stärkung der Ertragskraft des Vermögens sichergestellt werden.

3 Aufgaben und Kompetenzen

Das leitende Organ trägt die Verantwortung für die Bewirtschaftung des Vermögens, legt die Grundsätze und Ziele der Vermögensanlage fest, genehmigt das Anlagereglement und die langfristige Anlagestrategie sowie die Anlagerichtlinien und entscheidet über allfällige Erweiterungen und kann die Kompetenz für die Umsetzung der Anlagestrategie im Rahmen der Grundsätze, Zielsetzungen und Richtlinien an Ausschüsse und an Vermögensverwalter delegieren.

4 Überwachung und Berichterstattung

Die Anlagen und deren Berichterstattung sind laufend zu überwachen. Das Leitungsorgan erstellt pro Quartal ein Reporting / Controlling. Dieses beinhaltet Aussagen über die Einhaltung der taktischen Bandbreiten und der Anlagerichtlinien sowie Anlageresultate (Gesamtportfolio und pro Portfolio-Manager).

5 Wertschwankungsreserven

Zum Ausgleich von Wertschwankungen auf der Aktivseite sowie zur Gewährleistung der notwendigen Verzinsung der Verpflichtungen werden auf der Passivseite der Bilanz Wertschwankungsreserven gebildet. Die eingegangenen Anlagerisiken legen die Höhe dieser Position fest.

6 Bewertung der Anlagen

Grundsätzlich sind alle Aktiven zu Marktwerten per Bilanzstichtag zu bewerten. Massgebend sind die Kurse, wie sie von den Depotstellen ermittelt werden.

7 Schlussbestimmungen

Dieses Reglement tritt mit Beschluss des leitenden Organs in Kraft. Es ersetzt die entsprechenden bisher gültigen Bestimmungen. Dieses Reglement wird bei Bedarf vom Leitungsorgan der NPO überarbeitet.

Siehe http://www.bdo.ch/de/kompetenzen/wirtschaftspruefung/personalvorsorgeeinrichtungen.

Bei 20% der Untersuchungsobjekte sind Wertschwankungsreserven vorhanden. Diese für Korrekturen von Wertschriften eingerichtete Passivposition wird vornehmlich von Förderorganisationen (34%) und Entwicklungshilfeorganisationen (27%) verwendet, bei Heimen und Werkstätten (4%) hingegen ist eine Wertschwankungsreserve eher selten. Im Gegensatz zu Pensionskassen (FER 26) stellt FER 21 hinsichtlich Wertschwankungsreserven für soziale NPO keine verbindlichen Regeln auf (Neubert/Zöbeli, 2009:4).

Textbox 18: Wertschwankungsreserven – Grundlagen und Umsetzungsempfehlungen

Zahlreiche gemeinnützige Nonprofit-Organisationen halten Finanzanlagen, um mit nicht unmittelbar benötigter Liquidität einen zusätzlichen Ertrag zu generieren. In der Regel verfügen Vergabestiftungen über höhere Finanzanlagen als operativ tätige Stiftungen.

Aufgrund der Tatsache, dass Finanzanlagen nicht risikolos sind, bilden zahlreiche NPO Wertschwankungsreserven. Die Notwendigkeit solcher Reserven wurde insbesondere während der Finanz- und Wirtschaftskrise offensichtlich. Zweck von Wertschwankungsreserven ist es, zukünftige Kursschwankungen von Wertpapieren ausgleichen zu können.

Obschon Swiss GAAP FER 21 keine Vorgaben hinsichtlich Wertschwankungsreserven beinhaltet, dürfte deren Handhabung in der Praxis unterschiedlich sein. Empfehlenswert ist es, Wertschwankungsreserven ähnlich den Vorschriften für Pensionskassen (FER 26) auf der Passivseite unter dem Organisationskapital zu verbuchen. Denn Wertschwankungsreserven als Position des Organisationskapitals ermöglichen eine erfolgsunwirksame Äufnung mittels Gewinnverwendung. Allerdings scheint die erfolgswirksame Veränderung der Wertschwankungsreserven die Regel zu sein.

Die Veränderung der Wertschwankungsreserven sollte ausschliesslich durch einen Beschluss des Leitungsorgans erfolgen. Wertschwankungsreserven können ohne Weiteres während mehrerer Jahre gebildet werden. In der Praxis wird deren Höhe häufig mit einfachen Faustregeln bestimmt. Allerdings ist es empfehlenswert, die Höhe von Wertschwankungsreserven finanzmathematisch festzulegen, wobei u.a. Finanzvermögen, Anlagestrategie, angestrebtes Sicherheitsniveau, Zeithorizont und angestrebte jährliche Ausschüttung in Prozent des Anlagevermögens berücksichtigt werden sollten (Neubert/Zöbeli, 2009).

5.2. Passivseite

In Analogie zur Aktivseite spielen die einschlägigen gesetzlichen Vorschriften für soziale Institutionen in Bezug auf die Passivseite lediglich eine untergeordnete Rolle. Denn die für Vereine und Stiftungen geltenden Artikel des ZGB sowie die durch einen etwaigen Handelsregistereintrag zusätzlich einzuhaltenden Buchführungsvorschriften implizieren diesbezüglich keine spezifischen Normen. Die Führung eines kaufmännischen Gewerbes verpflichtet dazu, aktienrechtliche Rechnungslegungsnormen einzuhalten: Die Mindestgliederungsvorschriften enthalten keine NPO-spezifischen Besonderheiten, die Vorschriften bezüglich Rückstellungen werden nachfolgend behandelt.

Gemäss FER 21.15 soll die Passivseite in Fremdkapital (Verbindlichkeiten und Rückstellungen), Fondskapital (zweckgebundene Mittel) und Organisationskapital (freie Mittel) gegliedert werden. Letzteres können von einer Trägerschaft zur Verfügung gestellte oder aus operativer Tätigkeit erarbeitete Mittel sein. Im Gegensatz zur Forprofit-Welt steht das Organisationskapital allerdings nicht den Eigentümern zu, sondern muss im Rahmen des allgemeinen Organisationszwecks und vorhandener interner Weisungen verwendet werden. Das Fondskapital enthält zweckgebundene Mittel mit einer klaren, in der Regel durch Dritte bestimmten Einschränkung hinsichtlich des Verwendungszwecks.

Alle der NPO zur Verfügung gestellten Mittel werden schliesslich der Verfügungsmacht des Gebers entzogen. Somit trägt das Führungsorgan als übergeordnete Instanz auch die Verantwortung für deren sach- und ordnungsgemässe Verwendung, worüber nach FER 21.30 ff. im Rahmen einer sogenannten «Kapitalveränderungsrechnung» Bericht zu erstatten ist. Der Fokus der vorliegenden Studie richtet sich insbesondere auf das zentrale Element, den sogenannten «Erlösfonds». Hingegen werden die relativ selten vorkommenden Stiftungsfonds nur am Rand thematisiert.

Nebst Fondskapital stehen die Rückstellungen im Mittelpunkt des Interesses, wenn auch aus anderen Gründen: Unter dieser Position werden Verpflichtungen bilanziert, die auf in der Vergangenheit begründeten Ereignissen basieren und deren Höhe und Fälligkeit zwar abschätzbar, aber dennoch ungewiss sind (Treuhand-Kammer, 2009:238). Die Erfahrung zeigt, dass diese Bilanzposition auch für die Manipulation des ausgewiesenen Reinerfolgs eingesetzt wird. Ein wichtiges Stichwort in diesem Zusammenhang ist die Bildung und Auflösung von stillen Willkürreserven. Einerseits billigt das Aktienrecht in Art. 669 Abs. 1 OR solche Möglichkeiten zwar explizit. Andererseits beruht dieser Artikel auf einem überholten Rückstellungsbegriff, der dem True and Fair View-Prinzip klar widerspricht (siehe Zöbeli, 2003:140ff.).

Von den insgesamt 331 untersuchten Organisationen weisen bis auf eine Ausnahme alle mindestens eine Position unter Organisationskapital aus. Ungeachtet der zugrunde liegenden Organisationsform stellt das Organisationskapital mit einem Anteil von durchschnittlich 0.46 den Löwenanteil an der Bilanzsumme dar und ist damit die weitaus wichtigste Kapitalart bei NPO. Die diesbezügliche empirische Verteilung ist uniform, d.h., hinsichtlich des (relativen) Anteils an Organisationskapital ist kein Muster erkennbar. Im Hinblick auf die unterschiedliche Ertragslage und die Heterogenität der untersuchten NPO ist dieser Umstand allerdings nicht ganz überraschend.

Erlösfondskapital repräsentiert mit einem Verhältnis von durchschnittlich 0.24 zum Total die zweitwichtigste Kapitalart, die von insgesamt 64% der Organisationen der Stichprobe ausgewiesen wird. Im klaren Gegensatz dazu sind Stiftungsfonds nur gerade bei 9% der untersuchten Organisationen vorhanden.

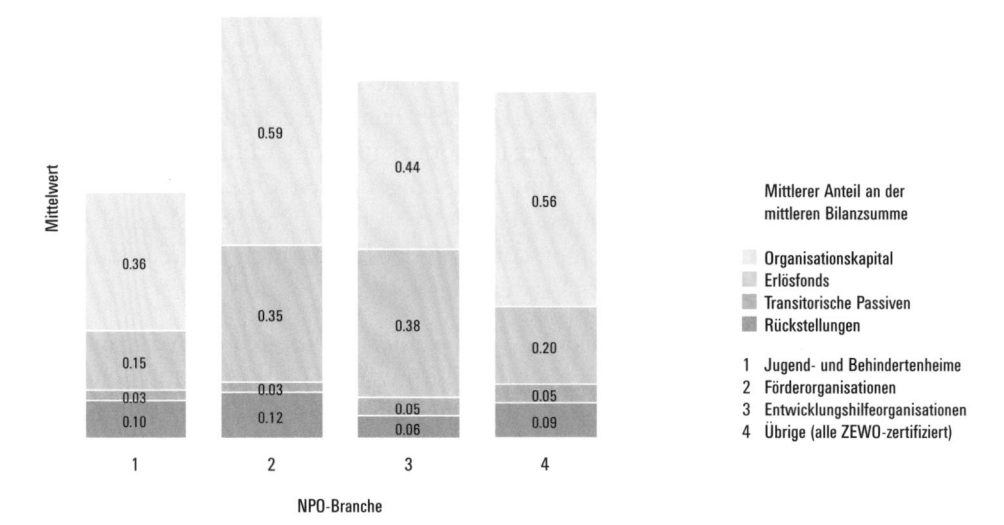

Abbildung 63: Untersuchungsergebnisse Kapitalstruktur.

Aus obiger Abbildung wird ersichtlich, dass der Anteil des Organisationskapitals an der Bilanzsumme als wichtigste Kapitalart im Quervergleich der vier Organisationsformen unterschiedlich hoch ausfällt. Dementsprechend weisen staatlich subventionierte NPO (Branche 1) mit durchschnittlich 0.36 eine vergleichsweise geringe Organisationskapitalausstattung aus, Förderorganisationen mit 0.59 hingegen den höchsten Anteil. Beim Erlösfondskapital verfügen Letztere sowie Entwicklungshilfeorganisationen über einen deutlich höheren prozentualen Anteil an der Bilanzsumme als Organisationen der Branchen 1 und 4. Überraschend ist zudem der vergleichsweise hohe Anteil von Stiftungsfonds an der Bilanzsumme bei Institutionen der Branchen 1 und 2. Obwohl nur 9% von insgesamt 331 Organisationen überhaupt Stiftungsfonds ausweisen, fallen bei diesen wenigen die absolut betrachtet überproportional hohen Beträge besonders stark ins Gewicht, was mit einem hohen Anteil an der Bilanzsumme einhergeht. Diese Beobachtung bestätigt die allgemeine Erfahrung, dass Stiftungsfonds – sofern vorhanden – in der Regel substanziell sind.

Ferner ist festzustellen, dass in den Bezeichnungen der unter Organisationskapital subsumierten Positionen eine Vielzahl verschiedener Begriffe kursieren, deren Verwendung wohl eher auf Gewohnheit denn auf sachliche Argumente gründet. Dies lässt sich unter anderem darauf zurückführen, dass FER 21 erlaubt, Bilanzpositionen «dem Zweck und den Tätigkeiten der gemeinnützigen, sozialen Nonprofit-Organisation» (FER 21.14) anzupassen. Systematisch untersucht werden hier insbesondere Bezeichnungen wie die sogenannte «Neubewertungs- und Schwankungsreserven». Allerdings kann deren Ausweis bei der Gesamtheit von 331 untersuchten Organisationen überraschenderweise in lediglich 25 Fällen konstatiert werden. Es wäre zu erwarten, dass solche Bewertungsdifferenzen bei einer Mehrzahl der untersuchten Institutionen zum Vorschein kommen. Denn die Umstellung auf FER 21 beinhaltet in der Regel auch eine Auflösung von stillen Reserven. Manche Kantone erlauben den von ihnen subventionierten Institutionen in einem gewissen Umfang die Thesaurierung erzielter Gewinne im Organisationskapital (z.B. mittels einer Wertschwankungsreserve). In der Tat kann dieser Sachverhalt bei den besagten 25 Organisationen festgestellt werden.

Beim Erlösfondskapital stellt sich ebenfalls die Frage, ob der Ausweis einer solchen Position insbesondere für FER 21-Anwender von Bedeutung ist. Eine Antwort darauf soll anhand nachfolgender Abbildung gefunden werden. Allerdings wird im Folgenden auf eine analoge Untersuchung bei Stiftungsfonds aufgrund deren geringer Verbreitung verzichtet.

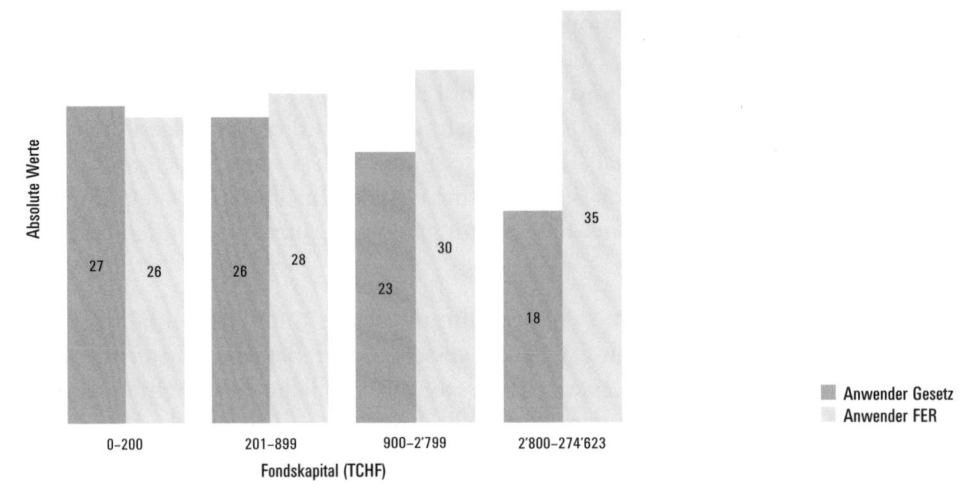

Abbildung 64: Untersuchungsergebnisse Fondskapital.

Es lässt sich beobachten, dass das Finanzierungsmodell der untersuchten NPO zwei Ausprägungen aufweist. Dementsprechend spielt der Spendenertrag in Relation zum massgebenden Ertrag entweder eine eher unbedeutende oder aber eine sehr gewichtige Rolle. Gleichzeitig kann festgestellt werden, dass sich FER 21-Anwender stärker über Spenden finanzieren, als dies die übrigen der untersuchten Organisationen zu tun pflegen. Insofern überrascht es nicht wirklich, dass insgesamt 213 NPO «Erlösfondskapital» ausweisen. Diese Beobachtung kann bei FER 21-Anwendern in 73% (119 von 163) der Fälle und damit deutlich häufiger gemacht werden als bei den übrigen (Nicht-FER-anwendenden) NPO mit nur 56% (94 von 168).

Zudem kann aufgrund weiterer, hier aus Platzgründen nicht detailliert besprochener Auswertungen festgestellt werden, dass nur 112 (53%) der Erlösfondskapital ausweisenden Organisationen die für die Transparenz notwendigen Informationen der Zuweisung respektive Verwendung im Anhang offenlegen. Notabene wäre dieser Ausweis für FER 21-Anwender eine Pflicht, welcher allerdings nur in 71% der untersuchten Fälle auch nachgekommen wird. Erfreulicherweise übernehmen 26% der übrigen nicht zu FER verpflichteten NPO einen Teil des Gedankenguts transparenter Rechnungslegung, indem Zuweisung und Verwendung von Erlösfondskapital im Anhang freiwillig offengelegt werden.

Die FER 21-Normen zur sogenannten «Rechnung über die Veränderung des Kapitals» zielen insbesondere darauf ab, die notwendige Transparenz im Fondsaccounting zu gewährleisten (siehe Meyer/Zöbeli, 2010:10f.). Insofern ist es zu begrüssen, dass ein Teil dieser Normen auch von Nicht-FER-Anwendern freiwillig übernommen wird. Allerdings muss auch konstatiert werden, dass deren konsequente Anwendung bei den dazu eigentlich verpflichteten FER 21-Anwendern noch suboptimal zu sein scheint. Diesbezüglich könnten Revisionsstellen Abhilfe schaffen, indem bei Bestätigung der FER 21-Konformität vermehrt auf gravierende Versäumnisse im Revisionsbericht hingewiesen würde.

Textbox 19: Fondsaccounting – Grundlagen und Umsetzungsempfehlungen

Zweckgebundene Spenden (z.B. in Form von Geld oder Sachanlagen) sind ein Vermögenszugang (z.B. liquide Mittel, Anlagevermögen), der eine Leistungsverpflichtung darstellt und gemäss FER 21 (2010/11:119) als eigenständige Passivposition, als sogenannter «Fonds», darzustellen ist. FER unterscheidet zwischen Erlös- und Stiftungsfonds. Da deren buchhalterische Behandlung aber identisch ist, wird hier nicht weiter auf den Unterschied eingegangen.

Die Zweckbindung wird entweder vom Spender selbst oder seitens der NPO bei öffentlichen Sammelaktionen bestimmt. Der Verwendungszweck eines Fonds kann nicht einseitig von einer bedachten Organisation geändert werden, es sei denn die ursprünglich vorgesehene Verwendung würde im Nachhinein unmöglich oder sinnlos. Inwieweit in solchen Fällen an sich berechtigte Zweckänderungen zulässig sind, wird in FER 21 nicht näher ausgeführt. Ebenso wenig ist festgelegt, wie etwaige übrige Mittel nach Projektabschluss oder vorzeitiger Zielerreichung verwendet werden dürfen. Deshalb ist wichtig, dass sowohl ein Fondsreglement (siehe Textbox 20) besteht als auch in der Kapitalveränderungsrechnung (siehe Textbox 19) über sämtliche Zweckentfremdungen Rechenschaft abgelegt wird.

FER 21 regelt die Darstellung und Offenlegung der Rechnungslegung. Die Einhaltung dieser Regel setzt eine sachgerechte buchhalterische Erfassung voraus, wobei sich FER dazu nicht äussert. Nachfolgend wird eine nicht FER-konforme (traditionell) und eine FER-konforme Variante (modern) dargestellt. Letztere orientiert sich an einem strengen Bruttoprinzip, welches aus Sicht des Spenders die notwendige Transparenz sicherstellt. Die tabellarische Darstellung der buchhalterischen Erfassung richtet sich nach der jeweiligen Prozessphase, Spendeneingang und -verwendung sowie Berichterstattung.

In nachfolgendem Beispiel wird unterstellt, dass die auf Post- und Bankkonten eingegangenen Spenden auf monatlicher Basis in freie (CHF x) bzw. zweckgebundene (CHF y) Beträge aufgeteilt und Letztere zudem (CHF y) einem zweckgebundenen Fonds zugewiesen werden. Um den Verwendungszweck zu verfolgen, müssen Ressourcen (CHF z) eingesetzt werden, wobei die erfolgswirksame Verbuchung der eingesetzten Ressourcen (z.B. Personal, Sachmittel, extern eingekaufte Dienstleistungen) beim Auftreten des Geschäftsvorfalls über das entsprechende Aufwandskonto erfolgt. Im Rahmen des Jahresabschlusses ist eine Fondsentnahme in Höhe des Ressourceneinsatzes (CHF z) zu berücksichtigen.

Geschäfts-vorfall	Verbuchung Traditionell		Verbuchung Modern[53]		CHF	Periodizität	Anmerkung
Spendeneingang	Flüssige Mittel	Fondskapital	Flüssige Mittel	Spendenertrag ohne Zweckbindung	x	Monatlich	Ressourcengenerierung
				Spendenertrag mit Zweckbindung[54]	y		Fondskapital
			Zuweisung	Fondskapital	y	Monatlich	
Spendenverwendung	Fonds-Kapital	Flüssige Mittel	Aufwand	Flüssige Mittel	z	Auftreten	Ressourceneinsatz
	–	–	Fondskapital	Verwendung	z	Abschluss	

Abbildung 65: Buchungsprozess zweckgebundene Spenden.

---

53 Zwecks besserer Nachvollziehbarkeit der Fondsveränderungsrechnung werden im vorliegenden Beispiel freie und zweckgebundene Spendenerträge getrennt erfasst, die in der Erfolgsrechnung ebenfalls getrennt ausgewiesen werden sollten. Hingegen fordert FER 21 keinen getrennten Ausweis, d.h. freie und zweckgebundene Spendenerträge können in einer Erfolgsrechnungsposition «Spendenerträge» zusammengefasst werden.

54 Aufgrund der Untersuchungsergebnisse wurde in einer Folgeuntersuchung nachgewiesen, dass 9 von 10 untersuchten sozialen NPO eine in der Rubrik «Modern» dargestellte Verbuchung vornehmen (Peter, 2010).

Die in der Spalte «Modern» dargestellte Buchungsmethode führt dazu, dass die für den Ausweis notwendigen Informationen vorhanden sind. Deren Ausweis im Anhang kann folgendermassen vorgenommen werden:

Rechnung über die Veränderung des Kapitals Jahr XY

	Anfangs-bestand	Interner Ertrag[55]	Externe Zuweisungen	Interne Transfers	Verwendung	Schluss-bestand	Veränderung
Fondszweck 1			y	-u	z		y-u-z
Fondszweck 2				u			
Total Fondskapital							
Wertschwankungsreserven							
Freie Fonds							
Jahresergebnis							
Total Organisationskapital							

Abbildung 66: Ausweis zweckgebundene Spenden im Anhang.

Die Wertschwankungsreserve wird in Textbox 18 behandelt.

FER 21 regelt lediglich die Grundsätze der Rechnungslegung von Spenden. In der Praxis sind darüber hinaus eine Vielzahl von Fragen zu klären. Deshalb ist deren Regelung in einem Fondsreglement sinnvoll, insbesondere dann, wenn substanzielle Spenden vorhanden sind. Entsprechende Empfehlungen werden nachfolgend genannt:

Textbox 20: Fondsreglement – Grundlagen und Umsetzungsempfehlungen

Gemäss FER 21 ist ein Fondsreglement zwar nicht vorgeschrieben, doch scheint ein solches im Sinne einer zweckbestimmten Mittelverwendung unerlässlich zu sein. Einige wichtige im Fondsreglement zu beantwortende Fragen sind:

- Definition: Welche Voraussetzungen müssen erfüllt sein, damit eine Zweckbindung vorliegt? Ab welchem Betrag ist eine Spende aus Rechnungslegungssicht wesentlich? Wer entscheidet im Zweifelsfall bei einem wesentlichen Betrag, ob es sich um eine freie oder zweckgebundene Spende handelt?
- Zweck: Welche Destinatäre werden unter welchen Bedingungen (nicht) unterstützt? Wie ist zu verfahren, wenn der ursprüngliche Zweck des Fonds erfüllt ist und noch übrige Mittel vorhanden sind?
- Vermögen und Äufnung: Aus welchen Mitteln wurde der Fonds ursprünglich gebildet? Ist eine interne Verzinsung festgeschrieben, und inwiefern muss ein anteiliger (realisierter oder buchmässiger) Wertschriftengewinn gutgeschrieben werden?
- Fondsverwaltung: Welche Personen bzw. Organe sind mit der Gutheissung von Mitteln und der Vermögensverwaltung zu beauftragen? Wie sind die finanziellen Kompetenzen sowie die Vertretung des Fonds gegen aussen geregelt? Dürfen oder müssen dem Fonds anteilige Verwaltungskosten belastet werden?

---

55 Aufgrund der Untersuchungsergebnisse wurde eine Bachelorthesis in Auftrag gegeben, die sich mit ausgewählten Aspekten des Fondsaccountings auseinandersetzt. Diese Untersuchung ergibt, dass nur in einem von zehn Fällen interne Erträge auf den Fondskapitalien berücksichtigt werden (Peter, 2010).

- Vermögensanlage: Ist das Fondsvermögen separat zu bewirtschaften? Nach welchen Anlagegrundsätzen kann oder soll investiert werden?
- Berichterstattung: Wie gestaltet sich die Berichterstattung über die Fondsaktivitäten und die damit erzielte Wirkung innerhalb der Stiftung sowie in der Jahresrechnung und im Leistungsbericht?

Siehe Meyer/Zöbeli (2010).

Im Gegensatz zum Fonds- und Eigenkapital sind sowohl transitorische Passiven als auch Rückstellungen bei NPO betragsmässig nur von geringer Bedeutung. Auch im Hinblick auf die Häufigkeit ist diese Thematik weniger wichtig als diejenige der Fondskapitalien. Demgemäss bilanzieren nur 43% der Organisationen Rückstellungen, wobei in lediglich 24% der Fälle von den insgesamt 141 relevanten Bilanzen auch die Ursachen offengelegt werden. Diesbezüglich werden am häufigsten laufende Projekte, Ferien und Umbauten genannt. Bei Rückstellungen für bauliche Zwecke stellt sich allerdings die Frage, ob diese Beträge nicht den Reserven zuzuordnen wären, da in solchen Fällen ein zukünftiger Nutzen generiert wird. Darüber hinaus kann nicht ausgeschlossen werden, dass durch die getätigte Abschreibung und die Rückstellungsbildung fälschlicherweise eine zu hohe Wertminderung der Immobilie ausgewiesen wird.

Ferner kann festgestellt werden, dass nur 26% der untersuchten Jugend- und Behindertenheime Rückstellungen ausweisen. Insofern liegt die Vermutung nahe, dass diese Praxis auf kantonale Vorschriften zurückzuführen ist. Denn durch Regulierungen wird die Bildung von Rückstellungen aus subventionspolitischen Gründen häufig stark eingeschränkt. Demgegenüber finden sich bei mehr als der Hälfte der hier erhobenen Förderorganisationen Rückstellungen. Diese Tatsache ist umso erstaunlicher, wenn man bedenkt, dass nur die wenigsten davon operativ tätig und damit entsprechenden Risiken ausgesetzt sind.

Textbox 21: Rückstellungen – Grundlagen und Umsetzungsempfehlungen

Im Aktienrecht wird in Art. 662 Abs. 1 OR die Bildung von Rückstellungen vorgeschrieben, falls dafür nach allgemein anerkannten kaufmännischen Buchführungsvorschriften eine Notwendigkeit besteht. Anzumerken ist, dass das Aktienrecht dem Vorsichtsprinzip verpflichtet ist und stille Willkürreserven zulässt.

Der Rückstellungsbegriff gemäss HWP (Treuhand-Kammer, 2009:238) ist mit demjenigen von FER 23 (FER 2010/11:143) identisch: Eine Rückstellung ist «eine auf einem Ereignis in der Vergangenheit begründete wahrscheinliche Verpflichtung, deren Höhe und/oder Fälligkeit ungewiss aber schätzbar ist». Diese Definition entspricht derjenigen von IFRS 37, die wesentliche im Einzelfall zu prüfende Parameter enthält:

- Es muss ein verpflichtendes Ereignis in der Vergangenheit vorliegen (Unabwendbarkeit).
- Die Verpflichtung muss wahrscheinlich sein (z.B. mindestens 50%).
- Die ungewisse Höhe der Verpflichtung muss geschätzt werden (Quantifizierung).

Hingegen bestehen die transitorischen Passiven aus noch nicht fakturierten Verbindlichkeiten für bereits bezogene Produkte und Dienstleistungen (z.B. Revision, Provisionen, Ferien- und Überzeitguthaben).

Am Abschlussstichtag ist der Rückstellungsbedarf anhand der erkennbaren und vor dem Stichtag verursachten Risiken festzustellen, die in Anlehnung an das HWP (Treuhand-Kammer, 2009:239) bei sozialen, steuerbefreiten NPO häufig folgenden Ursachen zuzuschreiben sind:

- Hängige Prozesse
- Garantieverpflichtungen für Lieferungen und Leistungen
- Umweltschäden
- Restrukturierungsvorhaben
- Bürgschaften

Liegt beispielsweise bei einer Bürgschaft nur eine geringe Eintrittswahrscheinlichkeit vor, ist das entsprechende Risiko, falls wesentlich, im Anhang als Eventualverbindlichkeit offenzulegen.

Es ist anzumerken, dass zukünftige Ressourceneinsätze kein Grund für Rückstellungen sind. Rückstellungen, die unter nachfolgend aufgezählten Bezeichnungen aufgeführt sind, gelten als stille Willkürreserven (Zöbeli, 2009:80):

- Künftige Projekte und Projektentwicklung
- Renovationen und Umbauten
- Betriebsfeste und Jubiläen
- Reorganisation
- Weiterbildung

Gemäss FER 21 (2010/11:122) ist die Veränderung von Rückstellungen im Anhang unter Angabe des Zwecks offenzulegen.

In der vorgenommenen Untersuchung werden nur die im Jahresabschluss veröffentlichten Informationen analysiert, sodass keine Aussage darüber gemacht werden kann, ob die vorgenommenen Rückstellungen überhaupt notwendig und angemessen bewertet sind. Allerdings können zu dieser Thematik auf Basis nachfolgender Abbildung gewisse Rückschlüsse gezogen werden.

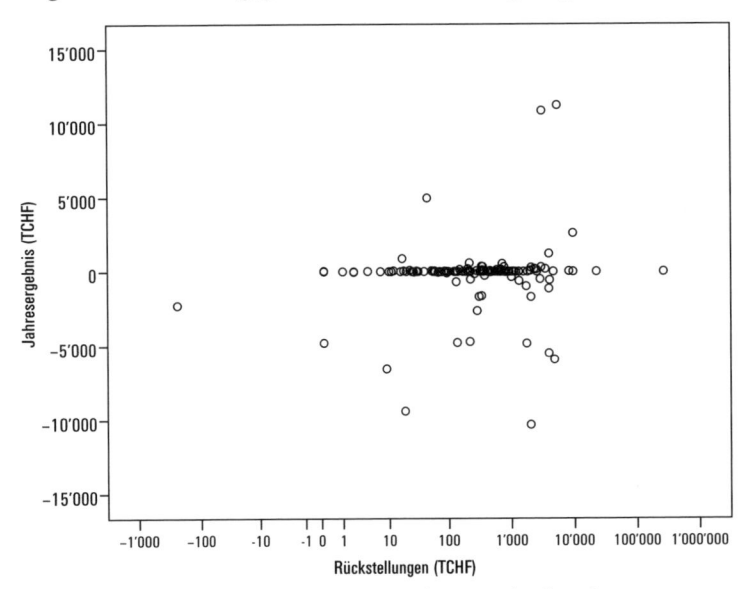

Abbildung 67: Untersuchungsergebnisse Jahresergebnis – Rückstellungsbetrag.

Auffällig ist hierbei nämlich, dass 141 (43%) von den insgesamt 331 untersuchten NPO ein ausgeglichenes Jahresergebnis ausweisen, das in der überwiegenden Mehrzahl der Fälle unabhängig von der Höhe der Rückstellungen ist. Insofern scheinen Rückstellungen nicht unmittelbar für eine Glättung des Jahresergebnisses eingesetzt zu werden. Dementsprechend könnte das augenscheinlich häufige Auftreten einer schwarzen Null aus einer zeitlichen und betragsmässigen Synchronisierung zwischen generierten Erträgen und eingesetzten Ressourcen resultieren. Vorstellbar ist auch, dass zur Steuerung des Jahresergebnisses nicht die Rückstellungen, sondern das Erlösfondskapital eingesetzt wird.

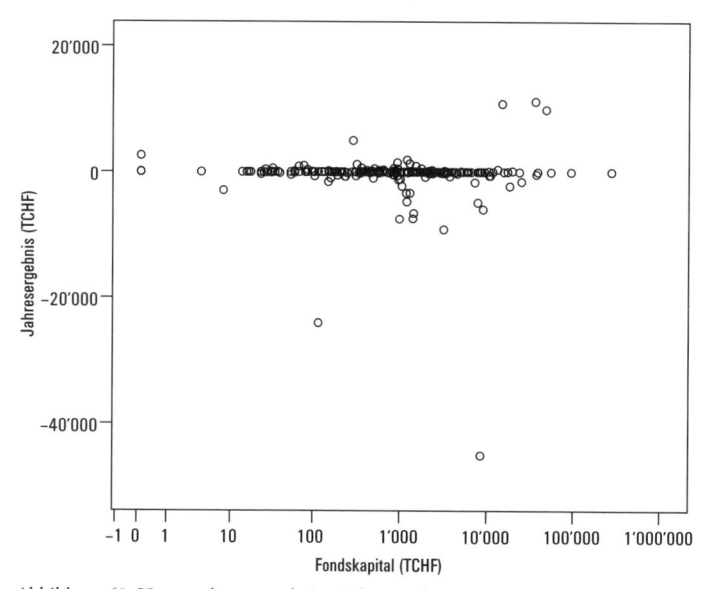

Abbildung 68: Untersuchungsergebnisse Jahresergebnis – Fondskapital.

So wie bei den Rückstellungen werden Erlösfonds offensichtlich zweckbestimmt eingesetzt.

5.3. Erfolgsrechnung

Die Erträge karitativer Institutionen bestehen typischerweise überwiegend aus Beiträgen der öffentlichen Hand, Spendenerträgen sowie Kapitalerträgen, Letzteres falls Vermögensanlagen vorhanden sind. Dementsprechend spielen Verkaufserlöse von Produkten und Dienstleistungen nur dann eine Rolle, wenn überhaupt solche Leistungen erstellt und am Markt angeboten werden (z.B. Heim mit angegliedertem Laden). Abhängig von Art, Grösse und Geschäftsmodell einer NPO fallen gewisse Positionen auf der Aufwandsseite (z.B. Personalaufwand, Abschreibungen) weit weniger ins Gewicht als im Forprofit-Accounting.

Die rudimentären Vorschriften gemäss ZGB sehen für die Erfolgsrechnung keine Gliederungsvorschriften vor. Im Fall einer Stiftung mit kaufmännischem Gewerbe gelten die aktienrechtlichen Gliederungsvorschriften nach Art. 663 OR. Von FER 21-Anwendern ist das Raster der kaufmännischen Erfolgsrechnung gemäss FER 3 einzusetzen. Jedoch darf die Bezeichnung der einzelnen Positionen «dem Zweck und den Tätigkeiten der gemeinnützigen, sozialen Nonprofit-Organisationen» angepasst werden (FER 2010/11:120). Darüber hinaus können in der Erfolgsrechnung sowohl Veränderungen des Fonds als auch des Organisationskapitals integriert werden. Dies hat zur Folge, dass das ausgewiesene Jahresergebnis in vielen Fällen Null beträgt, was eigentlich ganz im Sinne des Begriffs «Nonprofit» ist. Da allerdings nicht jeder FER 21-Anwender von diesem Wahlrecht Gebrauch macht bzw. Kapitalveränderungen in der Erfolgsrechnung nicht immer (vollständig) berücksichtigt werden, sind Jahresergebnisse von NPO nicht ohne Weiteres miteinander vergleichbar.

Eine aussagekräftige Erfolgsrechnung sollte eine angemessene Anzahl von Positionen enthalten, die allerdings individuell verschieden sein kann. Damit die Entwicklung überhaupt beurteilt werden kann, sollten auch Vorjahreszahlen sowie Budgetwerte als Vergleichsgrössen eingesetzt werden. Übersichtlichkeit und Vergleichbarkeit sind zwei wichtige Faktoren, die zur Messung der Aussagekraft der Rechnungslegung bei Stufe I der Gesamtsicht miteinbezogen werden (siehe Kapitel 4.3.6 und 4.3.7). Weitere für alle NPO relevante Sachverhalte (administrativer Aufwand, Revisions- und Buchführungsaufwand) können entweder in der Erfolgsrechnung dargestellt oder alternativ dazu im Anhang offengelegt werden. Diese Aspekte werden in die Messung der Aussagekraft der Rechnungslegung einbezogen (siehe Kapitel 4.3.4 und 4.3.5). Nachfolgend werden nur noch die bisher nicht behandelten Themen erörtert.

FER 21 erlaubt sowohl die Anwendung des Umsatz- als auch des Gesamtkostenverfahrens (FER 2010/11:120). Während bei Letzterem die Aufwandsseite nach Kostenarten aufgegliedert ist (z.B. Personalaufwand, Sachaufwand, Abschreibungen), werden die Aufwendungen beim Umsatzkostenverfahren nach den wichtigsten Tätigkeitsgebieten einer Organisation ausgewiesen. Das Umsatzkostenverfahren erfreut sich insbesondere bei Entwicklungshilfeorganisationen (44%) und Förderorganisationen (27%) grösserer Beliebtheit: Damit wird bereits in der Erfolgsrechnung aufgezeigt, für welche geografischen oder programmatischen Schwerpunkte die verfügbaren Mittel verwendet worden sind. Eine NPO, die ausschliesslich das Umsatzkostenverfahren anwendet, muss dafür die Kostenarten im Anhang ausweisen (FER 2010/11:122).

Wie bereits erwähnt, verfügen rund drei Viertel der untersuchten NPO über Spendenerträge. Bei etwa einem Viertel der Organisationen macht der Spendenertrag 25% oder mehr des massgebenden Ertrags aus. Die Generierung von Spenden bedingt meist den Einsatz entsprechender Ressourcen (z.B. Personal, Berater, IT-

Systeme, Briefschaften). Um die Angemessenheit des für Spenden getätigten Aufwands beurteilen zu können, fordert FER (FER 2010/11:122) richtigerweise die Offenlegung des Fundraisingaufwands – entweder in der Erfolgsrechnung oder im Anhang. Insgesamt 35% der untersuchten Organisationen legen die Kosten für Fundraising in der Jahresrechnung offen. Allerdings machen nur 6% davon nähere Angaben (z.B. Berechnungsmethode, Aufteilung Kostenarten) im Anhang. Hier scheint für die überwiegende Mehrheit von NPO ein offensichtliches Verbesserungspotenzial zu bestehen, das vergleichsweise einfach realisiert werden könnte.

5.4. Geldflussrechnung

Die einschlägigen Gesetzesnormen enthalten keine Bestimmungen zur Geldflussrechnung. Im Gegensatz dazu enthält FER 21 für grosse Nonprofit-Organisationen ein entsprechendes Obligatorium.

Es kann konstatiert werden, dass 123 (37%) der insgesamt untersuchten NPO eine Geldflussrechnung ausweisen. Allerdings sollte aus der hohen Verbreitung nicht der Rückschluss gezogen werden, dass der Geldflussrechnung eine ebenso grosse Bedeutung zukommt. Eine genauere Analyse bringt nämlich zum Vorschein, dass dieses Instrument in überwiegender Anzahl bei denjenigen FER-Anwendern (96 der 123) vorkommt, die infolge Überschreitens gewisser Grössenkriterien dazu verpflichtet sind (FER 2010/11:118). Insofern wird die Anzahl in hohem Masse von der angewendeten Rechnungslegungsnorm bestimmt.

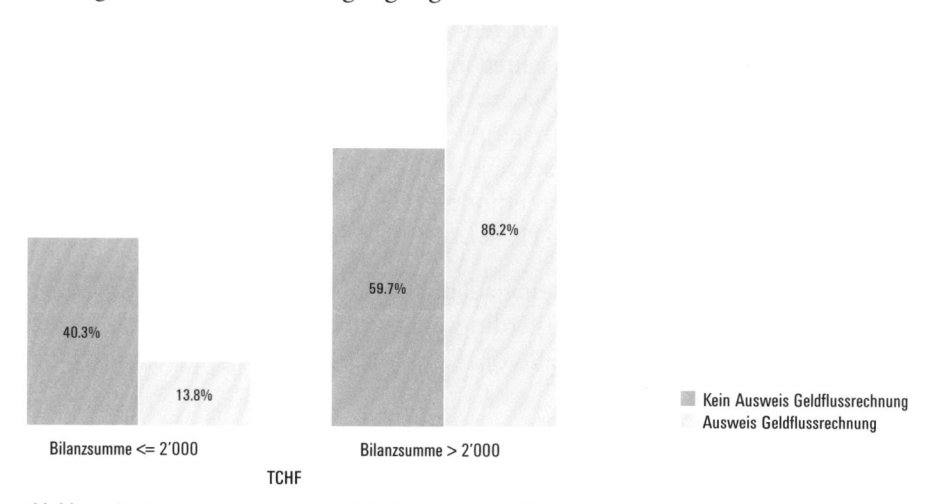

Abbildung 69: Untersuchungsergebnisse Geldflussrechnung – Bilanzsumme.

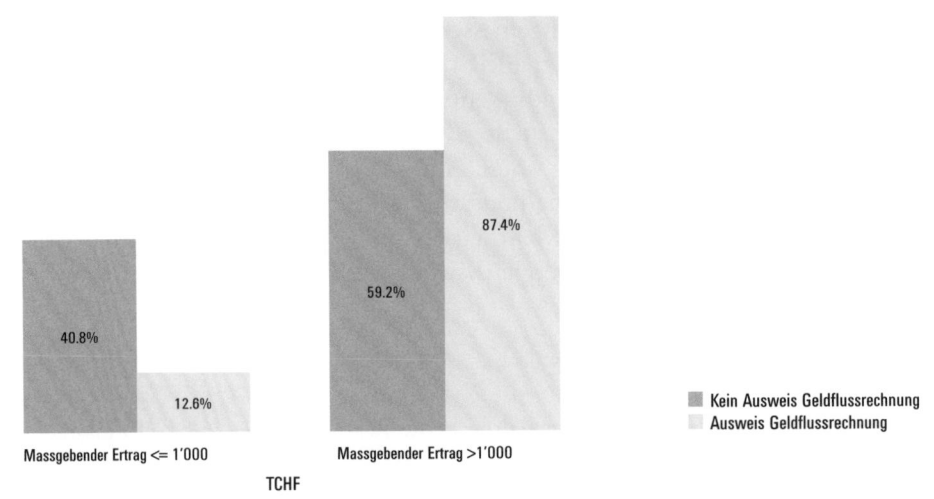

Abbildung 70: Untersuchungsergebnisse Geldflussrechnung – Massgebender Ertrag.

Die einschlägige Literatur propagiert manchmal die direkte Berechnungsweise des operativen Cashflows, was insbesondere mit deren vermeintlich besserer Verständlichkeit und erhöhter Transparenz begründet wird (Zöbeli, 2003:114ff.). Allerdings scheint die Praxis solchen Empfehlungen nur wenig Bedeutung beizumessen, denn nur von einer verschwindend geringen Anzahl (6 von 123) der untersuchten Organisationen wird der operative Geldfluss tatsächlich direkt berechnet. Somit muss die indirekte Methode gewichtige Vorteile aufweisen, die vor allem in der vergleichsweise einfacheren Berechnung und besseren Übereinstimmung mit der Soll-Ist-Analyse zu suchen sind. Die Kosten- und die Ertragsanalyse einschliesslich des damit verbundenen Reinerfolgs gelten auch bei Nonprofit-Organisationen als zentrales Informationsinstrument. Dieser Aspekt wird durch die indirekte Berechnung des Geldflusses aus der Geschäftätigkeit deutlich besser abgebildet als durch dessen direkte Ermittlung. Insofern schreibt FER 4.2 denn auch richtigerweise vor, dass bei einer direkten Berechnungsmethode der Nachweis zum Periodenergebnis hergestellt werden muss (FER 2010/11:41).

Die Verständlichkeit könnte durch eine adäquate Kommentierung der Geldflussrechnung deutlich erhöht werden. Allerdings macht lediglich nur rund ein Viertel der untersuchten Organisationen (29 von 123) von dieser Möglichkeit auch Gebrauch.

5.5. Konzernrechnung

Unter einem Konzern wird eine wirtschaftliche Einheit von rechtlich selbständigen Organisationen verstanden, die durch einen konsolidierten Abschluss abgebildet wird. In der Forprofit-Welt wird dieses Konstrukt über dessen einheitliche Leitung definiert, was bei FER 21 wiederum unter der Begrifflichkeit des beherrschenden

Einflusses subsumiert wird. Die NPO-spezifische Besonderheit in diesem Zusammenhang ist, dass die Beherrschung in der Regel nicht über die durch finanzielle Beteiligungen erworbene Stimmenmehrheit zustande kommt, sondern durch personelle und organisatorische Verknüpfungen. Erwähnenswert in diesem Zusammenhang ist, dass FER 21.11 über keine eigenen Konsolidierungsregeln verfügt, sondern auf diejenigen von FER 30 verweist.

Die aktienrechtlichen Normen zur Konsolidierung werden hier nicht erläutert, da diese Rechnungslegungsnorm lediglich bei Stiftungen mit kaufmännischem Gewerbe eine gewisse Bedeutung haben kann. Ein solcher Fall dürfte in der Realität allerdings sehr selten vorkommen.

Im Ergebnis wird die Annahme bestätigt, dass eine Konzernrechnung[56] bei den hier untersuchten Branchen eine untergeordnete Bedeutung hat. Insofern scheinen 12 von insgesamt 331 (4%) untersuchten Nonprofit-Organisationen über eine konsolidierte Rechnung im Sinne einer Konzernrechnung (Zusammenfassung rechtlich selbständiger Einheiten) zu verfügen. Die detaillierte Auswertung dieser Fälle ergibt, dass es sich dabei teilweise aber um die Zusammenfassung rechtlich unselbständiger Organisationseinheiten (z.B. Niederlassungen) und damit ebenfalls um einen Einzelabschluss handelt. In den verbleibenden Fällen werden zwar rechtlich selbständige Einheiten konsolidiert, hingegen wird die Offenlegung der hierfür ausschlaggebenden Gründe (z.B. gemeinsame Zweckverfolgung unter einheitlicher Leitung), wenn überhaupt, dann nur vereinzelt genannt. Des Weiteren ist bemerkenswert, dass die Konsolidierung aufgrund von Beherrschung über finanzielle Beteiligungen in dem hier untersuchten Kontext nur sehr selten vorkommt. Vor diesem Hintergrund ist zu konstatieren, dass der Offenlegungsgrad im Rahmen der Konzernrechnung durchaus Optimierungspotenzial aufweist.

5.6. Segmentberichterstattung

Von den untersuchten NPO ergänzen 30 die Erfolgsrechnung mit einer Segmentberichterstattung (Jugend- und Behindertenheime: 11, Entwicklungshilfeorganisationen: 10). Allerdings dürfte die wirkliche Bedeutung der Segmentberichterstattung grösser sein als die hier festgestellte Dimension von rund 10%, da ein grosser Teil der sogenannten konsolidierten Erfolgsrechnungen rechtlich unselbständige Segmente ausweist und zusammenfasst. Aus fachlicher Sicht liegt in solchen Fällen eine Segmentberichterstattung mit Zusammenfassung auf Stufe Rechtsobjekt vor.

---

56 Die blosse Zusammenfassung von unselbständigen Organisationseinheiten (z.B. Verein mit angegliederten Heim- oder Stiftungsfonds in einer Vergabestiftung) stellt keine Konsolidierung im Sinne einer Konzernrechnung dar.

> **Textbox 22: Segmentberichterstattung – Grundlagen und Umsetzungsempfehlungen**
>
> Unter Segmentberichterstattung wird hier die Bereitstellung aktueller Ergebnisse für Teileinheiten (z.B. Werkstatt/Heim, Projekt X/Y/Z, Stiftungsfonds in einer Vergabestiftung) einer Nonprofit-Organisation verstanden. Insbesondere bei NPO, die unterschiedliche Produkte und Dienstleistungen anbieten, lassen sich die künftige Entwicklung und die Zukunftsaussichten verschiedener Tätigkeitsfelder nicht unmittelbar aus dem Jahres- respektive Konzernabschluss ableiten.
>
> FER 21 enthält diesbezüglich keine Vorschriften; FER 30.42 verlangt lediglich die Aufgliederung der Nettoerlöse nach geografischen Märkten und Geschäftsbereichen.
>
> IFRS 8 regelt die Grundprinzipien der Segmentberichterstattung. Nach diesem Standard sind die Segmente in der Art der internen Berichterstattung offenzulegen (Konzept des Management Approach). Die Aufteilung orientiert sich demnach an den internen Prozessen und Gliederungen, analog denen eines Management Informationssystems (Bertschinger, 2009).
>
> Für Nonprofit-Organisationen ergeben sich durch den Ausweis einer Segmentberichterstattung nach dem Management Approach in Anlehnung an PwC (2007) folgende Vorteile:
> - Erhöhung der Aussagekraft und Transparenz eines Abschlusses.
> - Externe Adressaten erhalten teilweise dieselben oder zumindest vergleichbare Informationen wie das Management, somit kann die Organisation aus Sicht des Managements betrachtet werden.
> - Der Ressourceneinsatz für die Erstellung einer Segmentberichterstattung ist überschaubar, da die Daten des internen (bereits vorhandenen) Berichtswesens verwendet werden.
>
> Dem stehen folgende Nachteile gegenüber:
> - Die Vergleichbarkeit ist nicht in jedem Fall gegeben, da sich die Datengrundlage (MIS) unterscheidet.
> - Bei Offenlegung von als sensitiv eingestuften Daten ist Vorsicht geboten.

5.7. Revision

Die per 1.1.2008 bezüglich Revisionspflicht und -arten in Kraft getretenen Änderungen mussten von den Organisationen erstmalig im hier untersuchten Geschäftsjahr 2008 angewendet werden[57].

Für Stiftungen gelten gemäss Art. 83b Abs. 3 ZGB in Bezug auf die Revisionsstelle neu die Vorschriften des Aktienrechts. Dementsprechend müssen grosse Stiftungen[58] die eigene Buchführung durch eine Revisionsstelle ordentlich prüfen lassen; alle anderen unterliegen der eingeschränkten Revision. Ein Opting-out der Revisionspflicht ist bei Stiftungen ebenfalls möglich. Allerdings ist ein solcher Revisionsverzicht durch die Aufsichtsbehörden zu genehmigen und dürfte deshalb in der Praxis eher selten vorkommen.

Sämtliche im Sinne des OR als gross geltende Vereine[59] müssen die Buchführung gemäss Art. 69b ZGB durch eine Revisionsstelle ebenfalls ordentlich prüfen lassen.

---

57 Bei 95% der hier untersuchten Organisationen stimmt das Geschäftsjahr mit dem Kalenderjahr überein.
58 Art. 727 Abs. 1 OR definiert Grösse als Überschreitung zweier der nachfolgenden Kriterien in zwei aufeinanderfolgenden Geschäftsjahren: Bilanzsumme CHF 10 Mio., Umsatzerlös CHF 20 Mio., 50 Vollzeitstellen im Jahresdurchschnitt. Anpassung per 1.1.2012 (siehe Fussnote 22).
59 Definition von Grösse gemäss Art. 69b ZGB in Übereinstimmung mit Art. 727 Abs. 1 OR.

Ansonsten sind Vereine von einer gesetzlichen Revisionspflicht befreit. Allerdings wird eine Revision häufig in den Statuten festgeschrieben – die in der Praxis als sogenannte «freiwillige Revision» oder «Statutenrevision» bezeichnet wird. Die Erfahrung zeigt, dass in einem zunehmenden Masse viele karitative Vereine auf freiwilliger bzw. statutarischer Basis jährlich eine eingeschränkte Revision durchführen.

In der Studie wird empirisch untersucht, inwieweit die vom Gesetz vorgesehenen Revisionsarten «ordentlich» und «eingeschränkt» verbreitet sind. Die Beantwortung dieser Frage bedingt, dass die dafür erforderlichen Daten an geeigneter Stelle erhoben werden. Hierfür bietet sich das Revisionstestat an, die Zuordnung der verwendeten Revisionsart erfolgt anhand des Vergleichs des tatsächlichen Wortlauts mit dem von der Treuhand-Kammer herausgegebenen Standardtext[60]. Allerdings kann daraus nur abgeleitet werden, welche Revisionsart wie häufig ist. Hingegen ist aus den gewonnenen Zahlen kein Rückschluss auf eine etwaige Revisionspflicht einzelner Rechtsformen möglich, denn die Revision wurde möglicherweise ohne gesetzliche Verpflichtung, d.h. auf freiwilliger Basis, durch Organbeschluss oder Finanzierungsanweisung seitens der öffentlichen Hand durchgeführt. Auch bei einer freiwilligen Revision wird häufig die Durchführung einer eingeschränkten Revision auftragsrechtlich vereinbart und entsprechend testiert.

Revisionsberichte mit plausiblen, jedoch nicht den Standardtextstellen (z.B. Unabhängigkeit, Befähigung) entsprechenden Formulierungen werden einer dritten Kategorie zugeordnet. Diese hier mit «freiwillig» bezeichnete Revisionsart impliziert, dass keine gesetzliche Verpflichtung zur Revisionsdurchführung besteht. Darunter fallen beispielsweise die in der Praxis im Vereinswesen häufig anzutreffenden Statutenrevisionen sowie aufgrund eines Organbeschlusses durchgeführte Abschlussprüfungen.

Falls ein Revisionsbericht nicht den drei vorgenannten Kategorien zugeordnet werden kann, wird in der vorliegenden Untersuchung die entsprechende NPO der Kategorie «nicht eruierbar» zugeteilt. Allerdings kann aufgrund des Ermessensspielraums nicht ganz ausgeschlossen werden, dass Revisionsberichte mit Formulierungsfehlern ebenfalls der Kategorie «freiwillig» zugeordnet sind, beispielsweise eine falsch formulierte Testierung bei einer eingeschränkten Revision.

Es kann festgestellt werden, dass für 287 (87%) der insgesamt 331 untersuchten Organisationen ein Revisionsbericht vorliegt. Mögliche Gründe für die 44 fehlenden Revisionsberichte können sein, dass (i) keine Revision durchgeführt wurde, dass (ii) eine Revision zwar durchgeführt, aber kein Bericht darüber erstellt wurde, oder dass (iii) sowohl eine Revision durchgeführt als auch ein Bericht erstellt wurde, diese jedoch aus hier nicht näher erläuterten Gründen für die durchgeführte Erhebung nicht verfügbar sind. Der zweite Fall dürfte kaum auftreten, da gemäss Berufsregeln das Ergebnis der Revision zu kommunizieren ist.

---

60 http://www.treuhand-kammer.ch/dynasite.cfm?dsmid=85591.

Basierend auf den vorliegenden Daten[61] wird der Zusammenhang zwischen Revisionsart und Grösse einer NPO nur anhand eines an einem Stichtag gemessenen Kriteriums untersucht, nämlich der Bilanzsumme[62] per Ende des Geschäftsjahrs 2008.

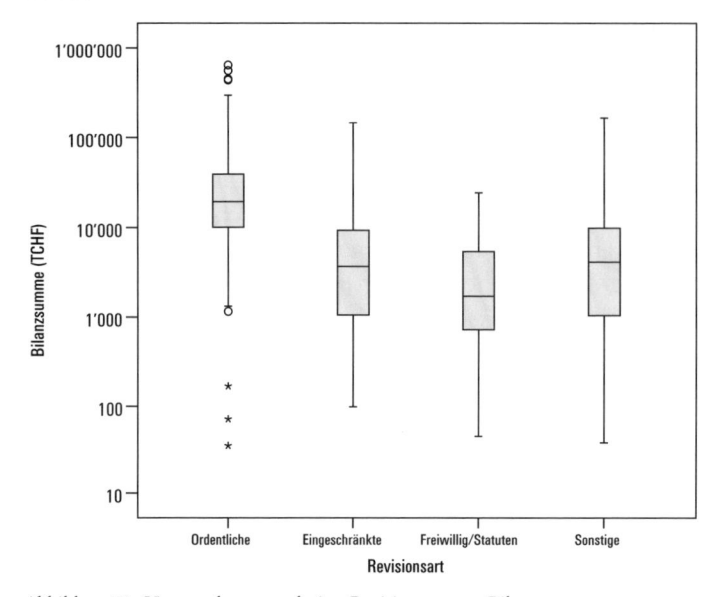

Abbildung 71: Untersuchungsergebnisse Revisionstestat – Bilanzsumme.

Es überrascht nicht, dass die meisten sozialen Einrichtungen ihren Abschluss prüfen lassen. Bei Stiftungen ist dies auf die gesetzlichen Bestimmungen zurückzuführen, bei Vereinen dürften auch statutarische Bestimmungen ausschlaggebend sein. Überraschend ist jedoch der hohe Anteil an ordentlichen Revisionen, der sich nicht vollständig mit der Grösse der betreffenden Organisationen erklären lässt. Es kann vermutet werden, dass die hohe Verbreitung der ordentlichen Revision teilweise auf ein erhöhtes Kontrollbedürfnis der öffentlichen Hand als Leistungsfinanzierer zurückzuführen ist. Allerdings verursacht eine ordentliche Revision in der Regel auch deutlich höhere Kosten.

Die nachfolgenden Aussagen bezüglich Revisionsgesellschaften lassen sich auf Basis der in diesem Zusammenhang erhobenen Daten ableiten. So kann festgestellt werden, dass rund ein Drittel der insgesamt untersuchten Revisionen von einer Big5-Gesellschaft[63] durchgeführt wurde. Auffallend ist dabei, dass die Unterschiede zwischen den vier untersuchten Branchen ganz erheblich sind. Dementsprechend beträgt dieser Prozentsatz bei Entwicklungshilfeorganisationen sowie bei Förder-

---

61 Da eine statistisch signifikante Korrelation zwischen Bilanzsumme und Ertrag besteht, wird hier lediglich die Bilanzsumme als Indikator verwendet. Da Vollzeitstellen selten ausgewiesen werden, wird auf deren Verwendung als Indikator verzichtet.
62 Bei 18 der 331 untersuchten Organisationen entspricht der Bilanzstichtag nicht dem 31.12.2008.
63 Zu den Big5-Gesellschaften werden hier gezählt: E&Y, Deloitte, KPMG, PwC sowie BDO.

organisationen mehr als die Hälfte (56% respektive 52%). Als Erklärungsansatz hierfür ausschliesslich das erhöhte Kontrollbedürfnis der Finanzierer sehen zu wollen, greift zu kurz, da ebenso an Jugend- und Behindertenheime substanzielle Beträge der öffentlichen Hand fliessen. Allerdings sind bei Letzteren die Big5 als Revisoren deutlich seltener vertreten. Zudem fällt auf, dass bei den untersuchten Nonprofit-Organisationen von den grossen Prüfgesellschaften PwC mit 41% (40) über den grössten Marktanteil durchgeführter Revisionen verfügt. Im Gegensatz dazu scheinen von «Einmannbetrieben» durchgeführte Revisionen eine deutlich geringere Verbreitung aufzuweisen, denn nur 49 (17%) von insgesamt 287 Revisionsberichten sind von nur einem Prüfer unterzeichnet.

Bei den untersuchten NPO enthalten die jeweiligen Revisionstestate insgesamt lediglich vier Zusätze und einen Hinweis. Hingegen können keine Einschränkungen festgestellt werden. Allerdings kann daraus nur bedingt auf eine hohe Qualität der offengelegten Jahresrechnungen geschlossen werden. Eine Erklärung dafür dürften eher die sehr rudimentären gesetzlichen Vorschriften sein. Auch die anspruchsvolleren FER-Abschlüsse werden in aller Regel ohne Abweichungen vom Standardwortlaut testiert. Es gilt in beiden Fällen zu beachten, dass die eingeschränkte Revision den Regelfall darstellt.

Aufgrund der Tatsache, dass für Vereine und Stiftungen unterschiedliche gesetzliche Regelungen gelten, ist eine Untersuchung nach Rechtsform angezeigt.

			Rechtsform			
			Verein	Stiftung	Übrige	Total
Revisionsart	Ordentliche	Anzahl	37	59	3	99
		% von Revisionsart	37%	60%	3%	100%
		% von Rechtsform	35%	39%	60%	38%
	Eingeschränkte	Anzahl	49	82	2	133
		% von Revisionsart	37%	62%	2%	100%
		% von Rechtsform	46%	54%	40%	51%
	Freiwillig/Statuten	Anzahl	20	11	0	31
		% von Revisionsart	65%	35%	0%	100%
		% von Rechtsform	19%	7%	0%	12%
Total		Anzahl[64]	106	152	5	263
		% von Revisionsart	40%	58%	2%	100%
		% von Rechtsform	100%	100%	100%	100%

Tabelle 16: Untersuchungsergebnisse Revisionsart – Rechtsform.

---

64 Die 24 nur als ZEWO bezeichneten Revisionstestate sind darin nicht enthalten.

Aus obiger Abbildung wird deutlich, dass die eingeschränkte Revision sowohl bei Vereinen (46%) als auch bei Stiftungen (54%) erwartungsgemäss die häufigste Revisionsart darstellt. Ebenfalls den Erwartungen entsprechend haben freiwillige Revisionen bei Vereinen (19%) eine markant höhere Bedeutung als bei den Stiftungen (7%).

Die Bedeutung der Offenlegung bestimmter Informationen wurde bereits behandelt (siehe Kapitel 4.3.5). An dieser Stelle soll noch auf einen weiteren Aspekt hingewiesen werden, nämlich dass in nur 46 Fällen die Revisionskosten offengelegt werden. Tatsache ist, dass durch externe Dienstleister professionell erbrachte Leistungen mit Risikoübernahme auch im Nonprofit-Bereich angemessen entschädigt werden müssen. In der Regel dürfte Angemessenheit vorliegen, sodass auf entsprechende Transparenz keinesfalls verzichtet werden sollte. Insofern wäre eine grundsätzlich freiwillige Offenlegung der Revisionskosten zu begrüssen.

6. Zusammenfassung der Ergebnisse und Ausblick

Auch in der Schweiz ist der Dritte Sektor nicht nur sozial und gesellschaftlich, sondern auch wirtschaftlich von hoher Bedeutung. Das gilt insbesondere für das Segment der sozialen Nonprofit-Organisationen mit schätzungsweise 18 000 Institutionen, deren Anzahl in Zukunft weiter zunehmen dürfte. Die Finanzierung erfolgt weitgehend über öffentliche Gelder und private Spenden, sodass Staat, Spender und die Allgemeinheit ein hohes Interesse an der Transparenz der Mittelverwendung und der damit erzielten Wirkung haben.

Die hierfür vorgesehenen Informationen werden in der Regel im Geschäftsbericht zur Verfügung gestellt, dessen Erstellung immer einen gewissen Ressourceneinsatz bedingt. Der damit verbundene Aufwand ist von verschiedenen Faktoren (z.B. Geschäftsmodell, Organisationsgrösse und -komplexität, angewandte Rechnungslegungsnorm, Ansprüche) abhängig und deshalb unterschiedlich hoch.

In vorliegender Studie werden 331 Geschäftsberichte des Jahres 2008 von sozialen NPO mit Hilfe eines 54 Fragen umfassenden Erhebungsbogens ausgewertet und analysiert. Untersuchungsaufbau und die Beurteilung der Untersuchungsergebnisse orientieren sich am eigens für soziale NPO geschaffenen Rechnungslegungsstandard Swiss GAAP FER 21.

Die Tatsache, dass gemeinnützige Institutionen tendenziell heterogen sind, macht eine Segmentierung in verschiedene Branchen erforderlich. Die Definition der einzelnen Branchen richtet sich hier nach den involvierten Praxispartnern und wird letztendlich von der Datenverfügbarkeit bestimmt: (i) IVSE-anerkannte Jugend- und Behindertenheime (Branche 1), (ii) Förderorganisationen mit einer Mitgliedschaft bei Swissfoundations (Branche 2), (iii) Entwicklungshilfeorganisationen mit DEZA-Programmbeiträgen und/oder ZEWO-Mitgliedschaft (Branche 3) sowie (iv) übrige soziale Institutionen mit ZEWO-Mitgliedschaft (Branche 4). Allerdings dürfen aufgrund der gewählten Segmentierung die gewonnenen Erkenntnisse nicht verallgemeinert und auf die Gesamtheit aller sozialen NPO übertragen werden. Hingegen können Rückschlüsse auf die Allgemeingültigkeit innerhalb der jeweiligen Branche erfolgen, wenn auch in unterschiedlich hohem Mass (Branche 1: hoch, Branche 2: tief, Branche 3: mittel, Branche 4: mittel).

Im Ergebnis kann empirisch belegt werden, dass die jeweils angewendete(n) Rechnungslegungsnorm(en) die Aussagekraft der Rechnungslegung wesentlich beeinflusst. So haben soziale NPO, welche zusätzlich zu den gesetzlichen Vorschriften noch Swiss GAAP FER 21 anwenden, in der Regel eine deutlich aussagekräftigere Rechnungslegung als diejenigen, die nur gesetzliche Normen umsetzen. Einige Anwender gesetzlicher Vorschriften legen freiwillig zusätzliche Informationen offen, was die Aussagekraft der Rechnungslegung zusätzlich erhöht. Das wichtigste Fazit der Untersuchung ist, dass sowohl bei Anwendern gesetzlicher Normen als auch bei FER-Anwendern hinsichtlich der Aussagekraft der Rechnungslegung immer ein gewisses Optimierungspotenzial besteht, wenn auch die Ursachen hierfür unterschiedlicher Natur (Anwender Gesetz: Norm und Umsetzung, Anwender FER: Umsetzung) sind.

Bei der Aussagekraft der Rechnungslegung bestehen zwischen den Branchen deutliche Unterschiede, wobei Entwicklungshilfeorganisationen (Branche 4) am besten und Jugend- und Behindertenheime (Branche 1) am schlechtesten abschneiden. Zudem unterscheiden sich diese beiden Branchen auch hinsichtlich (i) der Bedeutung der Spendenerträge (Branche 1: tief, Branche 3: hoch), (ii) der Regulierungsdichte (Branche 1: hoch, Branche 4: tief) und (iii) der relativen Anzahl von FER-Anwendern (Branche 1: tief, Branche 4: hoch), was die unterschiedliche Aussagekraft zwischen den Branchen erklärt. FER-Anwender in Branche 1 verfügen im Vergleich zu denjenigen der anderen Branchen über die am wenigsten aussagekräftige Rechnungslegung. Das legt den Schluss nahe, dass in dieser Branche FER-Normen offensichtlich am schwierigsten umzusetzen sind. Gründe hierfür könnten unter anderen die Komplexität der organisatorischen Strukturen sowie die in der Regel hohe Anzahl von Mitarbeitenden sein.

Obschon die Aussagekraft der Rechnungslegung anhand von 13 Kriterien erhoben wird, lässt sich das Optimierungspotenzial auch pro Themengebiet bestimmen. Die für ein hohes Optimierungspotenzial in Frage kommenden Ursachen werden in einer Optimierungsmatrix nach den fünf Kategorien (i) Datenlage, (ii) Wissen, (iii) Sensibilisierung, (iv) Missstand und (v) fehlende Negativbestätigungen unterschieden. Die Datenlage, insbesondere gänzlich fehlende Informationen, ist die am schwierigsten zu behebende Ursache. Hingegen lassen sich die anderen vier Defizite häufig mit relativ geringem Ressourceneinsatz in kürzerer Frist beseitigen, sodass Optimierungspotenzial ausgeschöpft werden kann.

Zudem zeigt sich, dass nachfolgende Kriterien, welche für eine transparente Rechnungslegung wichtig sind, sowohl bei Anwendern von Gesetz als auch FER ein hohes Optimierungspotenzial aufweisen (Umsetzbarkeit in Klammern angegeben): (i) Finanzbericht (einfach), (ii) Wirkungsmessung (anspruchsvoll), (iii) Kennzeichnung nicht vorhandener Sachverhalte im Anhang zur Jahresrechnung durch Abgabe einer Negativbestätigung (einfach). Dabei überrascht insbesondere das hohe Verbesserungspotenzial bei der finanziellen Berichterstattung. Denn es ist davon auszugehen, dass das leitende Organ den Jahresabschluss typischerweise analysiert. Deshalb sollte eine adäquate Offenlegung mit relativ geringem Aufwand erreichbar sein, um die Transparenz deutlich zu erhöhen. Die Mehrheit der untersuchten sozialen NPO unterliegt nicht den aktienrechtlichen Vorschriften und muss deshalb keinen Anhang erstellen. Allerdings ist in diesem Fällen eine freiwillige

Offenlegung bestimmter Sachverhalte im Anhang gemäss Art. 663b OR zu empfehlen. Aufgrund der Tatsache, dass keine gesetzlichen Mindestangaben verlangt werden, sind Negativbestätigungen im Sinne einer transparenten Berichterstattung notwendig. Die Umsetzung einer sachgerechten Wirkungsmessung ist zugegebenermassen schwierig. Aufgrund der voraussichtlich stark zunehmenden Bedeutung der Thematik sollten sich soziale NPO dieser Herausforderung aber stellen.

Bei bestimmten Kriterien kann beobachtet werden, dass die Anwender der minimalen gesetzlichen Rechnungslegungsnormen ein hohes Optimierungspotenzial haben. Dazu gehören (i) die Offenlegung der Bilanzierungs- und Bewertungsvorschriften im Anhang, (ii) die Offenlegung des administrativen Aufwands in der Erfolgsrechnung oder im Anhang und (iii) die Angebots- und Zielbeschreibung. Das Optimierungspotenzial des ersten Kriteriums ist einfach zu realisieren, in Bezug auf die Umsetzbarkeit der beiden letzteren Punkte kann keine generelle Aussage gemacht werden. Falls fehlende Informationen (Datenlage) die Ursache für das Defizit sind, ist dessen Behebung als anspruchsvoll einzustufen, z.B. die Einführung einer Kostenrechnung als Voraussetzung für die Offenlegung des administrativen Aufwands respektive Erarbeitung einer Mission/Strategie als Basis für die Angebots- und Zielbeschreibung. Um die Transparenz auf freiwilliger Basis mit einem möglichst geringen Ressourceneinsatz zu erhöhen, kann der nach Verantwortungsbereichen gegliederte Ausweis der direkt und indirekt produktiven Kosten eine Alternative zum betragsmässigen Ausweis des administrativen Aufwands sein.

Bei der überwiegenden Mehrzahl der untersuchten NPO wird die Jahresrechnung im Sinne einer im digitalen Zeitalter geforderten Transparenz vollständig oder zumindest auszugsweise auf der Webseite offengelegt. Auch die Zeitnähe der Rechenschaftsablage, die hier als Anzahl der vergangenen Tage seit Geschäftsjahresende bis zum Erscheinungsdatum des Revisionsberichts definiert wird, zeigt ein erfreuliches Resultat. Im Vergleich zur aktienrechtlichen Maximaldauer von sechs Monaten liegt der Revisionsbericht im Schnitt bereits nach vier Monaten vor.

In den vorhergehenden Abschnitten wurden die wichtigsten Untersuchungsergebnisse zur Aussagekraft der Rechnungslegung zusammengefasst. Neben der Bestandsaufnahme ist es ein Ziel der Studie, der Praktikerin und dem Praktiker ein Instrumentarium zur Erhöhung der Aussagekraft der Rechnungslegung für die eigene NPO zur Verfügung zu stellen. Dieses Instrumentarium besteht aus (i) Self-Assessment-Tool, (ii) Handlungsmatrizen und (iii) Optimierungsmatrix. Das entsprechende Ablaufschema für die Selbsteinschätzung und Optimierung der eigenen Organisation findet sich in Kapitel 4.8. Die daraus abzuleitenden Handlungsempfehlungen lassen sich in den meisten Fällen mit einem vernünftigen Verhältnis zwischen Aufwand und Ertrag zeitnah umsetzen. Zweifellos ermöglicht eine aussagekräftige Rechnungslegung bessere Führungsinformationen innerhalb der NPO und ist gleichzeitig Voraussetzung dafür, dass auch externe Anspruchsgruppen alle für die Beurteilung relevanten Informationen erhalten. Im Ergebnis sollte dadurch das Vertrauen aller Stakeholder nachhaltig gestärkt werden. So gilt Vertrauen insbesondere im NPO-Bereich als Grundvoraussetzung dafür, die Gunst der Anspruchsgruppen zu gewinnen.

Nebst den 13 zur Messung der Aussagekraft der Rechnungslegung verwendeten Kriterien (Gesamtsicht) werden weitere aus fachlicher Sicht wichtige Aspekte der Rechnungslegung (Einzelthemen) untersucht, die nachfolgend zusammengefasst werden. So ist auffällig, dass beinahe die Hälfte der untersuchten Organisationen ganz im Sinne von «Nonprofit» ein ausgeglichenes Jahresergebnis ausweist, was grösstenteils unabhängig von der Höhe und den Bewegungen bei Rückstellungen und Fondskapital ist. Insofern scheinen diese Passivpositionen nicht unmittelbar für eine Glättung des Jahresergebnisses eingesetzt zu werden. Dennoch kann nicht ausgeschlossen werden, dass allfällige Gewinne teilweise erfolgswirksam dem Fondskapital bzw. der Schwankungsreserve zugewiesen werden. Eine weitere Erklärung für die ausgeglichenen Ergebnisse könnte sein, dass der Ressourceneinsatz auf die Ertragslage abgestimmt wird. Die Vermutung, dass die Konzernrechnung bei den hier untersuchten Branchen eine untergeordnete Bedeutung hat, wird bestätigt. Häufiger anzutreffen ist die Segmentberichterstattung, bei der Ergebnisse für Teileinheiten (z.B. Werkstatt/Heim, Projekt X/Y/Z, Stiftungsfonds in einer Vergabestiftung) zur Verfügung gestellt werden, was grundsätzlich zu begrüssen ist. Allerdings werden in einigen Fällen nur Segmente und nicht die Rechtseinheit selbst dargestellt, sodass man sich kein Gesamtbild über die wirtschaftliche Situation machen kann. Festzustellen ist auch, dass die meisten sozialen Einrichtungen den Jahresabschluss durch Revisoren prüfen lassen. Dies ist bei Stiftungen auf die gesetzlichen Vorschriften zurückzuführen, bei Vereinen dürften zudem statutarische Bestimmungen ausschlaggebend sein. Überraschend ist der hohe Anteil ordentlicher Revisionen, der sich nicht allein mit der Grösse der untersuchten Organisationen erklären lässt, sondern zumindest teilweise auch auf ein erhöhtes Kontrollbedürfnis der Leistungsfinanzierer zurückzuführen ist. Allerdings verursacht eine ordentliche Revision in der Regel deutlich höhere Kosten, die wiederum finanziert werden müssen.

Es ist zu befürchten, dass sich die wirtschaftliche Situation und die damit einhergehenden Sparbemühungen der öffentlichen Hand ungünstig auf die Finanzierung sozialer Nonprofit-Organisationen auswirken werden. Aufgrund der entstehenden Finanzierungslücken ist ebenso mit einem zunehmenden Wettbewerb um die Gunst des Spenders zu rechnen. Zudem werden Kosteneinsparungen teilweise unumgänglich sein. Auch wenn entsprechende Massnahmen ergriffen werden, ist zu erwarten, dass sich im Dritten Sektor aus Sicht der Rechnungslegung zwei Stossrichtungen herausbilden: Hoher Ressourceneinsatz zwecks Erzielung einer hohen Aussagekraft der Rechnungslegung oder geringer Ressourceneinsatz unter Inkaufnahme einer geringen Aussagekraft. Das hier vorgestellte Instrumentenset soll dazu beitragen, dass auch im zweiten Fall in der Rechnungslegung eine möglichst optimale Aussagekraft der eigenen Finanzberichterstattung erzielt werden kann.

Der zunehmende Wettbewerb um Spendengelder wird manche Spender dazu bewegen, ihr Engagement kritischer zu prüfen. Neben der Frage, wie effizient das Geld eingesetzt wird, dürfte vor allem interessieren, wie effektiv eine NPO arbeitet. Somit wird die Leistungsberichterstattung – und hierbei insbesondere die Wirkungsmessung – in Zukunft an Bedeutung gewinnen. Die vorherrschende Meinung zu diesem Thema ist, dass es kein richtiges System gibt, sondern die Wirkungsmessung immer auf die individuellen Gegebenheiten ausgerichtet sein sollte. Die Wirkungsmessung hat sich jedoch in jedem Fall auf die angestrebten Wirkungsziele zu beziehen, die im Rahmen von Mission und Strategie zu definieren sind.

Eine weiter zunehmende Bedeutung von sozialen Nonprofit-Organisationen und deren schwieriger werdende Finanzierung sollten zu einer intensiveren Auseinandersetzung der Forschung mit dem NPO-Bereich führen. So wäre eine systematische Untersuchung der Einflussfaktoren auf Spendenentscheidungen interessant. Für zukünftige Geschäftsberichtsanalysen wäre die Bedeutung der Informationsversorgung für den Spender und die Frage, welche Rolle der Geschäftsbericht hierbei spielt, von Interesse. Zudem wäre es interessant, die in dieser Publikation ansatzweise vorhandene Systematisierung der Stakeholdergruppen und deren Erwartungen in Bezug auf die Informationsversorgung vertieft zu untersuchen. So könnten die Erwartungen eines Spenders und weiterer Stakeholder in Geschäftsberichtsanalysen einbezogen werden.

Allerdings bedürfen Geschäftsberichtsanalysen eines hohen Ressourceneinsatzes und sind zeit- und kostenintensiv. Künftige Untersuchungen lassen sich mit geringerem Mitteleinsatz realisieren, falls für die Messung der Aussagekraft der Rechnungslegung auf das hier entwickelte Instrumentarium zurückgegriffen wird. Auch eine stärkere Fokussierung (z.B. auf Organisationen mit Spendensiegel, Messung der Aussagekraft ohne Einzelthemen) wäre denkbar.

Die gewonnenen Erkenntnisse sprechen ebenfalls dafür, die Untersuchung auf Branchen auszudehnen, deren Aussagekraft der Rechnungslegung aus Sicht der öffentlichen Hand und der Allgemeinheit von Interesse ist, mit dem Ziel, Verbesserungspotenziale auszuschöpfen. Aufschlussreich wäre auch, eine länderübergreifende Studie durchzuführen. Swiss GAAP FER 21 als probater Standard für die Rechnungslegung von NPO wäre durchaus auch in anderen Ländern anwendbar. So würde ein Vergleich mit anderen Rechnungslegungsnormen eine kritische Auseinandersetzung ermöglichen, z.B. in Bezug auf Umsetzungsqualität, Vollständigkeit und Kommentierung einer Norm, Leistungsbericht, Offenlegung des Verwaltungsaufwands, Kapitalveränderungsrechnungen und Konsolidierung. Basierend auf neuen Erkenntnissen könnten weitere Umsetzungshilfen auf Stufe einzelner NPO etabliert werden. Zudem kann erwartet werden, dass Folgeuntersuchungen

Impulse für Anpassungen der Rechnungslegungsnormen geben würden. Im Ergebnis könnte die Forschung somit dazu beitragen, dass in Zukunft die Rechnungslegung noch transparenter wird.

7. Literaturverzeichnis

7.1. Internet

12MANAGE, The Executive Fast Track. URL: http://www.12manage.com/methods_stakeholder_analysis.html [17.05.2011].

BDO Visura, Non-Profit-Organisationen. URL: http://www.bdo.ch/de/kompetenzen/non-profit-organisationen/ [08.03.2011].

BDO Schweiz: Muster-Anlagereglement Version 2009. URL: http://www.bdo.ch/de/kompetenzen/wirtschaftspruefung/personalvorsorgeeinrichtungen [23.09.2011].

Die Volkswirtschaft, Das Magazin für Wirtschaftspolitik. URL: http://www.dievolkswirtschaft.ch/editions/200704/Schriber.html [01.05.2011].

EDI Eidgenössische Stiftungsaufsicht, FAQ, Fragen und Antworten. URL: http://www.edi.admin.ch/esv/01174/index.html?lang=de [22.04.2011].

ESTV (Eidgenössische Steuerverwaltung), Steuerbefreiung juristischer Personen, die öffentliche oder gemeinnützige Zwecke (Art. 56 Bst. g DBG) oder Kultuszwecke (Art. 56 Bst. h DBG) verfolgen; Abzugsfähigkeit von Zuwendungen (Art. 33 Abs. 1 Bst. i und Art. 59 Bst. c DBG). URL: http://www.estv.admin.ch/bundessteuer/suchen/index.html?keywords=steuerbefreiung&url_limiter=%2Fbundessteuer%2F&lang=de&site_mode=intern&nsb_mode=no&search_mode=AND [01.05.2011].

ESVG 95-Klassifikationen – Übersicht. URL: http://www.oenb.at/de/stat_melders/standards_und_codes/ESVG_95_Sektorcodes/esvg95.jsp [06.10.2011].

Gabler Verlag (Hrsg.), Gabler Wirtschaftslexikon, Das Wissen der Experten. URL: http://wirtschaftslexikon.gabler.de [06.05.2011].

Hefti, Christoph, Frey, Miriam, Die Entwicklung der Versicherungslandschaft in der Krankenversicherung, Schlussbericht, Forschungsprotokoll 8, Neuchâtel Schweizerisches Gesundheitsobservatorium, 2008. URL: http://www.obsan.admin.ch/bfs/obsan/de/index/05/01.Document.113391.pdf [04.03.2011].

PricewaterhouseCoopers, Zehn Thesen zur Tranparenz. URL: http://www.pwc.ch/user_content/editor/files/publ_ass/pwc_transparenz_zehn_thesen_d.pdf [01.09.2011].

PricewaterhouseCoopers, Transparenzpreis. URL: http://www.pwc.de/de/engagement/transparenzpreis.jhtml [08.03.2011].

Schnurbein, Georg von, Studer, Sibylle, Zwischen Mission und Management, In: io new management vom 25.2.2011. URL: http://www.ionewmanagement.ch/de/artikelanzeige/artikelanzeige.asp?pkBerichtNr=182990 [06.05.2011].

Siebart, Patricia, Ein Kodex für Nonprofit-Organisationen?. URL: http://opus.kobv.de/ubp/volltexte/2008/2185/pdf/Reichard_II_btr01.pdf [06.05.2011].

Stiftung ZEWO, Methodik zur Berechnung des administrativen Aufwands. Die Einnahmen und Kostenstruktur gemeinnütziger Organisationen, URL: http://www.zewo.ch/pdf/methodik_d.pdf (17.07.2011).

Transparency International Deutschland e.V., Arbeitspapier der AG «Transparenz im Nonprofit-Sektor», 25.04.2009. URL: http://www.transparency.de/fileadmin/pdfs/Themen/Nonprofit/Arbeitspapier_2009-04-25.pdf [06.05.2011].

Verein Swiss NPO-Code, Konferenz der Präsidentinnen und Präsidenten grosser Hilfswerke (Hrsg.), Swiss NPO–Code, Corporate Governance-Richtlinien für Nonprofit-Organisationen in der Schweiz, 31.03.2006. URL: http://www.swiss-npocode.ch/cms/images/swiss_npocode/swiss_npo_code_maerz_2010.pdf [06.05.2011].

Vogelbusch, Friedrich, Neue Transparenzanforderungen im Finanzierungsmarkt – Einbindung der Träger der Diakonie in den Spendenmarkt, 2008. URL: http://www.ehs-dresden.de/uploads/media/Transparenzanforderungen_2008.pdf [06.05.2011].

Vogt, Hans-Ueli, Gesellschaftsrecht I, Lehrstuhl für Wirtschafts-, Handels- und Immaterialgüterrecht, Universität Zürich, URL: http://www.rwi.uzh.ch/elt-lst-vogt/gesellschaftsrecht1/revision_rechn/de/html/revision_rechn_glossary.html#d107e2499 [22.04.2011].

Wirtschaftsprüferkammer, Stellungnahme der Wirtschaftsprüferkammer zum Grünbuch der EU-Kommission, Weiteres Vorgehen im Bereich der Abschlussprüfung: Lehren aus der Krise, 2010. URL: http://www.wpk.de/pdf/green_paper_audit_de.pdf [06.05.2011].

7.2. Printmedien

Achleitner, Ann-Kristin, Charifzadeh, Michel, Stiftungen in Deutschland – Reformbestrebungen in der Rechnungslegung, Rechnungslegung künftig nach Handelsgesetzbuch (HGB), In: Der Schweizer Treuhänder, 1–2/2000.

Arbeitskreis Nonprofit-Organisationen (Hrsg.), Nonprofit-Organisationen im Wandel. Das Ende der Besonderheiten oder Besonderheiten ohne Ende?, Frankfurt, Eigenverlag des Deutschen Vereins für öffentliche und private Fürsorge, 1998.

Bachert, Robert (Hrsg.), Corporate Governance in Nonprofit-Unternehmen, München, WRS Verlag, 2006.

Badelt, Christoph (Hrsg.), Bachstein, Werner, Handbuch der Nonprofit Organisation, Strukturen und Management, Stuttgart, Schäffer-Poeschel, 2., überarb. und erw. Aufl., 1999.

Baum, Heinz-Georg, Controlling öffentlicher Einrichtungen, Stuttgart, Schäffer-Poeschel, 1997.

Bauer, Elisabeth, Sander, Gudrun, Arx, Sabina von, Strategien wirksam umsetzen – Das Handbuch für Nonprofit-Organisationen, Bern, Haupt, 1. Auflage, 2010.

Baur, Andreas, Zukunft der Rechnungslegung im öffentlichen Sektor: wachsende Ansprüche an Transparenz und Qualität – eine Standortbestimmung, Bern, PricewaterhouseCoopers, 2004.

BDO AG, Dienstleistungen von BDO für Non-Profit-Organisationen, 2010.

BDO Visura, Fitness-Test für Non-Profit-Organisationen, 5/2005.

BDO Visura, Rechnungslegung für gemeinnützige soziale Nonprofit-Organisationen Swiss GAAP FER 21, NPO-Letter, 1/2007.

BDO Visura, Transparenz schafft Vertrauen!, NPO-Letter, 1/2006.

Bertschinger, Peter, IFRS – struktuierte Übersicht mit Fallbeispielen, Zürich, Orell Füssli, 2009.

berwegerconsulting, NPO – Good governance: Grundlagen, Bern, 12/2006.

Blümle, Ernst-Bernd, Ein Ansatz zum Vergleich von Nonprofit-Organisationen, Verbesserung und Aussagen über die Leistungskraft von NPO, In: Der Schweizer Treuhänder, 9/2004.

Bono, Maria, Laura, NPO-Controlling: professionelle Steuerung sozialer Dienstleistungen, Stuttgart, Schäffer-Poeschel, 2006.

Blümle, Ernst-Bernd, Schauer, Reinbert, Ansatz zur Analyse der Ressourcen von Nonprofit-Organisationen, In: Der Schweizer Treuhänder, 6-7/2002.

Budäus, Dietrich (Hrsg.), Governance von Profit- und Nonprofit-Organisationen in gesellschaftlicher Verantwortung, Wiesbaden, Deutscher Universitäts-Verlag, 2005.

Busse, Jan, S., Wellbrock, Jens, M., Die Rechnungslegung als Instrument spendensammelnder Organisationen, In: Zeitschrift für öffentliche und gemeinwirtschaftliche Unternehmen, 2/2008.

Bütler, René, Rechnungslegung gemäss Swiss GAAP FER: eine theoretische und empirische Analyse, Zürich, Schulthess, 2006.

Christen, Claudia, Management in NPO, Rechtsformen von Nonprofit-Organisationen, In: Fachzeitschrift für Verbands- und Nonprofit-Management, 2/2005.

Controller Akademie, Seminar FER 21 für gemeinnützige Institutionen, Zürich, 2009.

Dobbertin, Stefanie, Accountability im Dritten Sektor – Die Problematik der Institutionalisierung von Transparenz unter besonderer Berücksichtigung des Online Informationsportals GuideStar Deutschland, Diplomarbeit, Berlin, 2005.

Egger, Philipp, Schnurbein, Georg von, Zöbeli, Daniel, Koss, Claus, Rechnungslegung und Revision von Förderstiftungen: Handlungsempfehlungen für die Praxis, In: Foundation Governance, Band 8, 2011.

Ernst & Young (Hrsg.), Checkliste zu den Fachempfehlungen zur Rechnungslegung (Swiss GAAP FER), Zürich/St. Gallen, 2007.

Greiling, Dorothea, Performance Measurement in Nonprofit-Organisationen, Wiesbaden, Gabler, 2009.

Haibach, Marita, Handbuch Fundraising: Spenden, Sponsoring, Stiftungen in der Praxis, Frankfurt/Main, Campus Verlag, 2002.

Happes, Wolfgang, Vereinsstatistik 2008, Konstanz, V & M Service GmbH, 10/2008.

Hausheer, Heinz, Aebi-Müller, Regina, E., Das Personenrecht des Schweizerischen Zivilgesetzbuches, Bern, Stämpfli, 2005.

Helmig, Bernd, Bärlocher, Christoph, Schnurbein, Georg von, Defining the Nonprofit Sector: Switzerland, Working Papers of the Johns Hopkins Comparative Nonprofit Sector Project, No. 46., Baltimore, The Johns Hopkins Center for Civil Society Studies, 2009.

Helmig, Bernd, Lichtsteiner, Hans, Gmür, Markus, Der Dritte Sektor der Schweiz: die Schweizer Länderstudie im Rahmen des Johns Hopkins Comparative Nonprofit Sector Project (CNP), Bern, Haupt, 2010.

Helmig, Bernd, Nonprofit-Management: Beispiele für Best Practices im dritten Sektor, Wiesbaden, Gabler, 2006.

Herzog, Michael, Gemeinnützige, soziale Nonprofit-Organisationen, Erfahrungen aus der Einführung von Swiss GAAP FER 21, In: Der Schweizer Treuhänder, 5/2008.

Hippel, Thomas von, Besonderheiten der Rechnungslegung bei Nonprofit-Organisationen, In: Unternehmungen, Versicherungen und Rechnungswesen: Festschrift zur Vollendung des 65. Lebensjahres von Dieter Rückle, Berlin, Duncker und Humblot, 2006.

Hochschule Luzern, IFZ Seminare, FER 21 – Rechnungslegung in der NPO Praxis, Zug, 10/2009.

Hopt, Klaus J., Hippel, Thomas von, Walz, Rainer, W., Nonprofit-Organisationen in Recht, Wirtschaft und Gesellschaft: Theorien – Analysen, Tübingen, Mohr Siebeck, 2005.

Kirchhoff, Sabine, Kuhnt, Sonja, Lipp, Peter, Schlawin, Siegfried, Der Fragebogen: Datenbasis, Konstruktion und Auswertung, Wiesbaden, VS Verlag für Sozialwissenschaften, 5. Aufl., 2010.

KPMG, IPSAS – Autorisierte Übersetzung der IPSAS-Standards, Zürich, Schulthess, 2009.

Kromrey, Helmut, Empirische Sozialforschung: Modelle und Methoden der Datenerhebung und Datenauswertung, Opladen, Leske + Budrich, 6., rev. Aufl., 1994.

Lang, Niklas, Professionelles Management von Stiftungen: ein Leitfaden für Stiftungspraktiker, Basel, Helbing Lichtenhahn, 2008.

Lichtsteiner, Hans, Gallati, Simone, Finanzmanagement in Nonprofit-Organisationen, Entwicklungsstand in der Schweiz, In: Der Schweizer Treuhänder, 6–7/2010.

Löwe, Marion, Rechnungslegung von Nonprofit-Organisationen: Anforderungen und Ausgestaltungsmöglichkeiten unter Berücksichtigung der Regelungen in Deutschland, USA und Grossbritannien, Berlin, E. Schmidt, 2003.

Mattes, Martin, Bergmann, Andreas, Verbesserte Transparenz durch International Public Sector Accounting Standards? KTI-Projekt prüft die Anwendbarkeit von IPSAS in öffentlichen Institutionen, In: Der Schweizer Treuhänder, 8/2002.

Meyer, Beatrice, Zöbeli, Daniel, Fondsaccounting für Nonprofit-Organisationen nach Swiss GAAP FER 2, In: rechnungswesen&controlling, 3/2010.

Meyer, Beatrice, Zupan, Lukas, Einführung und Anwendung eines Internen Kontrollsystems (IKS) für Förderstiftungen, In: Foundation Governance, Band 8, 2011.

Meyer, Conrad, Betriebliches Rechnungswesen, Zürich, Schulthess, 2. Aufl., 2008.

Müller, Kaspar, FER 21 Nonprofit-Organisationen: Stand und weiteres Vorgehen, In: Der Schweizer Treuhänder, 6-7/2002.

Müller, Kaspar, FER 21 – Rechnungslegung für gemeinnützige, soziale Nonprofit-Organisationen, In: Der Schweizer Treuhänder, 6–7/2002.

Müller, Kaspar, Rechnungslegung für Nonprofit-Organisationen, Swiss GAAP FER 21, In: Der Schweizer Treuhänder, 4/2009.

Neubert, Luzius, Finanzmanagement von Nonprofit-Organisationen, Höhe und Anlage des Finanzvermögens von spendensammelnden Schweizer NPOs, Zürich, Versus, 2007.

Neubert, Luzius, Zöbeli Daniel, Anlageverluste und Wertschwankungsreserven von Nonprofit-Organisationen nach Swiss GAAP FER 21, In: rechnungswesen&controlling, 4/2009.

Ott, Claus, Kontrolle und Transparenz von Nonprofit-Organisationen, Zwischen Markt und Staat, S. 505–526, DZI Deutsches Zentralinstitut für soziale Fragen, 2008.

Neubert, Luzius, Zöbeli, Daniel, Vermögensanlagen: Rechnungslegung und Reporting, In: Foundation Governance, Band 8, 2011.

Peter, Patrick, Zweckgebundene Zuwendungen (Erlösfonds) – Eine Analyse und Beurteilung der gängigen Praxis, Bachelorthesis, ZHAW, 2011.

Portmann, Wolfgang, Heini, Anton, Seemann, Matthias, Das Schweizerische Vereinsrecht, Basel, Helbing & Lichtenhahn, 3. Aufl., 2005.

PricewaterhouseCoopers, Informationsbedarf und Vertrauen privater Spender, 11/2008.

PricewaterhouseCoopers, Disclose – Aktuelles aus Rechnungslegung und Revision, 11/2007.

PricewaterhouseCoopers, Transparenzpreis Ausschreibung 2010, Kriterienkatalog und Erläuterung zu den einzelnen Kriterien, 11/2010.

PricewaterhouseCoopers, Transparenzpreis Analyse 2010, 11/2010.

PricewaterhouseCoopers, Zukunft der Rechnungslegung im öffentlichen Sektor, Wachsende Ansprüche an Transparenz und Qualität – Eine Standortbestimmung, 3/2004.

PricewaterhouseCoopers, Transparenz: ein Gewinn für Non-Profit-Organisationen, Zehn Thesen zur Rechnungslegung von NPO, Ein Meinungspapier von PwC, 2011.

Reding Biberegg, Sandra, Martina von, Foundation Governance bei Förderstiftungen in der Schweiz: eine empirische Untersuchung zur Umsetzung der neuen Richtlinien von Swiss GAAP FER 21, St. Gallen, 2010.

Salamon, Lester, M., Anheier, Helmut, K., Der dritte Sektor: aktuelle internationale Trends – eine Zusammenfassung: the John Hopkins comparative nonprofit sector project, Phase II, Gütersloh, Verlag Bertelsmann-Stiftung, 1999.

Salamon, Lester, M., Anheier, Helmut, K., Defining the nonprofit sector: a cross-national analysis, Manchester, Manchester University Press, 1997.

Sauter, Roland, Rechnungslegung von Personalvorsorgeeinrichtungen, SWISS GAAP FER 26 sorgt für zeitgemässe Transparenz, In: Der Schweizer Treuhänder, 5/2008.

Schauer, Reinbert, Andessner, René, Clemens, Rechnungswesen für Nonprofit-Organisationen: ergebnisorientiertes Informations- und Steuerungsinstrument für das Management in Verbänden und anderen Nonprofit-Organisationen, Bern, Haupt, 3., überarb. und erw. Aufl., 2008.

Schedler, Kuno, Proeller, Isabella, New Public Management, Bern, Haupt, 4. Auflage, 2009.

Schnurbein, Georg von, Nonprofit Governance in Wirtschaftsverbänden: eine qualitativ-empirische Analyse am Beispiel Schweiz, Fribourg, 2008.

Schnurbein, Georg von, Bethmann, Steffen, Philanthropie in der Schweiz, CEPS Forschung und Praxis – Band 01, Centre for Philanthropy Studies (CEPS), Universität Basel, 2010.

Schnurbein, Georg von, Timmer, Karsten, Die Förderstiftung: Strategie – Führung – Management, Foundation Governance, Basel, Band 7, 2010.

Schwarz, Peter, Bumbacher, Urs, Das Freiburger Management-Modell für Nonprofit-Organisationen (NPO), Bern, Haupt, 5., erg. und aktualis. Aufl., 2005.

Siebart, Patricia, Corporate Governance von Nonprofit-Organisationen: ausgewählte Aspekte der Organisation und Führung, Bern, Haupt, 2006.

Stier, Winfried, Empirische Forschungsmethoden, Berlin, Springer, 1996.

Stiftung für Fachempfehlungen zur Rechnungslegung, Swiss GAAP FER, Fachempfehlungen zur Rechnungslegung, Zürich, Ausgabe 2010/2011, FER, 2010.

Stötzer, Sandra, Stakeholder performance reporting von Nonprofit-Organisationen: Grundlagen und Empfehlungen für die Leistungsberichterstattung als stakeholderorientiertes Steuerungs- und Rechenschaftslegungsinstrument, Wiesbaden, Gabler, 2009.

Theuvsen, Ludwig, Transparenz von Nonprofit-Organisationen: Eine Analyse am Beispiel des Swiss NPO-Code, In: Betriebswirtschaftliche Forschung und Praxis, H. 1, S. 22–40, 61. Jg., 2009.

Theuvsen, Ludwig, Stakeholder-Management – Möglichkeiten des Umgangs mit Anspruchsgruppen, In: Münsteraner Diskussionspapiere zum Nonprofit-Sektor – Nr. 16, 8/2001.

Treuhand-Kammer, Schweizerische Kammer der Wirtschaftsprüfer und Steuerexperten, Schweizer Handbuch der Wirtschaftsprüfung, Zürich, Treuhand-Kammer, Band 1, Buchführung und Rechnungslegung, Band 2, Abschlussprüfung, 2009.

Treuhand-Kammer, Schweizerische Kammer der Wirtschaftsprüfer und Steuerexperten, Schweizer Handbuch der Wirtschaftsprüfung, Zürich, Treuhand-Kammer, Band 1, Buchführung und Rechnungslegung, 1998.

Walz, Rainer, W., Rechnungslegung und Transparenz im dritten Sektor, Köln, Carl Heymanns Verlag, 2004.

Werder, Axel von, Pohle, Klaus, Wiedmann, Harald (Hrsg.) Internationalisierung der Rechnungslegung und Corporate Governance, Festschrift für Professor Dr. Klaus Pohle, Stuttgart, Schäffer-Poeschel, 2003.

Wex, Thomas, Der Nonprofit-Sektor der Organisationsgesellschaft, Wiesbaden, Deutscher Universitäts-Verlag, 2004.

Wiley, IFRS, Wiley, 2011.

Zihler, Florian, Das zukünftige Rechnungslegungsrecht, In: Der Schweizer Treuhänder, 1–2/2011.

Zöbeli, Daniel, Rechnungslegung für Nonprofit-Organisationen – ein praktischer Kommentar zu Swiss GAAP FER 21, Zürich, Orell-Füssli, 2007.

Zöbeli, Daniel, Rückstellungen in der Rechnungslegung: eine betriebswirtschaftliche Untersuchung der Rückstellungen in Bilanztheorie, Recht und Rechnungslegungspraxis, Dissertation, Universität Freiburg, 2003.

Zöbeli, Daniel, Exer, Arthur, Baumann, Andreas, Rechnungswesen, Revision und Steuern für Vereine, Zürich, Orell Füssli, 2010.

Zöbeli, Daniel, Neubert, Luzius, Jahresabschluss und Finanzen von Stiftungen: Rechnungslegung, Revision, Internes Kontrollsystem (IKS), Sanierung und Vermögensanlage, Zürich, Orell Füssli, 2009.

8. Anhang

8.1. Instrumentarium Erhöhung Aussagekraft Rechnungslegung eigene NPO

8.1.1. Self-Assessment-Tool

Aussagekraft Rechnungslegung Self-Assessment-Tool zur Ermittlung des Status quo der eigenen sozialen Organisation			
Schritt 1	Bitte einzelne Fragen und mögliche Antworten durchlesen, dann zutreffende(s) Kästchen basierend auf dem Geschäftsbericht der eigenen NPO ankreuzen.		
Nr.	Frage	Punkt-zahl	Erzielte Punkte
1 (a01)	Heutzutage wird erwartet, dass öffentliche Informationen über das Internet in elektronischer Form verfügbar sind. Legen Sie die Jahresrechnung auf der Webseite Ihrer Organisation offen?		
	❏ Keine Offenlegung ODER Zustellung mittels Kontaktformular	0	
	❏ Zahlenzusammenzug ODER Kommentar ohne Zahlen	2	
	❏ Vollständige Offenlegung	4	
2 (a29)	Um die wirtschaftliche Entwicklung richtig beurteilen zu können, sind Vergleichsmöglichkeiten wichtig. Welche Vergleichswerte weisen Sie in der Erfolgsrechnung aus?		
	❏ Kein Ausweis	0	
	❏ Vorjahreszahlen ODER Budgetzahlen	2	
	❏ Vorjahreszahlen UND Budgetzahlen	4	
3 (a28)	Die Übersichtlichkeit der Jahresrechnung ist ein wichtiger Punkt, der sich u.a. anhand der Anzahl der in der Erfolgsrechnung aufgeführten Positionen beurteilen lässt. Wie viele Positionen weisen Sie in der Erfolgsrechnung aus?		
	❏ 0 bis 4 ODER 40 und mehr	0	
	❏ 5 bis 9 ODER 30 bis 39	2	
	❏ 10 bis 29	4	
4 (a14)	Bilanzierungs- und Bewertungsgrundsätze beeinflussen die Jahresrechnung massgeblich. Legen Sie diese Grundsätze im Anhang offen?		
	❏ Gar keine Offenlegung	0	
	❏ Partielle Offenlegung	2	
	❏ Umfassende Offenlegung	4	

Aussagekraft Rechnungslegung **Self-Assessment-Tool zur Ermittlung des Status quo der eigenen sozialen Organisation**			
5 (a15)	Aussagekräftige Bilanzierungsrichtlinien enthalten in jedem Fall Angaben zur Aktivierungsgrenze. Machen Sie im Anhang Angaben zur Aktivierungsgrenze?		
	❏ Keine Angabe	0	
	❏ Betragsangabe ohne Differenzierung nach Bilanzpositionen bzw. Gruppen von Bilanzpositionen	2	
	❏ Betragsangabe mit Differenzierung nach Bilanzpositionen bzw. Gruppen von Bilanzpositionen	4	
6 (a13)	Die Beurteilung der tatsächlichen wirtschaftlichen Lage einer Organisation sollte durch Kommentare des leitenden Organs konkretisiert werden. Welche Informationen der Jahresrechnung kommentieren Sie?		
	❏ Nicht vorhanden	0	
	Vergangenheit ❏ Aufwand, Ertragslage ❏ Liquidität ❏ Investitionen	Zukunft ❏ Aufwand, Ertragslage ❏ Liquidität ❏ Investitionen	0 1 Kreuz 2 2 oder 3 Kreuze 4 ab 4 Kreuzen
7 (a37)	Der Vergleich der Höhe zwischen indirekt und direkt produktivem Aufwand ist als Messgrösse für die Organisationseffizienz von Interesse. Wo unterscheiden Sie zwischen administrativem Aufwand und direkt produktivem Aufwand?		
	❏ Keine Unterscheidung	0	
	❏ Unterscheidung im Anhang	2	
	❏ Unterscheidung in der Erfolgsrechnung ❏ Unterscheidung in der Erfolgsrechnung UND Erläuterung im Anhang	4 1 oder 2 Kreuze	
8 (a48)	Die Existenzberechtigung einer sozialen NPO besteht darin, für einen definierten Kreis von Dritten nützliche Leistungen in einem definierten Ausmass zu erbringen. Weisen Sie im Geschäftsbericht das Angebot der Organisation respektive die damit avisierten Ziele aus?		
	❏ Kein Ausweis	0	
	❏ Angebotsbeschreibung	2	
	❏ Zielbeschreibung	2	

Aussagekraft Rechnungslegung		
Self-Assessment-Tool zur Ermittlung des Status quo der eigenen sozialen Organisation		
9 (a49)	Die effiziente und effektive Zielerreichung sollte mit geeigneten Messinstrumenten überprüfbar sein und deshalb ausgewiesen werden. Werden Resultate verschiedener Wirkungsmessinstrumente ausgewiesen?	
	❏ Kein Ausweis	0
	❏ Einschätzung durch Nutzer ❏ Einschätzung durch Profis	2 1 oder 2 Kreuze
	❏ Einschätzung durch Mitarbeiter	2
10 (a39) (a46)	Eine aussagekräftige Rechnungslegung legt Interaktionen mit nahestehenden Personen und Organisationen offen. Weisen Sie im Anhang die Entschädigung leitender Organe (Stiftungsrat oder Vereinsvorstand) sowie die Transaktionen und Beziehungen zu nahestehenden Personen bzw. Organisationen aus?	
	❏ Kein Ausweis	0
	❏ Honorare (z.B. Sitzungsgeld) ❏ Spesen (z.B. Auto) ❏ Mandate oder spezielle Dienstleistungen	2 1 oder mehr Kreuze
	❏ Offenlegung Transaktionen mit Nahestehenden ODER Verneinung Existenz	2
11 (a44) (a44)	Im Anhang sind wichtige, die Bilanz und Erfolgsrechnung ergänzende Informationen offenzulegen. Weisen Sie im Anhang Eventualverbindlichkeiten und Ereignisse nach dem Bilanzstichtag aus?	
	❏ Kein Ausweis	0
	❏ Offenlegung Betrag der Eventualverbindlichkeiten ODER Verneinung deren Existenz	2
	❏ Offenlegung Ereignisse nach dem Bilanzstichtag ODER Verneinung deren Existenz	2
12 (a06) (a40)	Weisen Sie im Anhang oder an anderer Stelle die durch entgeltliche und unentgeltliche Arbeit erbrachte Leistung aus?	
	❏ Kein Ausweis	0
	❏ Entgeltliche Arbeit als Anzahl der Vollzeitstellen ODER Verneinung deren Existenz	2
	❏ Unentgeltliche Arbeit in Stunden ODER Vollzeitstellen ODER Verneinung deren Existenz	2

Aussagekraft Rechnungslegung **Self-Assessment-Tool zur Ermittlung des Status quo der eigenen sozialen Organisation**				
13 (a34) (a35)	Weisen Sie in der Erfolgsrechnung oder im Anhang den Buchführungsaufwand respektive Revisionsaufwand aus?			
	❏ Kein Ausweis			0
	❏ Betrag Buchführungsaufwand			2
	❏ Betrag Revisionsaufwand			2
Schritt 2	Summe der erreichten Punkte berechnen und dann eintragen.			
Schritt 3	Erzieltes Ergebnis durch 13 (Anzahl der Fragen) teilen und dann eintragen.			
Schritt 4	Kategorisierung der Aussagekraft der Rechnungslegung als tief (kleiner gleich 2 Punkte) bzw. hoch (grösser 2 Punkte) und Kategorie (Tief/Hoch) eintragen.			

Aussagekraft Rechnungslegung **Self-Assessment-Tool zur Einschätzung der Regulierungsdichte der jeweiligen Branche**	
Schritt 5	Bitte Frage und mögliche Antworten durchlesen, dann für die eigene NPO zutreffende(s) Kästchen ankreuzen.
	Die öffentliche Hand greift bei der Vergabe von Geldern häufig regulierend ein, indem beispielsweise Weisungen erlassen werden, welche sich auf die Rechnungslegung auswirken. Dadurch kann bei sachgemässer Einhaltung Umfang und Qualität der Zahlen erhöht werden, sodass im Ergebnis die Transparenz für interne und externe Anspruchsgruppen zunimmt. Welchen Regulierungen ist Ihre Organisation unterworfen?

	❏ Leistungsvereinbarung mit öffentlicher Hand	0 0 oder 1 Kreuz
	❏ Weisung zur Rechnungslegung der öffentlichen Hand	
	❏ Weisung zur Kostenrechnung der öffentlichen Hand	2 2 oder 3 Kreuze
	❏ Reporting für öffentliche Hand	
		4 Kreuze
Schritt 6	Erreichte Punkte ablesen und dann eintragen.	
Schritt 7	Kategorisierung als tief regulierte (0 Punkte) bzw. hoch regulierte Branche (2 oder 4 Punkte) und Kategorie (Tief/Hoch) eintragen.	

Aussagekraft Rechnungslegung Self-Assessment-Tool zur Einschätzung der Bedeutung der Spenden		
Schritt 8	Bitte Frage und mögliche Antworten durchlesen, dann für die eigene soziale NPO zutreffende(s) Kästchen ankreuzen.	
	Der Geschäftsbericht hat vor allem für diejenigen Spender einen hohen Stellenwert, die keine zusätzlichen Informationen einfordern können. Die Wichtigkeit von Spenden für eine Organisation soll hier eingeschätzt werden. Welche Bedeutung haben die Spenden für Ihre Organisation?	
	❏ Tief	0
	❏ Mittel	2
	❏ Hoch	4
Schritt 9	Erreichte Punkte ablesen und dann eintragen.	
Schritt 10	Kategorisierung der Bedeutung von Spenden als tief (0 Punkte) bzw. hoch (2 oder 4 Punkte) und Kategorie (Tief/Hoch) eintragen.	

8.1.2. Handlungsmatrizen

Aussagekraft Rechnungslegung Handlungsmatrizen zur Bestimmung des Handlungsfelds und damit der weiteren Vorgehensweise auf Stufe Organisation	
Schritt 11	Wahl der Handlungsmatrizen anhand des Kriteriums Rechnungslegungsnorm (Anwender Gesetz oder Anwender FER).
Schritt 12	Wahl der zutreffenden Handlungsmatrix anhand des Kriteriums Regulierungsdichte (Tief/Hoch), gemäss Schritt 7.
Schritt 13	Übertrag Kategorie erzielte Punktzahl Aussagekraft der Rechnungslegung (Tief/Hoch), gemäss Schritt 4.
Schritt 14	Übertrag Kategorie Bedeutung Spenden (Tief/Hoch), gemäss Schritt 10.
Schritt 15	Ablesen des zutreffenden Handlungsfelds: Verbesserung anhand Optimierungsmatrix → siehe Anhang 8.1.3 Prüfung FER 21 Anwendung → eigener Aktionsplan notwendig Prüfung Beibehaltung FER → eigener Aktionsplan notwendig Beratung FER-Anwendung → eigener Aktionsplan notwendig Corporate Governance → eigener Aktionsplan notwendig Kein Handlungsbedarf → kein Aktionsplan notwendig
Schritt 16	Weiterentwicklung in Pfeilrichtung (siehe Handlungsmatrizen) anstreben.

Aussagekraft Rechnungslegung
Handlungsmatrizen Anwender Gesetz (siehe Kapitel 4.8.1 für Erläuterungen)

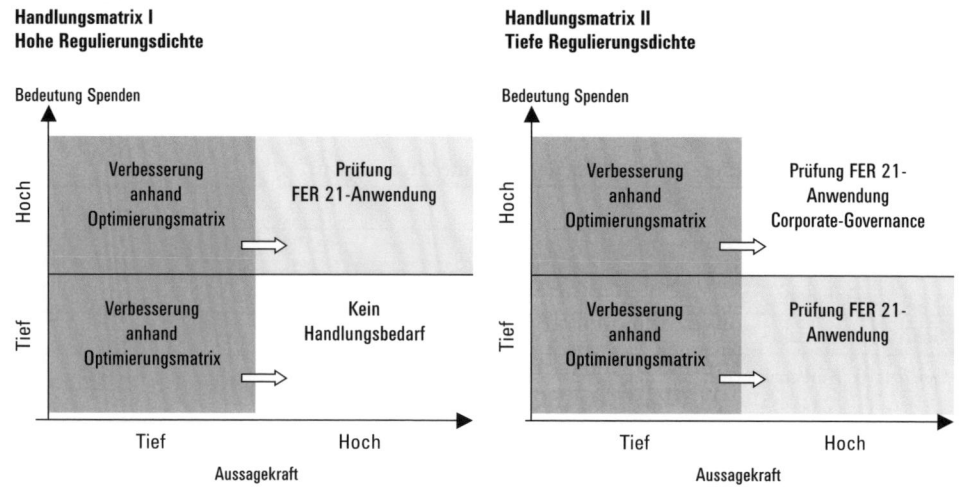

Handlungsmatrix I
Hohe Regulierungsdichte

	Tief Aussagekraft	Hoch
Hoch Bedeutung Spenden	Verbesserung anhand Optimierungsmatrix	Prüfung FER 21-Anwendung
Tief	Verbesserung anhand Optimierungsmatrix	Kein Handlungsbedarf

Handlungsmatrix II
Tiefe Regulierungsdichte

	Tief Aussagekraft	Hoch
Hoch Bedeutung Spenden	Verbesserung anhand Optimierungsmatrix	Prüfung FER 21-Anwendung Corporate-Governance
Tief	Verbesserung anhand Optimierungsmatrix	Prüfung FER 21-Anwendung

Optimierungsmatrix siehe Anhang 8.1.3.

Aussagekraft Rechnungslegung
Handlungsmatrizen Anwender FER (siehe Seite 4.8.2 für Erläuterungen)

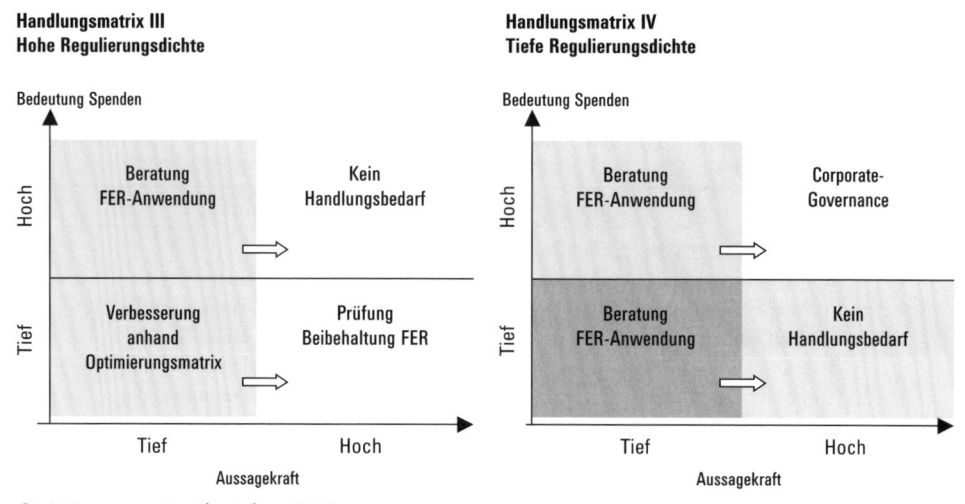

Handlungsmatrix III
Hohe Regulierungsdichte

	Tief Aussagekraft	Hoch
Hoch Bedeutung Spenden	Beratung FER-Anwendung	Kein Handlungsbedarf
Tief	Verbesserung anhand Optimierungsmatrix	Prüfung Beibehaltung FER

Handlungsmatrix IV
Tiefe Regulierungsdichte

	Tief Aussagekraft	Hoch
Hoch Bedeutung Spenden	Beratung FER-Anwendung	Corporate-Governance
Tief	Beratung FER-Anwendung	Kein Handlungsbedarf

Optimierungsmatrix siehe Anhang 8.1.3.

8.1.3. Optimierungsmatrix

Aussagekraft Rechnungslegung Optimierungsmatrix zur Bestimmung der weiteren Vorgehensweise bezüglich Fachthemen						
Schritt 17 Eintragung des Optimierungspotenzials von 2 oder 4 (erreichte Punktzahl 2 oder 0) pro Kriterium (siehe 8.1.1 Self-Assessment-Tool Fragen 1 bis 13) in linke Kolonne «Optimierungspotenzial».						
Schritt 18 Markieren der Ursachen pro Kriterium. Obschon die in der Optimierungsmatrix vorgegebenen Kreuze häufige Ursachen sind, können auch andere Gründe markiert werden.						
Schritt 19 Unmittelbare Umsetzung des einfach zu realisierenden Verbesserungspotenzials (Wissen, Sensibilisierung, Missstand, keine Negativbestätigungen), für Umsetzungsempfehlungen siehe Textboxen 11 bis 21. Das im Self-Assessment-Tool verwendete Bewertungsschema kann bei der Umsetzung ebenfalls wertvolle Hinweise geben.						
Schritt 20 Mittelbare Umsetzung des schwieriger zu realisierenden Verbesserungspotenzials (Datenlage) prüfen.						
Schritt 21 Weiterentwicklung anstreben, siehe Schritt 16.						

Frage gemäss Self-Assessment-Tool 8.1.1		Optim. potenzial[65]	Datenlage	Wissen	Sensibilisierung	Missstand	Keine Negativbestät.
1	Offenlegung Jahresrechnung			x	x	x	
2	Vorjahres-/Budgetzahlen			x	x	x	
3	Erfolgsrechnungspositionen			x	x		
4	Bilanzierungs-/Bewertungsgrundsätze			x	x		
5	Aktivierungsgrenze			x	x		
6	Finanzbericht			x	x	x	
7	Adm./produktiver Aufwand		x	x	x	x	
8	Angebots-/Zielbeschreibung		x	x	x	x	
9	Wirkungsmessung		x	x	x	x	
10	Entschädigung Leitungsorgane Transaktionen Nahestehende			x	x	x	x
11	Eventualverbindlichkeiten Ereignisse nach Bilanzstichtag			x	x	x	x
12	Entgeltliche (FTE) Arbeit Unentgeltliche Arbeit		x	x	x	x	x
13	Buchführungs-/Revisionsaufwand		x	x	x	x	x

---

65 Das Optimierungspotenzial kann die Werte 2 oder 4 Punkte haben. Es berechnet sich als Differenz zwischen maximaler Punktzahl 4 abzüglich tatsächlich erreichter Punkte (0 oder 2 Punkte). Falls 4 Punkte erzielt werden, ist das Optimierungspotenzial Null und damit nicht in die Optimierungsmatrix einzutragen.

Erläuterungen zu den Ursachen:

Datenlage Gewisse Informationen sind in der NPO nicht vorhanden. Deren Beschaffung setzt in der Regel einen hohen Ressourceneinsatz voraus und kann häufig erst mittelfristig realisiert werden. Beispiele: Einführung Betriebsbuchhaltungssoftware, Aufbau Kostenrechnung in einer Tabellenkalkulation, Erarbeitung Strategie als Grundlage für die Angebots- und Zielbeschreibung, Entwicklung Instrumente Wirkungsmessung.

Falls ein tiefer Wert in der Aussagekraft der Rechnungslegung auf eine der folgenden Ursachen zurückzuführen ist, kann dieses Defizit mit einem vergleichsweise geringen Ressourceneinsatz häufig kurzfristig behoben werden.

Wissen Das notwendige Wissen kann man sich relativ einfach aneignen. Beispiele: Vorliegende Publikation, externe und interne Schulungen, Beizug externer Berater.

Sensibilisierung Fehlendem Bewusstsein bezüglich der Bedeutung der Aussagekraft der Rechnungslegung der eigenen NPO kann Abhilfe geschaffen werden. In einer Organisation dürfte teilweise das Problem bestehen, dass Hierarchiestufen eine unterschiedliche Sensibilisierung haben, sodass zuerst ein Konsens geschaffen werden muss.

Missstand Das Vorliegen eines vermeintlichen oder auch tatsächlichen Missstands kann eine weitere, wenn auch in der Realität wohl eher seltene Ursache darstellen. Bei der Behebung ist jeweils der konkrete Sachverhalt zu berücksichtigen.

Negativbestätigungen Ursache sind im Anhang fehlende Bestätigungen, die auf das Nichtvorhandensein wichtiger Informationen explizit hinweisen.

8.2. Kennzahlen Beschreibung Untersuchungsobjekte

8.2.1. Branche

Aspekt	NPO-Branche	Quantile				
		10%	25%	50%	75%	90%
Bilanzsumme (in CHF Mio.)	Jugend-/Behindertenheime	0.9	3.5	8.4	18.6	33.3
	Förderorganisationen	0.2	1.5	8.5	26.3	117.0
	Entwicklungshilfeinstitutionen	0.3	1.5	4.2	24.3	54.8
	Übrige (alle ZEWO-zertifiziert)	0.3	0.7	2.8	9.9	24.7
Personalaufwand (in CHF Mio.)	Jugend-/Behindertenheime	0.9	2.2	5.6	12.4	18.6
	Förderorganisationen	0.0	0.1	0.3	0.7	2.6
	Entwicklungshilfeinstitutionen	0.2	0.6	4.1	7.4	26.6
	Übrige (alle ZEWO-zertifiziert)	0.1	0.5	1.1	3.9	8.6
Massgebender Ertrag (in CHF Mio.)	Jugend-/Behindertenheime	0.3	1.2	2.8	9.8	15.9
	Förderorganisationen	0.0	0.2	1.2	4.0	19.7
	Entwicklungshilfeinstitutionen	0.4	2.3	6.5	16.2	54.9
	Übrige (alle ZEWO-zertifiziert)	0.2	0.7	1.9	6.7	10.5
Spendenertrag (in CHF Mio.)	Jugend-/Behindertenheime	0.0	0.0	0.1	0.2	1.5
	Förderorganisationen	0.0	0.1	0.7	3.5	15.5
	Entwicklungshilfeinstitutionen	0.4	2.5	6.6	14.7	23.1
	Übrige (alle ZEWO-zertifiziert)	0.0	0.2	0.8	2.9	5.6
Spendenertrag im Verhältnis zum massgebenden Ertrag (in Prozent)	Jugend-/Behindertenheime	0%	1%	2%	14%	83%
	Förderorganisationen	7%	52%	94%	100%	100%
	Entwicklungshilfeinstitutionen	51%	81%	100%	100%	100%
	Übrige (alle ZEWO-zertifiziert)	5%	30%	69%	100%	100%

8.2.2. Rechnungslegungsnorm

Aspekt	Rechnungslegungsnorm	Quantile				
		10%	25%	50%	75%	90%
Bilanzsumme (in CHF Mio.)	Anwender Gesetz	0.4	1.8	6.3	18.6	32.7
	Anwender FER	0.4	1.5	6.8	18.8	51.1
Personalaufwand (in CHF Mio.)	Anwender Gesetz	0.2	0.8	3.1	8.9	17.1
	Anwender FER	0.1	0.5	1.7	6.9	15.9
Massgebender Ertrag (in CHF Mio.)	Anwender Gesetz	0.1	0.5	2.2	7.3	15.3
	Anwender FER	0.4	1.0	2.9	9.8	17.7
Spendenertrag (in CHF Mio.)	Anwender Gesetz	0.0	0.0	0.1	0.6	4.3
	Anwender FER	0.0	0.2	1.0	4.6	15.0
Spendenertrag im Verhältnis zum massgebenden Ertrag (in Prozent)	Anwender Gesetz	0%	1%	12%	100%	100%
	Anwender FER	2%	15%	75%	100%	100%

8.2.3. Rechtsform

Aspekt	Rechtsform	Quantile				
		10%	25%	50%	75%	90%
Bilanzsumme (in CHF Mio.)	Verein	0.3	0.9	3.9	10.4	27.6
	Stiftung	0.7	2.0	8.7	23.5	74.7
Personalaufwand (in CHF Mio.)	Verein	0.2	0.5	1.5	5.4	12.2
	Stiftung	0.1	0.6	3.0	9.1	16.9
Massgebender Ertrag (in CHF Mio.)	Verein	0.2	0.7	2.4	7.2	11.3
	Stiftung	0.2	0.6	2.4	10.6	19.8
Spendenertrag (in CHF Mio.)	Verein	0.0	0.1	0.5	3.1	8.0
	Stiftung	0.0	0.1	0.4	2.0	13.0
Spendenertrag im Verhältnis zum massgebenden Ertrag (in Prozent)	Verein	1%	11%	63%	100%	100%
	Stiftung	1%	2%	51%	100%	100%

8.3. Messung Aussagekraft Rechnungslegung

8.3.1. Branche

		Branche 1 Jugend- und Behindertenheime	Branche 1 Mittelwerte			Branche 1/2/3/4 Mittelwerte		
			Alle	Anwender Gesetz	Anwender FER	Alle	Anwender Gesetz	Anwender FER
a01	Offenlegung Jahresrechnung auf Webseite		2.3	2.0	3.4	2.7	2.1	3.3
a13	Finanzbericht		0.4	0.4	0.7	0.8	0.7	0.9
a14	Bilanzierungs-/Bewertungsgrundsätze		0.4	0.2	1.4	1.1	0.6	1.8
a15	Aktivierungsgrenze		0.2	0.1	0.5	0.4	0.2	0.7
a28	Anzahl Erfolgsrechnungspositionen		3.1	3.1	3.0	3.0	3.2	2.9
a29	Vorjahres-/Budgetzahlen		1.9	1.8	2.2	2.0	1.9	2.2
a37	Unterscheidung administrativer/produktiver Aufwand		0.4	0.2	1.6	1.8	0.9	2.7
a48	Angebots-/Zielbeschreibung		1.1	1.0	1.5	1.7	1.4	2.0
a49	Wirkungszielmessung		1.1	1.1	1.1	1.4	1.2	1.5
∅	**Gesamtsicht I**		1.2	1.1	1.7	1.7	1.4	2.0
a06 a40	Entgeltliche Arbeit (FTE) Unentgeltliche Arbeit		0.7	0.6	1.3	1.0	0.6	1.4
a34 a35	Buchführungs-/Revisionsaufwand		0.1	0.1	0.2	0.3	0.3	0.3
a39 a46	Entschädigung Leitungsorgan Transaktionen Nahestehende		0.4	0.1	1.3	1.5	0.6	2.4
a44 a44	Eventualverbindlichkeiten Ereignisse nach Bilanzstichtag		0.3	0.3	0.4	0.3	0.2	0.4
∅	**Gesamtsicht II**		0.4	0.3	0.8	0.8	0.4	1.1
∅	**Gesamtsicht I und II**		1.0	0.8	1.4	1.4	1.1	1.7
∅	**FER-spezifisch**		0.5	0.4	1.2	1.2	0.7	1.7
∅	**Teilweise FER-spezifisch**		1.3	1.2	1.8	1.5	1.3	1.8
∅	**Nicht FER-spezifisch**		1.4	1.3	1.6	1.6	1.4	1.7
∅	**Jahresrechnung**		1.4	1.2	2.0	1.8	1.5	2.3
∅	**Finanzbericht**		0.4	0.4	0.7	0.8	0.7	0.9
∅	**Leistungsbericht**		1.1	1.1	1.3	1.6	1.3	1.8

		Branche 2 Förderorganisationen			Branche 2 Mittelwerte		Branche 1/2/3/4 Mittelwerte	
			Alle	Anwender Gesetz	Anwender FER	Alle	Anwender Gesetz	Anwender FER
a01	Offenlegung Jahresrechnung auf Webseite		2.0	1.7	2.4	2.7	2.1	3.3
a13	Finanzbericht		1.6	1.5	1.6	0.8	0.7	0.9
a14	Bilanzierungs-/Bewertungsgrundsätze		1.6	1.3	1.9	1.1	0.6	1.8
a15	Aktivierungsgrenze		0.5	0.4	0.6	0.4	0.2	0.7
a28	Anzahl Erfolgsrechnungspositionen		3.2	3.3	3.0	3.0	3.2	2.9
a29	Vorjahres-/Budgetzahlen		2.0	2.1	1.9	2.0	1.9	2.2
a37	Unterscheidung administrativer/produktiver Aufwand		2.9	2.7	3.2	1.8	0.9	2.7
a48	Angebots-/Zielbeschreibung		2.4	2.1	2.7	1.7	1.4	2.0
a49	Wirkungszielmessung		1.4	1.1	1.8	1.4	1.2	1.5
∅	**Gesamtsicht I**		2.0	1.8	2.1	1.7	1.4	2.0
a06 a40	Entgeltliche Arbeit (FTE) Unentgeltliche Arbeit		0.7	0.4	1.0	1.0	0.6	1.4
a34 a35	Buchführungs-/Revisionsaufwand		0.8	1.0	0.7	0.3	0.3	0.3
a39 a46	Entschädigung Leitungsorgan Transaktionen Nahestehende		2.1	1.7	2.7	1.5	0.6	2.4
a44 a44	Eventualverbindlichkeiten Ereignisse nach Bilanzstichtag		0.2	0.2	0.2	0.3	0.2	0.4
∅	**Gesamtsicht II**		1.0	0.8	1.2	0.8	0.4	1.1
∅	**Gesamtsicht I und II**		1.6	1.5	1.8	1.4	1.1	1.7
∅	**FER-spezifisch**		1.8	1.6	2.1	1.2	0.7	1.7
∅	**Teilweise FER-spezifisch**		1.4	1.3	1.5	1.5	1.3	1.8
∅	**Nicht FER-spezifisch**		1.6	1.5	1.7	1.6	1.4	1.7
∅	**Jahresrechnung**		2.0	1.9	2.2	1.8	1.5	2.3
∅	**Finanzbericht**		1.6	1.5	1.6	0.8	0.7	0.9
∅	**Leistungsbericht**		1.9	1.6	2.3	1.6	1.3	1.8

		Branche 3 Entwicklungshilfeorganisationen	Branche 3 Mittelwerte			Branche 1/2/3/4 Mittelwerte		
			Alle	Anwender Gesetz	Anwender FER	Alle	Anwender Gesetz	Anwender FER
a01	Offenlegung Jahresrechnung auf Webseite		3.1	2.4	3.4	2.7	2.1	3.3
a13	Finanzbericht		1.5	1.8	1.4	0.8	0.7	0.9
a14	Bilanzierungs-/ Bewertungsgrundsätze		1.8	1.3	1.9	1.1	0.6	1.8
a15	Aktivierungsgrenze		0.7	0.2	0.8	0.4	0.2	0.7
a28	Anzahl Erfolgsrechnungspositionen		3.0	3.3	3.0	3.0	3.2	2.9
a29	Vorjahres-/Budgetzahlen		2.1	2.4	2.0	2.0	1.9	2.2
a37	Unterscheidung administrativer/produktiver Aufwand		3.1	2.0	3.4	1.8	0.9	2.7
a48	Angebots-/Zielbeschreibung		2.2	1.3	2.5	1.7	1.4	2.0
a49	Wirkungszielmessung		2.8	2.6	2.9	1.4	1.2	1.5
∅	**Gesamtsicht I**		2.3	1.9	2.4	1.7	1.4	2.0
a06 a40	Entgeltliche Arbeit (FTE) Unentgeltliche Arbeit		1.3	0.9	1.4	1.0	0.6	1.4
a34 a35	Buchführungs-/ Revisionsaufwand		0.1	0.0	0.2	0.3	0.3	0.3
a39 a46	Entschädigung Leitungsorgan Transaktionen Nahestehende		2.7	1.6	3.0	1.5	0.6	2.4
a44 a44	Eventualverbindlichkeiten Ereignisse nach Bilanzstichtag		0.5	0.4	0.6	0.3	0.2	0.4
∅	**Gesamtsicht II**		1.2	0.7	1.3	0.8	0.4	1.1
∅	**Gesamtsicht I und II**		1.9	1.6	2.0	1.4	1.1	1.7
∅	**FER-spezifisch**		2.0	1.4	2.1	1.2	0.7	1.7
∅	**Teilweise FER-spezifisch**		1.7	1.7	1.7	1.5	1.3	1.8
∅	**Nicht FER-spezifisch**		1.9	1.7	2.1	1.6	1.4	1.7
∅	**Jahresrechnung**		2.3	1.9	2.4	1.8	1.5	2.3
∅	**Finanzbericht**		1.5	1.8	1.4	0.8	0.7	0.9
∅	**Leistungsbericht**		2.5	2.0	2.7	1.6	1.3	1.8

		Branche 4 Übrige soziale Organisationen (Alle mit ZEWO-Siegel)	Branche 4 Mittelwerte			Branche 1/2/3/4 Mittelwerte		
			Alle	An- wender Gesetz	An- wender FER	Alle	An- wender Gesetz	An- wender FER
a01		Offenlegung Jahresrechnung auf Webseite	3.8		3.8	2.7	2.1	3.3
a13		Finanzbericht	0.2		0.2	0.8	0.7	0.9
a14		Bilanzierungs-/Bewertungsgrundsätze	1.8		1.8	1.1	0.6	1.8
a15		Aktivierungsgrenze	0.8		0.8	0.4	0.2	0.7
a28		Anzahl Erfolgsrechnungspositionen	2.8		2.8	3.0	3.2	2.9
a29		Vorjahres-/Budgetzahlen	2.4		2.4	2.0	1.9	2.2
a37		Unterscheidung administrativer/produktiver Aufwand	2.4		2.6	1.8	0.9	2.7
a48		Angebots-/Zielbeschreibung	1.6		1.6	1.7	1.4	2.0
a49		Wirkungszielmessung	0.8		0.8	1.4	1.2	1.5
∅		**Gesamtsicht I**	1.9		1.9	1.7	1.4	2.0
a06 a40		Entgeltliche Arbeit (FTE) Unentgeltliche Arbeit	1.7		1.7	1.0	0.6	1.4
a34 a35		Buchführungs-/Revisionsaufwand	0.2		0.2	0.3	0.3	0.3
a39 a46		Entschädigung Leitungsorgan Transaktionen Nahestehende	2.4		2.4	1.5	0.6	2.4
a44 a44		Eventualverbindlichkeiten Ereignisse nach Bilanzstichtag	0.5		0.5	0.3	0.2	0.4
∅		**Gesamtsicht II**	1.2		1.2	0.8	0.4	1.1
∅		**Gesamtsicht I und II**	1.7		1.7	1.4	1.1	1.7
∅		**FER-spezifisch**	1.5		1.5	1.2	0.7	1.7
∅		**Teilweise FER-spezifisch**	2.1		2.1	1.5	1.3	1.8
∅		**Nicht FER-spezifisch**	1.7		1.7	1.6	1.4	1.7
∅		**Jahresrechnung**	2.4		2.4	1.8	1.5	2.3
∅		**Finanzbericht**	0.2		0.2	0.8	0.7	0.9
∅		**Leistungsbericht**	1.2		1.2	1.6	1.3	1.8

8.3.2. Zusammenfassung

	Alle Untersuchungobjekte	Mittelwerte				
	Branchen	1	2	3	4	Alle
∅	Gesamtsicht I	1.2	2.0	2.3	1.8	1.7
∅	Gesamtsicht II	0.4	1.0	1.2	1.1	0.8
∅	Gesamtsicht I und II	1.0	1.6	1.9	1.6	1.4
∅	FER-spezifisch	0.5	1.8	2.0	1.4	1.2
∅	Teilweise FER-spezifisch	1.3	1.4	1.7	2.0	1.5
∅	Nicht FER-spezifisch	1.4	1.6	1.9	1.7	1.6
∅	Jahresrechnung	1.4	2.0	2.3	2.3	1.8
∅	Finanzbericht	0.4	1.6	1.5	0.2	0.8
∅	Leistungsbericht	1.1	1.9	2.5	1.3	1.7

	Anwender Gesetz	Mittelwerte				
	Branchen	1	2	3	4	Alle
∅	Gesamtsicht I	1.1	1.8	1.9	1.5	1.4
∅	Gesamtsicht II	0.3	0.8	0.7	0.6	0.4
∅	Gesamtsicht I und II	0.8	1.5	1.6	1.2	1.1
∅	FER-spezifisch	0.4	1.6	1.4	0.7	0.7
∅	Teilweise FER-spezifisch	1.2	1.3	1.7	1.6	1.3
∅	Nicht FER-spezifisch	1.3	1.5	1.7	1.7	1.4
∅	Jahresrechnung	1.2	1.9	1.9	1.8	1.5
∅	Finanzbericht	0.4	1.5	1.8	0.0	0.7
∅	Leistungsbericht	1.1	1.6	2.0	1.5	1.3

	Anwender FER	Mittelwerte				
	Branchen	1	2	3	4	Alle
∅	Gesamtsicht I	1.7	2.1	2.4	1.9	2.0
∅	Gesamtsicht II	0.8	1.2	1.3	1.2	1.1
∅	Gesamtsicht I und II	1.4	1.8	2.0	1.7	1.7
∅	FER-spezifisch	1.2	2.1	2.1	1.5	1.7
∅	Teilweise FER-spezifisch	1.8	1.5	1.7	2.1	1.8
∅	Nicht FER-spezifisch	1.6	1.7	2.1	1.7	1.7
∅	Jahresrechnung	2.0	2.2	2.4	2.4	2.3
∅	Finanzbericht	0.7	1.6	1.4	0.2	0.9
∅	Leistungsbericht	1.3	2.3	2.7	1.2	1.9

Gesamtsicht I und II	Untersuchungsobjekte	Quantile				
		10%	25%	50%	75%	90%
	Alle NPO	8.0	12.0	18.0	24.0	29.6
	Jugend-/Behindertenheime	6.0	8.0	12.0	16.0	20.0
	Förderorganisationen	13.2	16.0	22.0	26.0	32.0
	Entwicklungshilfeinstitutionen	16.0	20.0	26.0	30.0	32.0
	Übrige (alle ZEWO-zertifiziert)	12.0	15.0	20.0	26.0	30.0

Gesamtsicht I und II	Rechnungslegungsnorm	Quantile				
		10%	25%	50%	75%	90%
Alle Branchen	Anwender Gesetz	6.0	8.0	14.0	18.0	24.0
	Anwender FER	14.0	18.0	24.0	28.0	32.0

Gesamtsicht I und II	Rechtsform	Quantile				
		10%	25%	50%	75%	90%
Alle Branchen	Verein	8.0	12.0	18.0	24.0	28.0
	Stiftung	6.0	12.0	18.0	24.0	30.0

Gesamtsicht I und II	Personalaufwand (in CHF)	Quantile				
		10%	25%	50%	75%	90%
Jugend-/Behindertenheime	Bis 2 Mio.	2.2	6.0	10.0	14.0	18.0
	Von 2 Mio. bis 20 Mio.	6.0	8.0	12.0	16.0	20.0
	Grösser 20 Mio.	7.2	14.0	16.0	18.0	29.2
Förderorganisationen	Bis 2 Mio.	14.0	18.0	24.0	28.0	32.0
	Von 2 Mio. bis 20 Mio.	18.0	19.0	28.0	32.0	[66]
Entwicklungshilfeinstitutionen	Bis 2 Mio.	17.0	23.5	28.0	30.5	32.0
	Von 2 Mio. bis 20 Mio.	16.0	21.0	28.0	29.0	34.0
	Grösser 20 Mio.	22.0	23.0	26.0	31.0	[67]
Übrige (alle ZEWO-zertifiziert)	Bis 2 Mio.	12.0	14.0	20.0	25.0	28.0
	Von 2 Mio. bis 20 Mio.	14.0	18.0	24.0	27.0	31.6

---

66 Aufgrund der zu geringen Anzahl Werte kann diese Grösse nicht berechnet werden.
67 Siehe Fussnote 66.

Gesamtsicht I und II	Spendenertrag/ Massgebender Ertrag	Quantile				
		10%	25%	50%	75%	90%
Jugend-/ Behindertenheime	<= 0.5	4.4	8.0	14.0	18.0	20.0
	> 0.5	7.0	10.0	14.0	18.5	24.0
Förderorganisationen	<= 0.5	9.8	16.5	24.0	31.0	32.0
	> 0.5	14.0	17.5	21.0	26.5	32.0
Entwicklungshilfeinstitutionen	<= 0.5	28.0	28.0	30.0	[68]	[69]
	> 0.5	16.0	20.0	26.0	29.0	32.4
Übrige (alle ZEWO-zertifiziert)	<= 0.5	10.0	16.5	20.0	24.0	28.2
	> 0.5	12.0	14.0	20.0	26.0	30.8

---

68 Siehe Fussnote 66.
69 Siehe Fussnote 66.

8.4. Statistische Erläuterungen

Um die Lesbarkeit zu gewährleisten, werden nur ausgewählte Darstellungen im Textteil abgebildet. Somit kann es vorkommen, dass ein im Text besprochener Wert nicht direkt aus der dazugehörigen Abbildung ersichtlich ist. In diesem Fall sind die im Anhang dargestellten weiteren Tabellen zu konsultieren. Falls der fragliche Wert dort auch nicht verfügbar ist, kann auf die elektronische Zusatzdokumentation zurückgegriffen werden. Diese kann bei den Autoren angefragt werden.

Es ist zu beachten, dass die einer Auswertung zugrunde liegende Anzahl von Datensätzen nur in Ausnahmefällen identisch mit der Grundgesamtheit (331 Organisationen) ist. Dies ist darauf zurückzuführen, dass jeweils spezifische Sachverhalte (z.B. Rückstellungen, Erlösfonds, Spendenerträge) nur einen Teil der untersuchten Organisationen betreffen.

Die im Rahmen dieser Untersuchung wichtigen statistischen Begriffe und Darstellungsformen werden nachfolgend kurz erklärt.

Mittelwert
Der Mittelwert ist der Durchschnitt von Daten.

Median
Der Median wird auch als Zentralwert bezeichnet. Dieser Wert trennt die kleineren 50 Prozent von den grösseren 50 Prozent.

Quantil
Quantil (auch Perzentil) ist die Abgrenzung nach Häufigkeiten: x% aller Werte sind kleiner oder gleich gross wie das x%-Quantil. Speziell bezeichnet man die ¼ Häufigkeitsabgrenzungen als Quartile: 1. Quartil = 25%-Quantil, 2. Quartil = 50%-Quantil = Median, 3. Quartil = 75%-Quantil, d.h. x% aller Werte sind kleiner oder gleich gross wie das x%-Quantil. Der Median (50%-Quantil) und die beiden Quartile (25%-Quantil/75%-Quantil) sind spezielle Quantile, die grafisch häufig in Form eines Boxplots dargestellt werden.

Boxplot
Im Boxplot wird die Verteilung der Daten schematisch durch eine Box dargestellt, die durch das 1. und 3. Quartil begrenzt ist, und durch den Median unterteilt wird. Die Box wird bis zu den Extremwerten durch eine Linie verlängert. Darüber hinausgehende Einzelwerte werden als Ausreisser dargestellt.

Kreuztabelle

Die Kreuztabelle zeigt die absoluten bzw. relativen Häufigkeiten von Kombinationen bestimmter Ausprägungen zweier Merkmale.

Säulendiagramm

Die Häufigkeiten von Einzelausprägungen einer Grösse werden durch Säulen dargestellt, wobei die Säulenhöhen den Häufigkeiten entsprechen. Das Säulendiagramm ist eine grafische Darstellung der Häufigkeitsverteilung von Merkmalen.

Histogramm

Enthält eine Grösse sehr viele verschiedene Ausprägungen, so werden diese in Klassen zusammengefasst und die Klassenhäufigkeiten als Rechteckflächen über die Klassenbreiten gezeichnet. Zusammen bilden die Rechtecke das Histogramm.

Signifikanztest

Die Entscheidung, ob sich zwei Grundgesamtheiten unterscheiden oder nicht (z.B. bezüglich Mittelwert), wird mit Hilfe eines Hypothesentests basierend auf Stichproben getroffen. Der Test generiert eine Kennzahl, die als p-Wert bezeichnet wird. Der Unterschied zwischen den Stichproben ist statistisch signifikant, wenn der p-Wert unter einem Signifikanzniveau α liegt:

α = 10%   schwach signifikant

α =   5%   signifikant

α =   1%   hoch signifikant

Ein signifikanter Unterschied zwischen zwei Stichproben führt zur Entscheidung, dass sich die beiden Grundgesamtheiten unterscheiden. Je kleiner der p-Wert, desto signifikanter ist der Unterschied zwischen den Stichproben (Beispiel: Ein p-Wert von 0.023 ist kleiner als 0.05 und damit signifikant). Je nach Fragestellung und Dateneigenschaften ist ein geeigneter statistischer Test zu wählen. In dieser Untersuchung werden t-Test, Mann-Whitney-U-Test und Varianzanalyse angewandt.

8.5. Checkliste Anwendung FER 21

Die folgende Mustercheckliste hilft FER-Anwendern, die spezifischen Offenlegungsvorschriften für NPO zu erfüllen, nachfolgender Text sowie die Checkliste stammt von PwC (2011).

Die erste Spalte enthält die Referenzen zu den entsprechenden Stellen in den Swiss GAAP FER. Die Referenzierung ist wie folgt dargestellt: Ziffer 3 in Swiss GAAP FER 21 wird als 21/3 bezeichnet. In der Spalte J-NA-NM können die folgenden Kennzeichnungen zu jedem Punkt der Checkliste angebracht werden:

J (ja)	Die Offenlegung erfolgte in Übereinstimmung mit Swiss GAAP FER.
NA (nicht anwendbar)	Die Ziffer ist nicht anwendbar für die vorliegende Jahresrechnung.
NM (nicht materiell)	Da die betreffende Offenlegung nicht relevant ist, wurde auf die Angabe verzichtet. Die Spalte REF am rechten Seitenrand kann für Verweise auf die entsprechenden Teile der Konzernrechnung bzw. des Einzelabschlusses verwendet werden.

Swiss GAAP FER	Nr.	Vorschrift	J - NA - NM	REF
		Hinweis: Non-Profit-Organisationen, die sich bei ihrer finanziellen Berichterstattung und Rechnungslegung an Swiss GAAP FER 21 halten, sollten dies in der Jahresrechnung zum Ausdruck bringen.		
		Definition: Als grosse Non-Profit-Organisationen im Sinne der Swiss GAAP FER 21 gelten Organisationen, wenn sie an zwei aufeinanderfolgenden Bilanzstichtagen zwei der nachfolgenden Grössen erreichen: • *Bilanzsumme zwei Millionen Franken* • *Erlöse aus öffentlichem Beschaffen von unentgeltlichen Zuwendungen (Spenden, Legate) und zweckbestimmte Gelder der öffentlichen Hand (öffentliche Beiträge) insgesamt eine Million Franken* • *bezahlte Arbeitnehmer für zehn Vollzeitstellen im Durchschnitt des Geschäftsjahres*		
21/3	1	Aufwand und Ertrag sind grundsätzlich nach dem Entstehungszeitpunkt periodengerecht abgegrenzt.	☐ ☐ ☐	
		Kleine Organisationen können den Aufwand und Ertrag auch nach dem Geldfluss erfassen. Sie haben dies im Anhang offengelegt.	☐ ☐ ☐	

Swiss GAAP FER	Nr.	Vorschrift	J - NA - NM	REF
21/5	2	Abweichungen vom Grundsatz der Stetigkeit in der Darstellung, Offenlegung und Bewertung sind: (a) im Einzelabschluss im Anhang dargelegt (b) im konsolidierten Abschluss zusätzlich quantifiziert	☐ ☐ ☐ ☐ ☐ ☐	
21/6	3	Das Bruttoprinzip gilt auch für organisatorisch ausgegliederte Projekte. Die jeweilgen Aufwendungen und Erträge sind brutto in der Betriebsrechnung oder im Anhang dargestellt.	☐ ☐ ☐	
21/8	4	Im Einzelabschluss und im konsolidierten Abschluss sind neben den Zahlen des Berichtsjahrs auch die Zahlen des Vorjahrs angeführt.	☐ ☐ ☐	
21/9	5	Die angewandten Bewertungsgrundlagen und Bewertungsgrundsätze für die Einzelpositionen der Jahresrechnung sind im Anhang offengelegt.	☐ ☐ ☐	
21/45	6	Die von der Vollkonsolidierung ausgeschlossenen Organisationen sind im Anhang genannt, und ihr Ausschluss ist begründet.	☐ ☐ ☐	
21/13	1	Die Jahresrechnung umfasst folgende sechs Bestandteile: (a) Bilanz (b) Betriebsrechnung (c) Geldflussrechnung (d) Rechnung über die Veränderung des Kapitals *(inklusive Fonds und Rückstellungen)* (e) Anhang (f) Leistungsbericht	☐ ☐ ☐ ☐ ☐ ☐ ☐ ☐ ☐ ☐ ☐ ☐ ☐ ☐ ☐ ☐ ☐ ☐	
21/14, 21/22, 21/28, 21/35 21/48, 21/53	2	Für die Gliederung der Bilanz, Betriebsrechnung, Geldflussrechnung und des Anhangs gelten die Fachempfehlungen, wobei die Bezeichnungen dem Zweck und den Tätigkeiten der gemeinnützigen, sozialen Non-Profit-Organisation angepasst werden können, wenn die Bezeichnungen gemäss Swiss GAAP FER dem Wesen der gemeinnützigen, sozialen Non-Profit-Organisation nicht gerecht werden. *Hinweis: Es gelten insbesondere die Fachempfehlungen Swiss GAAP FER 3 (Darstellung und Gliederung) und Swiss GAAP FER 4 (Geldflussrechnung).*	☐ ☐ ☐	

8.5.1. Bilanz

Swiss GAAP FER	Nr.	Vorschrift	J - NA - NM	REF

21/15, 21/49	1	Die Passiven gliedern sich in:
		• Fremdkapital, das sich unterscheidet in
		  (a) kurzfristige Verbindlichkeiten
		  (b) langfristige Verbindlichkeiten
		  (c) Rechnungsabgrenzungen
		  (d) Rückstellungen
		• Fondskapital, das sich unterteilt in
		  (e) Erlösfonds
		  (f) Stiftungsfonds
		• Organisationskapital, bestehend aus
		  (g) einbezahltem Kapital
		  (h) erarbeitetem freiem Kapital
		  (i) Jahresergebnis
			☐ ☐ ☐
			☐ ☐ ☐
			☐ ☐ ☐
			☐ ☐ ☐
			
			☐ ☐ ☐
			☐ ☐ ☐
			
			☐ ☐ ☐
			☐ ☐ ☐
			☐ ☐ ☐	

21/16, 21/50	2	Zweckgebundene Fonds und freie Fonds sind gesondert ausgewiesen.	☐ ☐ ☐	
21/17, 21/51	3	Zuwendungen mit einschränkender Zweckbindung (zweckgebundene Fonds) sind gesondert unter der Position Fondskapital ausgewiesen. Stiftungsfonds sind gewidmete Mittel mit eigenem Reglement ohne eigene Rechtspersönlichkeit. Sie sind eine Sonderform zweckgebundener Fonds und gesondert ausgewiesen.	☐ ☐ ☐ ☐ ☐ ☐	
21/18	4	Zuwendungen mit einschränkender Zweckbindung in Form von unveräusserbaren Sach- oder Finanzanlagen sind im Anlagevermögen gesondert als zweckgebunden ausgewiesen.	☐ ☐ ☐	
21/19	5	Die Mittel ohne Verfügungseinschränkung durch Dritte (freie Fonds) sind als Position des Organisationskapitals ausgewiesen.	☐ ☐ ☐	

8.5.2. Betriebsrechnung

Swiss GAAP FER	Nr.	Vorschrift	J - NA - NM	REF
21/23	1	Die Betriebsrechnung unterscheidet mindestens zwischen zweckgebundenen und freien Fonds.	☐ ☐ ☐	
21/24, 21/54	2	In der Betriebsrechnung sind die Veränderungen der zweckgebundenen Fonds gesondert und brutto ausgewiesen. Das Fondsergebnis besteht aus dem Ertrag und dem Aufwand für Fonds mit einschränkender Zweckbindung.	☐ ☐ ☐ ☐ ☐ ☐	

Swiss GAAP FER	Nr.	Vorschrift	J - NA - NM	REF
21/25	3	Spendensammelaktionen sind in der laufenden Rechnung brutto erfasst, auch wenn diese organisatorisch ausgegliedert werden.	☐ ☐ ☐	
21/26	4	Der administrative Aufwand ist unabhängig von der gewählten Form der Betriebsrechnung (Umsatzkosten- oder Gesamtkostenverfahren) gesondert ausgewiesen. *Hinweis: In der Darstellung der Betriebsrechnung gemäss dem Umsatzkostenverfahren orientiert sich die Gliederung für Kosten der Leistungserbringung an den Zielen der Organisation und kann nach Stellen, Projekten (Segmenten), Aufgaben, Zwecken usw. erfolgen.*	☐ ☐ ☐	

8.5.3. Geldflussrechnung

Swiss GAAP FER	Nr.	Vorschrift	J - NA - NM	REF
21/27	1	Grosse Organisationen haben eine Geldflussrechnung zu erstellen.	☐ ☐ ☐	
21/29	2	Eine Geldflussrechnung hat folgende Bereiche: (a) Geldfluss aus Betriebstätigkeit (b) Geldfluss aus Investitionstätigkeit (c) Geldfluss aus Finanzierungstätigkeit	☐ ☐ ☐ ☐ ☐ ☐ ☐ ☐ ☐	
21/56	3	Der Geldfluss aus den Tätigkeiten kann unterteilt werden in Geldfluss aus erbrachten Leistungen (Dienste) und aus Geldsammelaktionen.	☐ ☐ ☐	

8.5.4. Rechnung über die Veränderung des Kapitals

Swiss GAAP FER	Nr.	Vorschrift	J - NA - NM	REF
21/30	1	Die Rechnung über die Veränderung des Kapitals stellt die Zuweisungen, Verwendungen und Bestände der Mittel je aus Eigenfinanzierung (Organisationskapital) und aus dem Fondskapital dar.	☐ ☐ ☐	
21/31	2	Die Veränderungen sind einzeln ausgewiesen für: (a) einzelne passive Bilanzpositionen der Fonds mit einschränkender Zweckbindung (b) einbezahltes Organisationskapital (c) erarbeitetes Organisationskapital Die Zweckbestimmung ist angegeben. *Anmerkungen:* • *Veränderung = Anfangsbestand plus Zugang minus Abgang = Endbestand* • *gleichartige Positionen können zu Gruppen zusammengefasst werden*	☐ ☐ ☐ ☐ ☐ ☐ ☐ ☐ ☐	
21/32	3	Transfers zwischen den Fonds sind einzeln ausgewiesen. Die Gründe dieser Transfers sind im Anhang offengelegt.	☐ ☐ ☐ ☐ ☐ ☐	

8.5.5. Anhang

Swiss GAAP FER	Nr.	Vorschrift	J - NA - NM	REF
21/34, 21/9	1	Der Anhang enthält Folgendes: (a) angewandte Bilanzierungs- und Bewertungsgrundsätze (b) Erläuterungen der Positionen der Bilanz (c) Betriebsrechnung (d) Geldflussrechnung (e) Rechnung über die Veränderung des Kapitals (f) weitere Offenlegungen	☐ ☐ ☐ ☐ ☐ ☐ ☐ ☐ ☐ ☐ ☐ ☐ ☐ ☐ ☐ ☐ ☐ ☐	
21/36	2	Entschädigungen an Mitglieder der leitenden Organe sind im Anhang offengelegt.	☐ ☐ ☐	

21/37	3	Folgende Angaben sind in der Bilanz oder im Anhang gesondert offengelegt:
		• bei den flüssigen Mitteln und Wertschriften:
		  (a) Betrag für Wertschriften (zu Marktwerten bewertet)
		• bei den Forderungen:
		  (b) Forderungen gegenüber Gemeinwesen
		  (c) Forderungen gegenüber nahestehenden Organisationen/Personen/Projekten/Institutionen
		• bei der aktiven Rechnungsabgrenzung:
		  (d) Auslagen für Projekte im neuen Rechnungsjahr
		• bei Finanzanlagen, Finanzanlagen Fonds:
		  (e) Wertschriften (zu Marktwerten bewertet)
		  (f) Forderungen gegenüber nahestehenden Organisationen/Personen/Projekten/Institutionen
		• bei den Verbindlichkeiten:
		  (g) aus Projekten
		  (h) gegenüber Gemeinwesen
		• bei den sonstigen Verbindlichkeiten:
		  (i) Defizitbeiträge
		  (j) aus Eigenversicherung für Sachschäden
		  (k) aus eigenen Projekten gegenüber Dritten
		• bei den Rückstellungen:
		  (l) die Veränderungen der Rückstellungen mit Angabe des Zweckes
		• beim Organisationskapital:
		  (m) Ausweis des einbezahlten Kapitals, d.h. Stiftungskapital, Genossenschaftskapital, Betriebskapital
		  (n) Angaben zu den Gebern des Organisationskapitals
			☐ ☐ ☐
			
			☐ ☐ ☐
			☐ ☐ ☐
			
			☐ ☐ ☐
			
			☐ ☐ ☐
			☐ ☐ ☐
			
			☐ ☐ ☐
			☐ ☐ ☐
			
			☐ ☐ ☐
			☐ ☐ ☐
			☐ ☐ ☐
			
			☐ ☐ ☐
			
			☐ ☐ ☐
			☐ ☐ ☐	

Swiss GAAP FER	Nr.	Vorschrift	J - NA - NM	REF
		(o) gebundenes Kapital: statutarische und gesetzliche Reserven, definierte Verwendungszwecke für Mittel	☐ ☐ ☐	
		(p) freies Kapital: Betriebsreserven, Ausgleichsreserven, Reserven aus unverteilten Sammelmitteln, freie Fonds, allgemeine Reserven	☐ ☐ ☐	
		(q) Eventualverbindlichkeiten	☐ ☐ ☐	
		Weitere aufgrund von Gesetzen offenzulegende Angaben		
21/38	4	Folgende Angaben sind im Anhang offengelegt, sofern sie nicht in der Betriebsrechnung enthalten sind: • der Aufwand für Fundraising • wenn das Umsatzkostenverfahren gewählt wird, sind im Anhang die Kosten für die Leistungserbringung (direkter Projektaufwand und administrativer Projektaufwand) offengelegt, je unterteilt in: (a) Personalaufwand (b) Reise- und Repräsentations-Aufwand (c) Sachaufwand (d) Unterhaltskosten (e) Sammelaufwand/Fundraising-Aufwand (f) Abschreibungen	☐ ☐ ☐ ☐ ☐ ☐ ☐ ☐ ☐ ☐ ☐ ☐ ☐ ☐ ☐ ☐ ☐ ☐ ☐ ☐ ☐ ☐ ☐ ☐	
21/39	5	Unentgeltliche Leistungen sind im Anhang offengelegt.	☐ ☐ ☐	
21/57	6	Offengelegt sind der Umfang wesentlicher Leistungen und Gegenleistungen, die gegenüber Dritten oder von Dritten erbracht worden sind, denen kein Mittelfluss zugrunde lag und die daher buchhalterisch nicht erfasst werden konnten.	☐ ☐ ☐	
		Offengelegt sind insbesondere Vorzugs- oder Gratisleistungen wie Freiwilligenarbeit (in Tagen oder Stunden), Sach- und Materialspenden (zu Verkehrswerten) sowie Sonderrabatte und andere Vergünstigungen (unentgeltliche Dienstleistungen bei Warenkäufen).	☐ ☐ ☐	
		Waren oder Dienstleistungen (Freiwilligenarbeit, Transportkosten, Telekommunikationskosten und andere), die ganz oder teilweise unentgeltlich geleistet werden, sind mit einem zwischen unabhängigen Parteien üblicherweise geforderten Preis offengelegt (Schätzwert).	☐ ☐ ☐	
		Können Waren oder Dienstleistungen nur mit unverhältnismässig grossem Aufwand bewertet werden oder beruht eine Wertzuweisung nur auf sehr unsicheren Annahmen, so ist der Umfang der Waren und der Dienstleistungen statistisch offengelegt (z.B. Zahl der erhaltenen Gegenstände oder Umfang der Freiwilligenarbeit).	☐ ☐ ☐	

Swiss GAAP FER	Nr.	Vorschrift	J - NA - NM	REF
21/40	7	Sämtliche wesentlichen Verpflichtungen betreffend Projekte sollten offengelegt werden, falls sie nicht in der Bilanz ausgewiesen werden.	☐ ☐ ☐	
		Bei konsolidierten Projekten sind Ertrag, Aufwand sowie betroffene Fonds im Anhang offengelegt.	☐ ☐ ☐	
21/41	8	Transaktionen mit nahestehenden, rechtlich selbständigen Organisationen, Unternehmen, Personen und Projekten sind offengelegt.	☐ ☐ ☐	
21/58		*Hinweis: Es gilt insbesondere die Fachempfehlung Swiss GAAP FER 15 (Transaktionen mit nahestehenden Personen).*		

8.5.6. Leistungsbericht

Swiss GAAP FER	Nr.	Vorschrift	J - NA - NM	REF
21/42	1	Der Leistungsbericht gibt in angemessener Weise über die Leistungsfähigkeit (Effektivität) und die Wirtschaftlichkeit (Effizienz) der gemeinnützigen, sozialen Non-Profit-Organisation Auskunft.	☐ ☐ ☐	
21/59b		*Hinweis: Die Angaben im Leistungsbericht unterliegen nicht der ordentlichen Prüfpflicht der Revisionsstelle; deshalb enthält der Bericht der Revisionsstelle einen entsprechenden eindeutigen Hinweis.*		
21/43	2	Der Leistungsbericht legt zwingend offen:		
		(a) den Zweck der Organisation	☐ ☐ ☐	
		(b) die leitenden Organe und ihre Amtszeit	☐ ☐ ☐	
		(c) die für die Geschäftsführung verantwortlichen Personen	☐ ☐ ☐	
		(d) die Verbindungen zu nahestehenden Organisationen, sofern diese Angaben nicht im Anhang enthalten sind	☐ ☐ ☐	
		(e) die gesetzten Ziele sowie eine Beschreibung der erbrachten Leistungen in Bezug auf die gesetzten Ziele und die Verwendung der zur Verfügung stehenden Mittel	☐ ☐ ☐	
21/60	3	Ausserdem sind im Leistungsbericht Angaben zu folgenden Themen empfehlenswert:		
		(a) eine Beurteilung der Zufriedenheit der Leistungsempfänger bzw. Begünstigten	☐ ☐ ☐	
		(b) eine Beschreibung der geplanten Leistungen	☐ ☐ ☐	
		(c) Angaben darüber, wie das Erreichen qualitativer Ziele gemessen und beurteilt werden kann	☐ ☐ ☐	
		(d) aussagekräftige Kennzahlen für die Erreichung der gesetzten Ziele; diese sind, falls möglich, im Mehrjahresvergleich zu veranschaulichen	☐ ☐ ☐	
		(e) die Hauptrisiken, denen die Organisation gemäss Einschätzung der leitenden Organe ausgesetzt ist, sowie allfällige Systeme, um diese zu kontrollieren	☐ ☐ ☐	

8.6. Impressum

ZHAW School of Management and Law

Die ZHAW ist die grösste Mehrsparten-Fachhochschule der Schweiz. Die Fachstelle für Accounting & Controlling (FAC) weist unter anderem eine hohe Kompetenz im Bereich nationaler und internationaler Accounting-Normen sowie deren Anwendung für die interne und externe Unternehmensrechnung auf. Die Erforschung der Rechnungslegung sozialer Nonprofit-Organisationen ist einer der Forschungsschwerpunkte, wobei Erkenntnisse in Form von Publikationen und Seminaren an Anwender in der Praxis weitergegeben werden.

Das Institut für Verwaltungs-Management (IVM) ist in den Fachbereichen Public Governance, Public Performance Management und Public Finiancial Management tätig. Im Bereich Public Finance beschäftigt sich das IVM unter anderm mit der Anwendung, Umsetzung und Weiterentwicklung der International Public Sector Accounting Standards (IPSAS).

ZHAW Soziale Arbeit

Das Departement Soziale Arbeit ist die führende Institution im Bereich der Aus- und Weiterbildung sowie der angewandten Forschung in Sozialer Arbeit im Grossraum Zürich. Kooperationspartner bei Weiterbildung und Forschung & Entwicklung sind öffentliche Verwaltungen, Nonprofit-Organisationen sowie Bildungs- und Forschungsinstitutionen im In- und Ausland.

FFHS Fernfachhochschule Schweiz
Zürich | Basel | Bern | Brig
Mitglied der SUPSI

Das Institut für Management und Innovation (IMI) ist das Forschungsinstitut des Departements Wirtschaft & Technik der Fernfachhochschule Schweiz (FFHS). Im Zentrum steht das systematische Management von Innovationen in KMUs und Nonprofit-Organisationen. Die FFHS ist seit 2004 Mitglied der Scuola Universitaria Professionale della Svizzera Italiana (SUPSI) und bietet diverse Lehrgänge in den Bereichen Management, Informatik und Engineering an.

SUPSI

Die Scuola Universitaria Professionale della Svizzera Italiana (SUPSI) unterstützt den wirtschaftlichen, technologischen und sozialen Wandel in ihrem Einzugsgebiet. Das Dipartimento Scienze Aziendali e Sociali (DSAS) ist in der Lehre (Betriebsökonomie und Soziale Arbeit) sowie der Forschung und Beratung im Bereich NPO-Management tätig.

9. Stichwortverzeichnis

A

Aktivseite 42, 94ff.
Anlagereglement 97f.
Anlagevermögen 42, 94, 95f.
Anspruchsgruppen, siehe Stakeholder
Anwender
– FER 47f., 49f., 51, 57, 60ff., 70, 84f., 89, 91f., 102, 109
– Gesetz 49, 51, 57, 60ff., 84, 89f., 102
Aufwand
– administrativer 35, 43, 45, 58, 63f., 69, 75ff., 108
– produktiver 35, 43, 45, 58, 63f., 69, 75ff., 108
Aussagekraft Rechnungslegung
– Auswertungen 44ff., 48f., 58ff., 108
– Bedeutung 22, 25f., 29, 32f.
– Operationalisierung 38ff., 44ff.
Auswahlverfahren 47
Auswertungen 39, 44, 63

B

Bedeutung
– gesellschaftliche 1, 8f., 11
– wirtschaftliche 1, 7f.
Berichterstattung 17f., 22, 24, 29, 34, 38, 81ff.
Betriebsrechnung, siehe Erfolgsrechnung
Bewertungsgrundsätze 43, 45, 58, 63ff., 69, 73f.
Bilanzierungsgrundsätze, siehe Bewertungsgrundsätze
Bilanzsumme 51f., 94ff., 100f., 109, 114

Branche 13, 42, 47ff., 52ff., 80ff., 93ff., 100, 114
Buchführungsvorschriften, siehe Rechnungslegungsnorm

D

Dritter Sektor, siehe Nonprofit-Sektor

E

Eigenleistungs-Nonprofit-Organisation 7
Einzelthemen 38f., 44, 94ff.
Erfolgsmessung 34, 71
Erfolgsrechnung 26f., 34, 38, 41ff., 51, 53f., 63, 67ff., 75, 77, 79, 107ff., 111
Erhebung 25f., 39ff., 43, 47, 65
Erhebungsbogen 39ff., 44f.
Erlösfonds, siehe Fonds
Ertrag
– Massgebender 54ff., 87, 110
– Spenden 54ff., 82, 87ff., 93, 102f., 107f.

F

FER, siehe Rechnungslegungsnorm
FER 21, siehe Rechnungslegungsnorm
Finanzbericht 33, 45, 59, 63ff., 68ff.
Finanzierung 12f., 16f., 25, 54f., 87, 102
Finanzierungsquellen, siehe Finanzierung
Fonds
– Accounting 102ff.

– Kapital 42, 46, 96, 99ff., 102ff., 107, 112
– Reglement 104

Fremdleistungs-Nonprofit-Organisation 7

G

Geldflussrechnung 34, 42, 51, 109f.

Gesamtsicht
– Gesamtsicht I 44f., 59ff., 68ff.
– Gesamtsicht II 44f., 59ff., 69, 77
– Gesamtsicht I und II 49ff., 64, 69, 83f., 85ff.

Geschäftsbericht 18, 20ff., 24, 28, 30ff., 42f., 49, 54, 81, 89, 93

H

Handlungsfelder, siehe Handlungsmatrizen

Handlungsmatrizen 88ff.
– FER 90f.
– Gesetz 91ff.

I

Informationsbedürfnisse 20ff., 25, 33
– Anspruchsgruppen 20ff., 25
– Erfüllung durch Rechnungslegungsnormen 33

Instrumentarium zur Verbesserung der Rechnungslegung 38f., 88f.

International Classification of Nonprofit Organizations 3f.

J

Jahresbericht, siehe Jahresrechnung

Jahresrechnung 6, 18, 24ff., 30, 33, 40ff., 46, 49, 58f., 63, 67, 69f., 73, 77ff., 105, 109, 115

Johns Hopkins Comparative Nonprofit Sector Project 9

K

Kapitalstruktur 42, 100
Kaufmännisches Gewerbe 26ff., 50
Klientenprozess 72
Konzernrechnung 43, 110f.

L

Leistungsbericht 9, 24, 33f., 38, 41ff., 45, 58f., 71ff.

Leistungsvereinbarung 20, 84, 89

M

Messinstrument, siehe Aussagekraft

N

Negativbestätigungen 44ff., 58f., 61f., 65f., 68, 76ff.

Nonprofit-Organisation, soziale 1, 3f.

Nonprofit-Sektor 1f., 11ff., 25

NPO-Forschung 2, 8

O

Optimierungsmatrix 69, 88ff.

Organisationsgrösse 30, 34f., 51f., 86

P

Passivseite 42, 96, 98, 99
Personalaufwand 51, 53, 86f., 107f.
Praxispartner 40
Problemstellung 38

R

Rechnungslegungsnorm
- Allgemein 23ff., 31, 33ff., 41
- FER 7, 17, 24f., 29ff., 39f., 48ff., 57, 60ff., 78, 90, 99, 109, 111
- Gesetz 26ff, 48ff., 57, 60ff., 78, 90, 99, 109, 111

Rechnungslegungskosten 35

Rechnungslegungsvorschrift, siehe Rechnungslegungsnorm

Regulierungsdichte 20, 84, 88ff.

Revision
- Art 42f., 51, 113ff.
- Pflicht 14, 26, 36f., 81, 112f.
- Vorschriften 31, 36ff., 48, 86

Rückstellungen 28, 42, 99f., 105ff.

S

Segmentberichterstattung 41, 43, 46, 111f.

Self-Assessment-Tool 29, 42, 44, 88ff.

Spenden
- Freie 103f.
- Zweckgebundene 103f.

Stakeholder
- Analyse 15, 31f.
- Konzept 20ff.

Steuerbefreiung 6, 27, 94

Stiftung 6, 10, 13f., 26f., 29, 36ff., 48, 50f., 70, 77, 83, 85, 94f., 98f., 105, 108, 111f., 114ff.

Stiftungsfonds, siehe Fonds

Studie, siehe Untersuchung

Swiss GAAP FER, siehe FER

Swiss GAAP FER 21, siehe FER 21

T

Transparenz 15ff., 24f., 28f., 38, 55, 59, 68, 70, 78, 80, 86f., 89, 102f., 110, 112, 116

U

Übersichtlichkeit 41f., 44, 46, 58, 68, 79f., 108

Umlaufvermögen 95

Umsetzungsempfehlungen 70f., 74f., 77f., 97f., 103ff., 112

Untersuchung
- Ergebnisse 30, 39f., 58, 60, 64, 66ff., 79, 82, 85, 95f., 100, 102, 106f., 109f., 114f.
- Gegenstand 22
- Kriterien 42
- Methode 38, 41
- Objekte 38, 44, 47ff., 54, 59, 86, 98
- Ziele 38f.

Untersuchungsresultate, siehe Untersuchungsergebnisse

V

Verein 6, 10, 13f., 26f., 29, 36ff., 48, 50f., 78, 83, 85, 99f., 112ff.

Vermögensstruktur 52, 95ff.

Vertrauen 17f., 88

Verwaltungsaufwand 75f.

W

Wertschwankungsreserven 28, 42, 98f., 104

Willkürreserven 6, 28f., 33, 94, 100, 105f.

Wirkungsmessung 41, 43, 67, 69, 71f.